"生活儒学"研究

郭萍 主编

天津出版传媒集团

天津人民出版社

图书在版编目（ＣＩＰ）数据

"生活儒学"研究 / 郭萍主编. —— 天津：天津人
民出版社，2021.11

ISBN 978-7-201-17837-0

Ⅰ.①生… Ⅱ.①郭… Ⅲ.①儒学—研究—中国
Ⅳ.①B222.05

中国版本图书馆 CIP 数据核字(2021)第 256291 号

"生活儒学"研究
SHENGHUO RUXUE YANJIU

出　　版	天津人民出版社
出 版 人	刘　庆
地　　址	天津市和平区西康路35号康岳大厦
邮政编码	300051
邮购电话	（022）23332469
电子信箱	reader@tjrmcbs.com

责任编辑	林　雨
装帧设计	汤　磊

印　　刷	天津新华印务有限公司
经　　销	新华书店
开　　本	710毫米×1000毫米　1/16
印　　张	22.75
插　　页	2
字　　数	340千字
版次印次	2021年11月第1版　2021年11月第1次印刷
定　　价	88.00元

编 者 前 言

　　黄玉顺教授所建构的"生活儒学"思想体系，从 2004 年问世开始，便引起学界的广泛关注。迄今为止，学界对"生活儒学"加以介绍、研究和评论的文章已有约二百篇。这些文章，多数已陆续结集出版：

　　(1)《生活·仁爱·境界——评"生活儒学"》，崔发展、杜霞主编，安徽人民出版社 2012 年版；

　　(2)《当代儒学》第 11 辑(黄玉顺生活儒学全国学术研讨会特辑)，杨永明、郭萍主编，广西师范大学出版社 2017 年版；

　　(3)《黄玉顺生活儒学研究》，涂可国主编，齐鲁书社 2017 年版；

　　(4)《生活·情感·思想——评黄玉顺"生活儒学"》，杨生照主编，四川人民出版社 2018 年版；

　　(5)《当代儒学》第 16 辑(第二届"生活儒学"全国学术研讨会特辑)，杨永明、郭萍主编，四川人民出版社 2019 年版；

　　(6)《生活儒学:研究·评论·拓展——第三届"生活儒学"全国学术研讨会论文集》，胡骄键、张小星主编，四川人民出版社 2020 年版。

1

此外,还有孙铁骑教授的两部专著:

(1)《生活儒学与宋明理学比较研究》,安徽人民出版社 2014 年版;

(2)《正义及其文化进路——从"生活儒学"到"修身儒学"》,山东人民出版社 2018 年版。

本书是学界对"生活儒学"加以介绍、研究和评论的文章的第 7 次结集,共收录文章 31 篇,作者包括知名学者董平、姚新中、程志华、余治平、赵法生、方旭东、郭美华、宋大琦、刘梁剑、孙铁骑、张丰乾等。学者们通过研究与评论,与"生活儒学"进行了积极的对话和商榷,涉及哲学观念问题、现代性问题、西方正义论问题、经典诠释问题等诸多领域;同时,也有学者基于"生活儒学"展开了多向度的理论延伸,如"自由儒学"的建构、"新礼教"的构想等。这些内容不仅多角度地呈现出"生活儒学"本身蕴涵的丰富性,而且普遍地启示着当代儒学发展的新的可能性。为此,予以出版,以呈学林。

目　录

"生活儒学"研究

目　录

规矩的实践意义、价值原则及其根本缺陷

——略评"中国正义论"*

张丰乾

　　黄玉顺教授提出的"中国正义论",一方面是对罗尔斯正义论的正面回应,另一方面也是对中国古代,特别是儒家正义思想的再发掘。在此基础上,他着重阐发了"怎样的制度规范才是正当的、并且适宜的",认为儒家正义原则的确立是渊源于仁爱的。黄玉顺教授的系列工作体现了深切的现实关怀和敏锐的理论自觉,具有筚路蓝缕的功德,值得高度关注。本文认为就思想资源而言,墨家也强调"义与不义"的区别;法家突出规矩制度的权威性、超越性;在道家看来,"仁义"是"道"和"德"缺失之后出现的价值原则,而规矩制度会造成自然本性的扭曲,乃至成为欺世盗名的工具,这是其根本缺陷。道家思想提醒我们思考规矩制度的负面作用是如何产生的、个人的思想和行为与规矩制度发生冲突时该怎样处理等核心问

　　* 原载《当代儒学》第六辑,广西师范大学出版社 2014 年版。

"生活儒学"研究

题。故而,构建"中国正义论",不能只局限于阐发儒家思想,还需要注意其他各派的理论,并对一系列的质疑做出有效地回答。根据当下的社会现实,构建中国正义论还需要回答程序正义如何实现,正义的化身是什么,以及怎样处理不同社群的多元化正义诉求等问题。

一、"中国正义论"的必要及可能

我们对"正义"并不陌生,但说起"正义论",则似乎是舶来品;而中国传统的正义观念和正义理论则散见于典籍之中,学界对于"仁义"和"义利"等问题讨论比较多,而对于传统正义思想的研究也多以梳理和还原为主,构建"中国正义论"的理论自觉和理论雄心比较欠缺。黄玉顺教授提出:"必须旗帜鲜明地提出'中国正义论'",这不仅是一种态度,而且可以代表学界理应努力的方向。他的系列工作无疑具有筚路蓝缕的功德,这是首先应该赞叹的。

关于构建"中国正义论"的必要,黄玉顺教授指出:

众所周知,关于"义"或"正义"的问题一直以来就是儒学的一个基本主题,并在关于"仁义""礼义""义利"等等话题的讨论中得到充分展开,积累了丰富的思想内涵、系统的理论资源,形成了一种作为东方价值观的中国正义论传统。

然而遗憾的是,自近代"西学东渐"以来,尤其是五四以来,中国正义论便随着"打倒孔家店""全盘西化"而被屏蔽了。其严重结果是:在今日的思想界、学术界,在关于正义的理论问题研究、现实问题讨论中,处处充斥着"西方正义论"的话语霸权,再也没有了"中国正义论"的踪迹。不论在学术研究的文本中，还是在现实生活的言谈中，中国正义论都成了一个空白。这是一种可悲的"集体失语"：人们实际上往往只是在那里津津乐道地表达着西方的正义话语，转达着西方的正义观念，甚至传达着西方的正义立场。这就造成了一种严重的错觉，似乎中国文化传统从来就不曾有过自己的正义论。①

同时，"正义"在日常生活中，又是一个出现频率非常高的词，通行的工具书把"正义"解释为："公正的、有利于人民的道理"（名词），如"声张正义""主持正义"，及"公正的、有利于人民的"（形容词），如"正义的事业""正义的战争"。②其中最能引起争议的恐怕是"有利于人民的"这样的偏颇的功利主义的界定，比如劳资合同，双方的利益都要兼顾；其他方面，生产者、经营者与消费者，政府、民众与社会组织等方面的利益都需要平衡。更何况，是否是公正的、怎样才是有利于人民的往往有很多争议。

面对层出不穷的冲突和灾难，也不能仅仅靠一些临时性的政策措施应急，而种种应急性措施是否符合正义也需要讨论。在世界范围内，各国国内的社会矛盾和国家之间的纠葛有增无减，使得思想界持续反思西方正义论的得失。③中国学者对于西方正义论的译介和研究比较热衷，而对

---

① 黄玉顺：《"中国正义论"——儒家制度伦理学的当代政治效应》，《文化纵横》2010年第4期。此文后以《必须旗帜鲜明地提出"中国正义论"——儒家制度伦理学的当代政治效应》为题刊布于中国儒学网（www.confuchina.com）。

② 中国社科院语言研究所词典编辑室：《现代汉语词典》，商务印书馆2002年增补本，第1607页。

③ 参见马晓燕：《多元时代的正义寻求——I.M.扬的政治哲学研究》，光明日报出版社，2012年。

于中国正义论的总结和阐发则处于起步阶段。①

难能可贵的是，黄玉顺教授在这一领域深耕细作，而不是大而化之，这就给学界的深入讨论提供了很好的范本。

关于"中国正义论"的界定，黄玉顺教授有一段纲领性的论述：

> 所谓"中国正义论"(Chinese Theory of Justice)，指的是关于正义问题的中国理论，即中国文化传统中的正义观念，尤其是儒家的正义思想在现代语境中的理论阐释。中国正义论是一个源远流长的传统，然而在"西学东渐"以后被人们长久遗忘了。鉴于当代国际国内的重建社会规范及其制度的迫切的实践需要、为此建构一种真正普适的一般正义论的严谨的理论要求，我们必须旗帜鲜明地提出"中国正义论"。

在这样宏观的概论基础上，笔者以为构建中国正义论还需要回答"正义"的化身是什么，以及怎样处理不同社群的多元化正义诉求等问题。

从历史和现实来看，中国的民众似乎更依赖"正义的化身"，如"包青天"之类的官员，或者"行侠仗义"的江湖人士，②从而导致了"群体上访"或"代理上访"等特殊的权利主张方式，其中滋生的新的冲突和矛盾更加错综复杂。

---

① 郭齐勇教授就此发表过数篇文章，参见氏著《再论儒家的政治哲学及其正义论》，《孔子研究》2010 年第 6 期。

② 这一类人最常见的是武艺高强，有能力摆脱官方或者豪强的武力束缚，如"七侠五义"；或者是机智过人，如"阿凡提"。

这也许是一个中国特色,即"政府"往往意味着"正义的化身"或者是"主持正义"的诉求对象,而立法、司法、执法机构又常常被当成是政府部门。在这样的背景下,"中国正义论"的提法是否意味着"国家至上"就更值得追问。具体地说,政府如何遵循正义原则,政府行为如何限制,政府道歉规范怎样建立,国家赔偿机制怎样运作等问题,应该是"中国正义论"首先需要给予明确回答的。

家庭规模缩小,家庭生活社会化,而社会群体或者共同体的多样化,也是当代中国社会的一大特征,这就必然对"一般正义论"提出挑战,性别、种族、年龄、地域、文化程度、职业都有可能成为主张特殊权利的理由。如何保护"少数人""临时性"的权利成为棘手的问题,因为"正当性"和"适宜性"会发生冲突,比如医生与病人、物业与住户、城管与小贩、旅行社与旅客等。怎样公正地对待罪犯和犯罪嫌疑人也是很普遍的问题。

在法律领域,程序正义的原则也不可或缺。[1]中国古代程序正义的源流,目前学术界还存在争议,[2]反而是罗尔斯在他的《正义论》中对程序正义有具体的讨论。[3]黄玉顺教授关于"中国正义论"的论说,目前还集中于伦理学的层面,似乎还没涉及法律的领域。

---

[1] 参见陈瑞华:《程序正义理论》,中国法制出版社 2010 年版。

[2] 《礼记·王制》记载:"司寇正刑明辟以听狱讼,必三刺。有旨无简不听。附从轻,赦从重。凡制五刑,必即天论,邮罚丽于事。凡听五刑之讼,必原父子之亲,立君臣之义以权之。意论轻重之序,慎测浅深之量,以别之。悉其聪明,致其忠爱以尽之。疑狱,氾与众共之;众疑,赦之。必察小大之比以成之。"明代有比较完备的会审制度:"会官审录之例,定于洪武三十年。初制,有大狱必面讯。十四年,命法司论囚,拟律以奏,从翰林院、给事中及春坊正字、司直郎会议平允,然后复奏论决。至是置政平、讼理二幡,审谕罪囚。""天顺三年,令每岁霜降后,三法司同公、侯、伯会审重囚,谓之朝审。历朝遂遵行之。成化十七年,命司礼太监一员会同三法司堂上官,于大理寺录之,谓之大审。南京则命内守备行之。自此定例,每五年辄大审。"(《明史·刑法志》)

[3] 参见郭晶:《罗尔斯程序正义论》,山东大学硕士论文,2012 年。

在理论层面,"中国正义论"的必要性也还需要进一步具体化。黄玉顺教授业已指出:

> 所谓"中国正义论",乃是指的对于正义问题的一种中国式的提出方式、叙述方式、解决方式。但这并不意味着中国正义论,或者西方正义论所处理的不是普适的正义问题,恰恰相反,不论是中国正义论、还是西方正义论,都是在试图处理普遍的正义问题,就此而言,不论是中国正义论、还是西方正义论,其实都是某种"一般正义论"。

既然要建构"真正普适的一般正义论",那么"中国正义论"的特殊性该怎样看待和处理? "中国正义论"在"提出方式、叙述方式、解决方式"等方面在"一般正义论"中的位置,仅仅是补充性元素,还是核心的内容? 换言之,"真正普适的一般正义论"是否已经包括了"中国正义论",还是说,"中国正义论"构建完成之后,才会有"真正普适的一般正义论"? 更为重要的是,"中国正义论"是否等同于"中国人的正义论"?

黄玉顺教授首先从"正当的、并且是适宜的"角度,对"一般正义论"做了界定:

> 一般正义论所处理的是一个社会群体、或所谓"共同体"(community)的组织原则的问题,或者说是社会秩序的建构原则的问题,即这样的问题:符合怎样一种原则的社会规范建构及其制度安排才是正义的? 换句话说,怎样的制度规范才是正当的、并且适宜的?

以此为基础,黄玉顺批评了罗尔斯(John Rawls. 1921—2002)的正义论:

规矩的实践意义、价值原则及其根本缺陷

在这个问题上，罗尔斯的"正义论"存在着三点严重的、甚至致命的缺陷：第一，他只涉及了制度的问题，而没有涉及规范的问题。但规范对于制度来说更具有优先性、或基础性，制度是社会规范的制度化；并且显而易见，并非所有的社会规范都是可以制度化的，例如道德规范就不可能被制度化，并不存在"道德制度"。然而任何社会规范都会面临着正义与否的判定问题，即都是需要正义论加以处理的。第二，他把"正义"问题片面地简单化为了"公平"问题，而谓之"作为公平的正义"(justice as fairness)；但实际上正义问题有着更为广泛的领域，涉及制度规范的正当性(公正性、公平性)、适宜性(时宜性、地宜性)。第三，他所提出的"正义的两个原则"，乃是所谓的"原始契约"。这就表明：它们已经是一种制度规范，而不是正义原则本身了，因为正义原则本身还不是制度设计，甚至也不是社会规范，而应该是先行于制度规范、为制度规范奠基的东西，亦即制度规范所要体现的某种价值原则。因此，我们可以说：罗尔斯实际上并没有提出任何真正的正义原则。

可见，黄玉顺教授提出的"中国正义论"的理论基础在于探求社会规范和制度的价值原则，亦即规范和制度得以建立的基础或衡量规范和制度的尺度，而不是规范和制度至上。我们不妨就此梳理一下中国古代关于"规范"的思想资源。

二、"规矩"及其价值原则

"规范"在古汉语中多意味着"模范"或"规模",而更常见的说法是"绳墨"("准绳")及"规矩",其本意是测量工具,《史记·夏本纪》记载大禹治水之时"左准绳,右规矩,载四时,以开九州,通九道,陂九泽,度九山。"相比较"制度"而言,引申意义上的"规范"的作用更为广泛和基础,《史记·礼书》云:"人道经纬万端,规矩无所不贯,诱进以仁义,束缚以刑罚。"

"绳墨"及"规矩"的对象最初是物品,而古代的思想家们常常把它们的属性和作用加以引申和发挥,尤其是对它们得以建立的价值原则和哲学基础非常重视,即便是日常生活的衣食住行,亦是如此。

> 制十有二幅以应十有二月,袂圜以应规,曲袷如矩以应方,负绳及踝以应直,下齐如权衡以应平。故规者,行举手以为容;负绳抱方者,以直其政,方其义也。故《易》曰:"坤六二之动,直以方也。"下齐如权衡者,以安志而平心也。五法已施,故圣人服之。故规矩取其无私,绳取其直,权衡取其平,故先王贵之。故可以为文,可以为武,可以摈相,可以治军旅,完且弗费,善衣之次也。①

衣服所体现的规矩,不仅具有使心志安定平和的功能,还能广泛应用于文化、军事、礼仪,可见其意义之重大。在驾驶之中,对于规矩的掌握也可以引申出哲理。

---

① 《礼记·深衣》。

内得于中心，而外合于马志，是故能进退履绳而旋曲中规矩，取道致远而气力有余，诚得其术也。得之于衔，应之于辔；得之于辔，应之于手；得之于手，应之于心。则不以目视，不以策驱；心闲体正，六辔不乱，而二十四蹄所投无差；回旋进退，莫不中节。然后舆轮之外可使无余辙，马蹄之外可使无余地；未尝觉山谷之险，原隰之夷，视之一也。①

儒家常以"绳墨"及"规矩"的不可或缺来论证"礼"的重要性。

礼之于正国也，犹衡之于轻重也，绳墨之于曲直也，规矩之于方圆也。故衡诚悬，不可欺以轻重；绳墨诚陈，不可欺以曲直；规矩诚设，不可欺以方圆；君子审礼，不可诬以奸诈。是故，隆礼由礼，谓之有方之士；不隆礼不由礼，谓之无方之民。②

孟子认为能工巧匠虽然极端灵巧，但离开规矩，也不能做成规则的物品；伟大的乐师尽管非常聪明，不依照音律，也不能调正五音；同样的道理，尧舜这样的圣王，不施行仁政，就不能使天下太平。

离娄之明，公输子之巧，不以规矩，不能成方圆；师旷之聪，不以六律，不能正五音；尧、舜之道，不以仁政，不能平治天下。今有仁心仁闻而民不被其泽，不可法于后世者，不行先王之道也。故曰：徒善不足

---

① 《列子·汤问》。

② 《礼记·经解》。

以为政,徒法不能以自行。《诗》云:'不愆不忘,率由旧章。'遵先王之法而过者,未之有也。

正如黄玉顺教授所指出的,在孟子那里,"正义原则的确立是渊源于仁爱的"①。不仅如此,孟子还进一步提出,有仁爱之心和仁爱的名声,但民众没有得到恩泽,又不能成为后世效法的榜样,是由于没有实行先王之道。孟子并非"泛道德主义者",他认为只有善德,不足以进行政治活动;只有法度,不能够自动施行。而经过了历史检验,具有权威地位的"先王之法"就是遵循的对象。②更加值得注意的是,孟子指出圣人竭尽耳目心思之力,仍然有所欠缺。

圣人既竭目力焉,继之以规矩准绳,以为方圆平直,不可胜用也;既竭耳力焉,继之以六律正五音,不可胜用也;既竭心思焉,继之以不忍人之政,而仁覆天下矣。③

朱熹概括说:"此言古之圣人,既竭耳目心思之力,然犹以为未足以遍天下、及后世,故制为法度以继续之,则其用不穷,而仁之所被者广矣。"④而孔子所说"从心所欲不逾矩",是以"知天命"为前提的。

---

① 黄玉顺:《孟子正义论新解》,《人文杂志》2009年第5期。
② 韩非子也不是笼统地反对"先王之法",他屡屡推崇先王之法:"上智捷举中事,必以先王之法为比";"先王之法曰:'臣毋或作威,毋或作利,从王之指;毋或作恶,从王之路。'古者世治之民,奉公法,废私术,专意一行,具以待任。"(《韩非子·有度》)
③ 《孟子·离娄上》。
④ 朱熹:《孟子集注》卷七。

三、"规矩""法度"的特性及其依据

法家韩非子强调"规矩"和"法度"的公正性、独立性和不可逾越性。

> 巧匠目意中绳,然必先以规矩为度;上智捷举中事,必以先王之法为比。故绳直而枉木斫,准夷而高科削,权衡悬而重益轻,斗石设而多益少。故以法治国,举措而已矣。法不阿贵,绳不挠曲。法之所加,智者弗能辞,勇者弗敢争。①

韩非子所说的"法",包括现代语境下制度和法律在内。而对于"规矩",韩非子把它上升到"理"的层面,并结合老子的思想,提出"规矩在先"。

> 凡物之有形者,易裁也,易割也。何以论之?有形,则有短长;有短长,则有小大;有小大,则有方圆;有方圆,则有坚脆;有坚脆,则有轻重;有轻重,则有白黑。短长、大小、方圆、坚脆、轻重、白黑之谓理。理定而物易割也。故议于大庭而后言则立,权议之士知之矣。故欲成方圆而随其规矩,则万事之功形矣。而万物莫不有规矩。议言之士,计会规矩也。圣人尽随于万物之规矩,故曰:"不敢为天下先。"不敢为天下先,则事无不事,功无不功,则议必盖世,欲无处大官,其可得乎?处大官之谓为成事长,是以故曰:"不敢为天下先,故能为成事长。"②

---

① 《韩非子·有度》。

② 《韩非子·解老》。

《淮南子》则以为权衡规矩的特性是独立、稳定和持久的,超越于地域、民族、时间、政权、人生境遇。

> 今夫权衡规矩,一定而不易,不为秦、楚变节,不为胡、越改容,常一而不邪,方行而不流,一日刑之,万世传之,而以无为为之,故国有亡主,而世无废道;人有困穷,而理无不通。由此观之,无为者,道之宗。①

值得注意的是,在中国古代思想中,"规矩"并非人们随意制定的,而是以"天",或"道"为最终的依据。

> 子墨子言曰:我有天志,譬若轮人之有规,匠人之有矩。轮匠执其规矩,以度天下之方圆,曰:"中者是也,不中者非也。"今天下之士君子之书,不可胜载,言语不可尽计,上说诸侯,下说列士,其于仁义则大相远也。何以知之? 曰:我得天下之明法以度之。

墨子强调"明法",正是说明"法"需要以正当而明确的价值理念作为基础。墨子还提出以"义与不义"作为衡量行为及法度正当性的尺度,个人的偷盗行为就是"不仁义"的行为,而更重要的是分辨清楚战争行为是否符合仁义。

> 今有一人,入人园圃,窃其桃李,众闻则非之,上为政者得则罚之。此何也?以亏人自利也。至攘人犬豕鸡豚者,其不义,又甚入人园

---

① 《淮南子·主术训》。

圈窃桃李。是何故也？以亏人愈多。苟亏人愈多，其不仁兹甚，罪益厚。至入人栏厩，取人马牛者，其不仁义又甚攘人犬豕鸡豚。此何故也？以其亏人愈多。苟亏人愈多，其不仁兹甚，罪益厚。至杀不辜人也，扡其衣裘、取戈剑者，其不义又甚入人栏厩、取人马牛。此何故也？以其亏人愈多。苟亏人愈多，其不仁兹甚矣，罪益厚。当此天下之君子皆知而非之，谓之不义。今至大为攻国，则弗知非，从而誉之，谓之义。此可谓知义与不义之别乎？

杀一人，谓之不义，必有一死罪矣。若以此说往，杀十人，十重不义，必有十死罪矣。杀百人，百重不义，必有百死罪矣。当此天下之君子皆知而非之，谓之不义。今至大为不义攻国，则弗知而非，从而誉之，谓之义。情不知其不义也，故书其言以遗后世。若知其不义也，夫奚说书其不义以遗后世哉？

今有人于此，少见黑曰黑，多见黑曰白，则以此人不知白黑之辩矣。少尝苦曰苦，多尝苦曰甘，则必以此人为不知甘苦之辩矣。今小为非，则知而非之。大为非攻国，则不知而非，从而誉之，谓之义。此可谓知义与不义之辩乎？是以知天下之君子也，辩义与不义之乱也。

而在《吕氏春秋》中，即便是针对不可替代的"先王之法"，假如没有分别"义与不义"，那就是最大的"不义"，会对民众造成最大的伤害：

先王之法曰："为善者赏，为不善者罚。"古之道也，不可易。今不别其义与不义，而疾取救守，不义莫大焉，害天下之民者莫甚焉。①

---

① 《吕氏春秋·禁塞》。

上述文献中都是正面肯定规矩制度的作用,上升了到"义"与"不义"的高度,并论述了规矩制度之所以建立、施行、有效及不可更易的终极依据。故而,讨论中国正义论,不能只局限于儒家。

四、"规矩"面临的风险及其根本缺陷

在道家看来,"仁义"是"道"和"德"缺失之后出现的价值原则,而规矩制度会造成自然本性的扭曲,乃至成为欺世盗名的工具,这是其根本缺陷。道家思想提醒我们思考:规矩制度的负面作用是如何产生的;个人的思想和行为与规矩制度发生冲突,该怎样处理。

《庄子·逍遥游》中,不符合绳墨规矩裁量的大樗命运如何引起讨论:

> 惠子谓庄子曰:"吾有大树,人谓之樗。其大本拥肿而不中绳墨,其小枝卷曲而不中规矩。立之涂,匠者不顾。今子之言,大而无用,众所同去也。"庄子曰:"子独不见狸狌乎?卑身而伏,以候敖者;东西跳梁,不辟高下;中于机辟,死于罔罟。今夫斄牛,其大若垂天之云。此能为大矣,而不能执鼠。今子有大树,患其无用,何不树之于无何有之乡,广莫之野,彷徨乎无为其侧,逍遥乎寝卧其下。不夭斤斧,物无害者,无所可用,安所困苦哉!

"无何有之乡,广莫之野"与"世外桃源"一样,成为隐士们的追求。但《庄子·人间世》云:

> 天下有大戒二:其一命也,其一义也。子之爱亲,命也,不可解于

心;臣之君,义也,无适而非君也,无所逃于天地之间。是之谓大戒。

所谓的"命"就是难以排解的父子之情,何尝不是"自然"?而"义"则是无法逃避的社会伦理。我们可以说"无何有之乡,广莫之野"实为空想,但是这样的空想却为反思规范与制度的负面作用提供了立足点。

《庄子》外篇、杂篇中则对"钩绳规矩"乃至"礼乐仁义"提出了激烈的批评:

> 且夫待钩绳规矩而正者,是削其性者也;待绳约胶漆而固者,是侵其德者也;屈折礼乐,呴俞仁义,以慰天下之心者,此失其常然也。天下有常然。常然者,曲者不以钩,直者不以绳,圆者不以规,方者不以矩,附离不以胶漆,约束不以纆索。故天下诱然皆生而不知其所以生,同焉皆得而不知其所得。故古今不二,不可亏也。则仁义又奚连连如胶漆纆索而游乎道德之间为哉,使天下惑也! ①

"削其性、侵其德、失其常然"无疑是对规矩绳墨最严重的指责。但其作者随即也提出了"常然"状态下"曲""直""圆""方"都不再依赖于"钩绳规矩",无论是结合还是约束,也都不需要"胶""漆""纆""索"这样的中介,而"仁义"正是如"胶""漆""纆""索"一般,在"道"和"德"之间游荡,使天下人疑惑。不仅如此,精心制作"礼乐",拔高"仁义"的作用,还导致了民众偏好智巧,争相以利益为原则,无法制止。这是理想时代的倒退,也是"圣人"的过错。

---

① 《庄子·骈拇》。

夫赫胥氏之时,民居不知所为,行不知所之,含哺而熙,鼓腹而游,民能以此矣。及至圣人,屈折礼乐以匡正天下之形,悬跂仁义以慰天下之心,而民乃始踶跂好知,争归于利,不可止也。此亦圣人之过也。①

可见,庄子后学并非否认社会规范和仁义原则有"匡正"和"慰藉"的功能,而是更关注其"异化"之后的严重后果,《庄子·胠箧》之中的论说堪称经典。

尝试论之,世俗之所谓至知者,有不为大盗积者乎?所谓至圣者,有不为大盗守者乎?何以知其然邪?昔者龙逢斩,比干剖,苌弘胣,子胥靡,故四子之贤而身不免乎戮。故跖之徒问于跖曰:"盗亦有道乎?"跖曰:"何适而无有道邪!"夫妄意室中之藏,圣也;入先,勇也;出后,义也;知可否,知也;分均,仁也。五者不备而能成大盗者,天下未之有也。由是观之,善人不得圣人之道不立,跖不得圣人之道不行;天下之善人少而不善人多,则圣人之利天下也少而害天下也多。故曰,唇竭则齿寒,鲁酒薄而邯郸围,圣人生而大盗起。掊击圣人,纵舍盗贼,而天下始治矣。夫川竭而谷虚,丘夷而渊实。圣人已死,则大道不起,天下平而无故矣。

圣人不死,大盗不止。虽重圣人而治天下,则是重利盗跖也。为之斗斛以量之,则并与斗斛而窃之;为之权衡以称之,则并与权衡而窃

---

① 《庄子·马蹄》。

之;为之符玺以信之,则并与符玺而窃之;为之仁义以矫之,则并与仁义而窃之。何以知其然邪?彼窃钩者诛,窃国者为诸侯,诸侯之门而仁义存焉,则是非窃仁义圣知邪?故逐于大盗,揭诸侯,窃仁义并斗斛权衡符玺之利者,虽有轩冕之赏弗能劝,斧钺之威弗能禁。此重利盗跖而使不可禁者,是乃圣人之过也。

概而言之,价值原则和社会规范不仅存在被盗用的风险,而且已经发生过被盗用之后行窃者高高在上,而贤能者被残酷迫害的严重事件。"窃钩者诛,窃国者为诸侯"确实是对正义的嘲讽和践踏——其名义却常常是"正义"!

可见,"经"与"权"都有被扭曲、被滥用,乃至被盗用的风险。与此相关,还必须仔细斟酌"正当性"与"适宜性"之间的张力。

故而,构建正义论,我们不能忘记先贤的冷静反思和尖锐质疑。如何突破困局,除了寻求正义在制度和规范层面的落实之外,还可以有更积极主动的选择:

夫事其亲者,不择地而安之,孝之至也;夫事其君者,不择事而安之,忠之盛也;自事其心者,哀乐不易施乎前,知其不可奈何而安之若命,德之至也。为人臣、子者,固有所不得已。行事之情而忘其身,何暇至于悦生而恶死![1]

德行的极致,就是不假思索、不讲条件、不做拣选地去做自己应该做

---

[1] 《庄子·人间世》。

的事,做到父母、君主、自己都处于"安然"的状态,按照事物的本质属性行事而忘掉自身的特殊,哪还能闲散到喜欢活着而厌恶死亡?这样的状态应该就是"自在"吧!

大陆新儒学流派分析*

宋大琦

一、学派的核心是"家族相似性"

一个学术流派的形成,是一群学者共同努力的结果,或者以地域,或者以方法,或者以观点;或者一人独出,先成一家、众人跟进;或者众人不约而同,遂成风潮。旧学发新,又往往有历史悠久之学脉,在新气候条件下老树新枝。新儒家学派多有此特征,如海外新儒家之于宋明理学,大陆新儒家之于汉唐经学。

尽管学派以地域的命名者甚多,如奥地利学派、京都学派等,但是其核心仍是方法、观点的"家族相似性",以地域命名往往只是一个外在标签,方法、观点相近是其根本。恰好一些人住在一个地方,住在一个地方的学者甚多,未必皆有此相似。又有以研究对象为名目者,此做法广告效果

————————
　*原载陈明、朱汉民主编:《原道》第25辑,东方出版社2015年版,原题为"学派的标准与大陆新儒学流派分析"。

甚好,然亦有可商榷之处,如果是一个新开辟的领域,对象域与学派之名重合的机会就比较大,然而一个研究领域既已开辟,不同学者可以以不同方法视角研究之,如经济学、政治学,其观点也可能大异。学派变成了学科,学派自身也就解体了。

综合观之,典型的学派对人们关注已久的现象开创了一种新鲜的研究方法,多人先后相继,有家族的相似性或更有明晰的师承。在观点的相似性与方法的相似性之间,我们看到,相似的方法往往是相似的观点的原因,或者说世界观、方法论(思维方式)的相似导出相似观点的概率很大,容易归为一个学派。但也有因为价值观立足、材料取舍不同,相似方法得出相反观点的,这就会再分出支派,如马克思主义名下的诸多派别。也有不同的方法最后得出相同或相似的结论主张,往往被人归为一派,这是一个"政治"派别还是一个学派不易区别。更有很多人因为一个抽象的名头、一个笼统的偏好而聚集在一面旗帜下,不论学问多寡,这些人可以称为"相近立场者",不能称为一个学派。

二、大陆新儒学诸流派的对象域标签

黄宗羲曾言:"大凡学有宗旨,是其人之得力处,亦是学者之入门处。天下之义理无穷,苟非定以一二字,如何约之,使其在我?故讲学而无宗旨,即有嘉言,是无头绪之乱丝也;学者而不能得其人之宗旨,即读其书,亦犹张骞初至大夏,不能得月氏要领也。……学问之道,以各人自用得着者为真。凡倚门傍户、依样葫芦者,非流俗之士,则经生之业也。"[1]作为一种

---

① 黄宗羲:《明儒学案·发凡》。

经世济用的学问，非闭门造车，其效果与其影响力成正比，以一二字点出自己的学问宗旨，先立旗号在此，以号召后学、引领风气，亦是新儒学善选。

2003 年以来，大陆新儒家先是有蒋庆之"政治儒学"、黄玉顺之"生活儒学"，后自贴标签的做法日渐时兴，诸如干春松的"制度儒学"、陈明的"文化儒学"、秋风的"宪政儒学"等。时至今日，竟成时尚，出现了陈来的"价值儒学"、吴光的"民主儒学"、颜炳罡的"民间儒学"等许多标签；甚至影响了美国的儒家，例如安靖如的"进步儒学"。这不仅表明大家都有了"自立门户"的自觉意识，也标志着儒学进入了一个新的"新轴心期"。所谓"新轴心期"，一方面是指儒学自身的创新；另一方面也是指儒学回到了舞台的中央，那些困扰了人类千年的问题将重新以儒家话语的方式述说，起码是参与述说，而不是只能用西方话语讨论。"标签"意味着儒门学理开始分化，不是简单崇古，"以水济水"，也意味着儒学流派开始形成。但是不能贴上标签就算流派，流派也要有自己的"家族特征"，同时标签也应该名副其实，反映出学派的特征。

目前儒学各家之中，尚无以地名自标者，但以对象域自标突出。蒋庆的"政治儒学"迄今为止是大陆新儒学影响最大的也最接近于一个学派，它有自己的一套世界观、方法论，也有与其方法相契合的观点，然而其名称似有可商榷。蒋庆政治儒学之说，初意在与港台新儒家的"心性儒学"相区别，在蒋庆看来，如果以心性儒学为儒学正统，就会忽视现实政治，"使中国的儒学传统仅仅局限在心性一隅，不能向社会与政治开放；同时也自己缩小了儒学的范围，抛弃了儒学中非常有价值的传统资源，使儒学在政治制度上缺乏改旧创新的活力，不能随时创立起新制度来解决新问题"①。

---

① 蒋庆：《公羊学引论》，辽宁教育出版社 1995 年版，第 8 页。

"生活儒学"研究

然而政治学一词在现代学术中自有其约定俗称之范围，蒋庆之政治儒学其实也只是公羊派的儒家政治哲学，宋明理学、心学一样可以有自己视角的政治哲学，甚至魏晋玄学也把"名教"与"自然"作为自己的主要关注对象之一，蒋庆之排除法不是扩大了儒学的范围，而恰恰是缩小了儒家政治哲学的范围，抛弃了儒学中理学、心学等非常有价值的传统资源，使儒学在政治制度上缺乏改旧创新的能力。以笔者之见，蒋庆儒学叫"公羊派儒家政治哲学"更为合适，更能反映其方法、观点，同时不妨碍其他流派儒家政治哲学的产生和命名。康晓光、盛洪、秋风几人的学术在方法和观点上与蒋庆都有家族的相似性。几人的提法是"儒家宪政主义"，这正是一种具体的政治哲学。几人在理论基础层面都接受了蒋庆的通三统，都以史为经，这方面秋风表现得更加明显，其近年学术几乎就是一种扩大了的经学，虽然其得出自己观点的材料范围要远大于传统经学，但是以历史经验、圣人之言为根本的方法是一脉同根的，他们可同归于"新汉学"或者"经学政治儒学""公羊派儒家政治哲学"。相同的世界观、方法论导致结论的相似性，即都主张一种不脱离威权主义的有限宪政，这也反映了公羊派的思维方式对他们的约束，即在历史条件已经发生巨大变化的情况下，很难跳出既往的历史经验，也很难从圣人那里得到适用于今天的具体启示。

以对象域命名的不止"政治儒学"，还有干春松的"制度儒学"①。"制度儒学"的提法不仅像以对象域命名，还与以前的学科式研究难以分开，要想取得类似"经学政治儒学"的学派地位尚待时日。

相较于"经学政治儒学"或"公羊派政治儒学"在治学方法、政治观点上明晰的相似性、亲缘性，黄玉顺所标示的"生活儒学"更近于世界观和方

---

① 参见干春松：《制度儒学》，上海人民出版社 2006 年版。

法论角度的表述，而缺乏具体的应用条陈，这与它本身的特点是分不开的。"生活儒学"在某些程度上是儒家系统的现象学运动，现象学本身就很难勾画出一个谱系、一个主义，它只是一种视域的转变，这种转变决定了它要抛弃本质主义、形而上学的思维传统，抛弃种种成见，面对"事实本身"重新审视人类生活。与现象学、后现代对西方传统的解构一样，"生活儒学"本身也包含着一种对儒学解构的危险。它要求对儒家既有义理也必须抛弃，回到源初的"仁爱情感"重建形而上、形而下。这种方式决定了它主要是一种清扫和启迪，很难有具体的政治规划、人生设计供人追随。建构贯通到器物层面的生活儒学体系可能比发起一波"生活儒学运动"更难，这也是黄玉顺提出"生活儒学"甚早而学派迟迟难以形成的原因。"生活儒学"同禅宗一样，本身就包含着对体系性、统一性、权威性的否定，接受它的思维立场，意味着自由和解放，包括从其理论自身中的解放，意味着"无"。读者从中获得自由之后，重建的东西可能是千差万别的。

以现象学与儒学沟通的学者甚多，很多原是主流学科体系内的西方哲学研究者，始不以儒者自居，学界也不以儒者视之，但是现在他们很多人已经明确表示皈依儒家价值立场，如张祥龙，那么现在大家也应以儒者视之。儒家系统内的现象学运动是可欲的，未必能制造出一个统一的儒家政治、心性学派，但是它对新流派产生的意义是十分重大的。不经过现象学、后现代的洗礼，所谓"新儒学"很难有真正面对今日世界、构建普世理论的能力，恐怕只是旧儒学翻新。同样，"文化儒学""价值儒学"的提法也是更多地表示了一种视域和角度的转换，它们可能对儒学的更新产生很大影响，但自身并不直接表达一个新的体系，因此学派特征不易显出，但是一旦真的成为风潮，它们的学理容纳力将远大于执着于一个方面、一种义理的学派。而"民间儒学"更多的是在主张一种异于"政治儒学"的民间儒家复兴路线,是一种关于如何发扬光大儒学的建议,逻辑上民间儒学可以成为一个巨大潮流,但其本身并不建构学理体系。

三、"新儒家法哲学"发凡

本人的"新儒家法哲学"(也自题为"礼法学"),也经过一场"生活儒学"的洗礼,这个过程包括与黄玉顺先生的书信来往和面谈,包括对宋明儒学由理向心转向的考察,也与我和黄玉顺的共同师承有关。

在读博时期,本人受冯友兰先生和蒙培元先生的理学体系影响,参照蒙先生《理学范畴体系》[①],写出了《程朱礼法学研究》[②],该文贯通形上形下,意在建构新的儒家法哲学体系;博士后期间追随蒙先生,又得黄玉顺师兄之"代师传艺",认识到情感为理性奠基,形而上学已经被现代政治哲学拒斥;又得杨国荣先生关于心学的本质是"主体性与普遍理性之间的紧张"之论断的启示,考明儒心学之转向,即是从形上向形下贯通的古典儒学向以个人情感心志为公共理性奠基的方向的转变,这是天人、客主关系的一个颠覆,是一个现代化转型,遂放弃"天理循环"的设计,转向以道德个人主义(良知学)为基础的现代政治哲学建构,写出《明儒礼法学的心性论基础及其现代启示》一文。[③]

本人的这一新思维与"生活儒学"是有一定的家族相似性的,然而"回归生活本源"之后,重新开出之形下架构,如前文所述,可能千差万别,如"明儒礼法学"与黄玉顺的"中国正义论"。现在回头看,"礼法学"的提法也

---

① 蒙培元:《理学范畴体系》,人民出版社 1989 年版。

② 宋大琦:《程朱礼法学研究》,山东人民出版社 2009 年版。

③ 参见宋大琦:《明儒礼法学的心性论基础及其现代启示》,安徽人民出版社 2014 年版。

是值得斟酌的,因为它也容易成为对象域。笔者提出礼法学的初衷并非是要在儒学中标新立异,而是针对中国法律史学界对中国古代法 "律令体系"的认识,主张中国古代法律体系是"礼法体系",只不过本人所做的只是"礼法学"中核心的、相当于"法哲学"的那一部分,故又称"新儒家法哲学"。叫"新儒家法哲学"在法学领域能表达出自己的独特之处,但在儒学系统中并不能表达出自己的学术特征,因为宋学、汉学等中可开出不同路数的法哲学,况且该名虽属本人初创,但该问题一旦为大家所感兴趣,就会变成一个对象域。如想在儒学系统中标出自己的学术特征,还是叫"心性派儒家政治哲学"比较贴切。

蒋庆、秋风等"公羊派儒家政治哲学"的世界观、方法论决定了它的结果是主张一个传统色彩浓厚、威权主义主导的宪政制度,本人的"心性派儒家政治哲学"也是由它的立场、方法推导出了一种以道德个人主义(良知)为基础的"民主的儒家宪政主义"主张。杨万江也建构了一种"民主的儒家宪政主义"(是其自命的"新古典主义儒学"的一部分),不同的是,杨是以荀子到朱熹一脉为资源,以天职、天命、理一分殊的逻辑论证了民主制度合法性,或者说是以天理的名义赋予了民主制度应然性。这使他的理论有了一种欧洲启蒙时代"天赋人权"的感召力。从对民主、自由的主张来说, 本人的心性政治儒学与杨万江的新古典主义儒学政治论有了家族相似性,然而二者学理上有明显差异,杨万江的是"理当如此",本人的是"我(每个个人)要如此",一个是出于普遍理性,一个是出于个性解放的要求。吴光提出的"民主儒学"或"民主仁学"的主张,反映在政治层面上,与"民主的儒家宪政主义"有很大相似性,但是学理又有所不同。

四、学派之争与新儒学生命力

　　新儒学的学脉关系是非常复杂的,从学理上、从政治主张上,不同的角度可能会划分出不同的学派,本文实属挂一漏万。长期以来,由于历史的原因,外界对儒学的印象十分刻板,一提到儒家人格就是三从四德、三叩九拜,一提到儒家政治主张就是三纲五常、吾皇万岁。学者们的辛勤耕耘,往往难以抵挡各种有意无意的误解和歪曲。这些误解和歪曲也难说就不是儒学的一部分,董仲舒是儒生,公孙弘未尝就不是儒生;虽千万人吾往矣是儒家,圣上英明臣罪该死也是儒家;时至今日;"毛泽东派儒家"也隐隐然生成了。一说自古以来有两种儒家;一说有政治儒学、政治化的儒学,如细审视之,肯定不止两种,作为二千余年的主流文化,博大杂芜,对一个问题即使答案是相近的,理由也未必一样,何况答案也未必相近。因此,今天的时代性问题,在儒学内部争论起来,给出不同答案和理由是件非常好的事情,它能够显示出儒学的多种可能性,这样才能在不同的可能性之间展开竞争,才能迸发出生命力,并且改变外界对儒家刻板的看法,不再以现代问题刁难古人,而是以当代新儒家为对话者。这样,儒学就能主动参与到主流话语中来,而不是只能期望"被重视",因此,我个人期待儒学不同流派的形成成熟, 希望它们之间的争论成为热门话题,主流话题。

构建顺势应时的生活儒学*

《人才山东》记者

我们常说，中华民族有着传承了五千年的古老文明，无论经过多少战乱与硝烟、多少苦痛与灾难，其文明和历史都不曾中断过。这在全世界都是独一无二的，值得每一个中华儿女骄傲。但是伴随着现代文明的发展，中华民族的传统文化，尤其是长期占据文化主流地位的儒家文化，正遭遇着一系列的挑战。我们曾经高扬的"仁、义、礼、智"在当代社会是否还有立足之地？我们应该怎样对待孔孟之道？面对传统文化一定意义上的衰落，我们应该如何去应对和改善？对于这些问题，山东大学儒学高等研究院副院长黄玉顺做出了他的思考，他所创立的"生活儒学"给出了许多值得践行的答案。

一、融贯中西，站在巨人肩膀上创立"生活儒学"

如何让传统的儒学思想和文化在当代社会释放出新的活力，为中国

---

① ＊本文首发于"人才山东"官网（www.rcsd.gov.cn）2016 年 9 月 26 日。

的文化发展做出新的贡献,是黄玉顺一直以来思考的问题。黄玉顺给出了这样的答案:通过"生活儒学"的建构,让儒学面向现代生活,来推动传统儒学的复兴。中学功底和西学功底同样深厚的他,在批判地吸收了海德格尔和胡塞尔的"现象学"之后,2004年第一次提出了"生活儒学"这一全新的概念;同一年,"儒学复兴运动"这个概念也顺势而出。

"'生活儒学'这个概念是在批判和吸收了海德格尔和胡塞尔的'现象'学的基础上提出来的",黄玉顺介绍说。生活儒学对海德格尔现象学的吸收,主要是接受其"存在论区分",即严格区分"存在"与"存在者":任何存在者都是由存在给出的;存在不断地生成着新的存在者。然而两千年来,古今中外的哲学都"遗忘了存在",而是用一个形而上存在者来说明众多形而下存在者是何以可能的,形成了一种"形上-形下"的观念架构。而"存在论区分"对于儒学复兴的意义在于:如果两千年来的皇权帝国儒学,其形下学(家族社会的伦理学和皇权政治哲学)及为之奠基的形上学(心性本体论、先验人性论)都不能"原教旨主义"地照搬到今天来,即儒学的复兴意味着建构新型的儒学形态,这就意味着必须超越传统儒学的"形而上存在者——形而下存在者"的架构,回到孔孟原典儒学固有的、被遮蔽了的"存在"观念。

但这并不是照搬海德格尔的"存在"概念。生活儒学认为,对于儒学来说,作为大本大源的存在,就是生活,就是作为生活情感的仁爱。"生活"的观念既非海氏的"存在"(Sein),也非海氏的"生存"(Existenz)。生活儒学对海德格尔现象学的批判,是针对其不彻底性。按海氏现象学的初衷,一切存在者皆是由存在给出献的,即存在先于存在者;但海氏又认为,有一种特殊的存在者——"此在"(Dasein),也就是人,他的生存才能够通达存在。这样一来,人这种形而下存在者就先于存在而在了。这就陷入了自相矛盾。黄玉顺认为，如果把"此在的生存"中的"此在"去掉，那么所谓"生存"就是"存在"。这就是他的"生活"的观念。生活儒学认为：生活及其仁爱情感显现乃是一切东西——形而上者和形而下者、主体性存在者和对象性存在者的大本大源；"此在"或人也是由爱生成的。

二、薪火相传，以人才培养为基础复兴儒学

在提出"生活儒学"这一概念之后，如何对传统儒学进行复兴仍旧是一个难题。近些年来，"儒学院""国学院"，还有各种各样的"书院"之类，纷纷建立，这对于传承儒学固然是好事，但称其为学术"高地"，在黄玉顺看来仍值得商榷。黄玉顺说："最近几年的儒学研究和儒学传播，都出现了不少的问题。在我看来，最严重的问题是出现了一些很危险的倾向和思潮，诸如……封建主义、专制主义、蒙昧主义、民粹主义、极端民族主义，乃至某种帝国主义、军国主义等，都有泛滥的迹象。有些所谓'儒家'似乎要再次给中国人民套上几大'绳索'（毛泽东语）：君主主义的'政权'、父权主义的'族权'、男权主义的'夫权'。这些'主义'，都是违背现代生活方式、历史趋势的逆流。我认为，要复兴儒学、打造儒学研究与传播的高地，首先就必须警惕上述这些危险倾向。"复兴儒学的根本在于培养人才，黄玉顺所在的山东大学儒学高等研究院把"打造儒学研究高端人才的基地"作为基本目标之一，博士生、硕士生、古典班的本科生的教育教学，都以此为宗旨。

对于究竟如何培养儒学人才，目前学界的看法并不一致。有的人主张回到古代传统的"经学"体制，或者"经史子集"的"四部"体系，这涉及是否应当承认"古今之变"的问题；有的人主张仿照西方的"古典学"（Classic Studies），这涉及怎样处理"中西之际"的问题；而更为常见的做法则是沿

用几十年来的"文史哲"等学科分类,亦即按照"国标"的一级学科分类;如此等等。此外,还有许多民间书院的做法。

在这个问题上,黄玉顺坦言自己也还没有成熟的想法,但是他提出,真正的国学具有五大特征:"第一,就其性质而论,国学既非西方的'汉学'(sinology),也非原教旨的'经学',而是一种现代性的中国学术;第二,就其方法而论,国学并非学术史(史学)那样的对象化或'客观'化的'科学研究',而是经典诠释;第三,就其形式而论,国学并非'文史哲'那样的多元的分科研究,而是传统经学那样的一元的统合学术;第四,就其地位而论,国学并非与'文史哲'等等相并列的一个学科,而是可以统摄诸学科的一门奠基性学术;第五,就其作用而论,国学作为一种学术,并非现代科学意义上的所谓'学科',而是一种具有'柔性国家意识形态'性质的理论或学说。"这种正本清源的思考对如何培养儒学人才无疑具有指导意义。

三、开放心态,以面向生活的姿态发展儒学

对于儒学未来到底该如何发展,走向何方,除了培养人才方面的问题,黄玉顺还认为,我们还必须以一种开放的心态来面对传统文化的复兴和发展。"我特别想指出这样一股危险的思潮:以狭隘民族主义的'中西对抗'来掩盖'古今之变'的人类文明走向,借'反西方'之名、行'反现代'之实,用'文化'来拒绝'文明'。"黄玉顺说,"在形下的层级上,当代儒家的政治哲学必须接受现代政治文明的基本价值,否则儒学迟早必定为时代所唾弃,不论当前如何'虚假繁荣';为此,在形上的层级上,当代儒学必须重建形上学,而非墨守传统形上学,否则必定'内圣开不出新外王',无法导出现代政治文明,反而孕育出某种现代政治怪胎。上述两点意味着,当代

儒学必须突破'形上–形下'、'心性–政治'或者'伦理–政治'之类的先验形而上学的思维模式,回归生活本源,面向当代生活、即现代性的生活方式,否则不仅无法容纳现代政治文明价值,而且无法完成为之奠基的形而上学重建的历史任务,势必沦为时代的弃儿,甚至将被钉在历史的耻辱柱上。"

生活儒学的"观无"与"生活领悟"*

李春会　孙铁骑

　　生活儒学是黄玉顺教授所创立的一种儒学理论，是当代儒家一种重要形态，是儒学切入当下生活的一种创造性现代转换。生活儒学"超越两千年来'形上—形下'的形而上学思维模式，重新揭示孔孟曾揭示过而被人们遗忘了的'存在'或者'生活'的思想视域。生活儒学的内容涵盖了人类或者任何个人可能有的三个基本的观念层级：存在或者生活→形而上存在者→形而下存在者；或者生活感悟→形而上学→形而下学"①。生活儒学的认识论路径与其三个观念层级紧密相关，其认识论路径亦具有"本源之观——形上之观——形下之观"的区别。

　　* 原载《社会科学战线》2016 年第 11 期。

　　① 黄玉顺：《生活儒学与中国正义论——从我研究儒学说起》，《深圳大学学报》（人文社会科学版）2014 年第 1 期。

一、生活儒学的本源之观

生活儒学的第一个观念层级是生活本源,而生活本源不是某种特殊的在者,而是给出所有存在者的存在本身,"生活即是存在,生活之外别无存在"①。既然生活本源不是某种存在者,也就无法成为理性思维的对象性存在,理解生活本源就不能局限于现代哲学的对象性理性思维方式,要以中国哲学的固有思维方式来达于孔子儒学的本源视域。生活儒学给出的生活本源的认识论进路就是"观无"与"生活领悟"。

(一)生命外向的"观无"

人类的理性认知总是以主客对立的方式来认知和评判外在的世界,而这一进入人类认知领域的外在世界总是与观察这个世界的生命存在本身相对而立,从而理性生命只能对象性认知生命之外的存在,而不能认识生命本身,这是理性思维的天然局限。生活儒学的"观无"就是借用中国哲学的传统思维来实现视域突围,达于对存在本质的认知与理解。

在西方哲学的理性进路之中,理性之"观"是对象性之"观",无论是作为其形而下学的具体事物的存在,还是作为其形而上学的所谓本体,总是某种对象性的存在者,而不是存在本身。中国哲学认为终极的存在是不可说的,"无"是比"有"更高的存在,"无中生有"对于西方哲学来说是不可思议的思维矛盾,但对中国哲学来说,"无"不是存在者,但却是存在本身,而且恰恰是"无"给出了"有","无"给出了存在者,"无"就是存在本身。

---

① 黄玉顺:《论生活儒学与海德格尔思想——答张志伟教授》,《四川大学学报》(哲学社会科学版)2005 年第 4 期。

西方哲学只能思"有",不能思"无",从而不可能天然具有"观无"的自觉与能力,更无从获得一种使思想建基于其上的本源视域。生活儒学作为生发于中国本土的现代哲学思想虽然以现象学作为对话的对象,其价值取向与思维宗旨则是回溯孔子儒学,其思维方式与认识论结构最终仍然归宗于孔子儒学而不是现象学,故生活儒学可以将中国哲学思维与存在的最高境界"无"标示出来。既然西方哲学固执于理性的对象性思维方式,只以理性的思辨作为哲学的标准,并只以理性展开的逻辑为真理,那么生活儒学就将西方哲学理性的对象性观察推向极致,由"观有"进一步推向"观无"。"观"是对象性之观,这仍然是西方哲学理性思维的进路,但此所观之对象却是"无",又将西方哲学对象性的理性思维引入中国哲学的非对象性的悟性思维之中。"无"什么也不是,无不是"什么",不是任何"具体的有",即不是任何存在者,但"无"却"存在"着,而且不同的存在者正是以"无"为背景而存在着,从而"无"不是存在者,却是存在本身,无不是"有",却给出了"有",这就是中国哲学的"有之为有,恃无以生"。在这种观无,或称无所观之观的思维视域中,思维事实上已经停止外向的观察,这就是对西方哲学的对象性观察与思维方式的破解。

(二)生命内向的"生活领悟"

中国哲学的经典思维方式是超越于主客二元对立的对象性思维方式之上的悟性思维,西方哲学执着于思辨,而中国哲学则重生命的体悟。中西哲学的思维起点不同,西方哲学的起点是"思的事情",即以思辨为核心,只有思辨才是哲学。而"思的事情"并不能代替"存在的事情",尤其不能代替"生命的事情",现象学追求"面向事情本身",却不是"面向生命本身",西方哲学的全部历史都是在人的生命之外游荡,游荡得越远,越与生命无关,从而无法安顿人的身心性命,不得不到宗教的上帝中寻找生命的安慰,而哲学却在迷失生命本性的游荡中走向终结。正是因为西方哲学固执于思维的世界,而思维的世界中只有理性是最可把握的,所以西方哲学固执于理性的思维方式而不能自拔。

中国哲学的出发点是"生命的事情",而不是"思的事情",生命是中国哲学的思维起点。中国哲学就是生命的哲学,而不是思维的哲学,中国哲学关注的是生命的存在状态与生命境界,而不是思维逻辑,这是中国哲学的优秀特质,避免了西方哲学的"思维与存在"的非同一性问题,避免了西方哲学与生命割裂的问题。在以西方哲学为本位的视角下,中国哲学因为缺少思辨,成为中国没有哲学的证明,黑格尔讥讽"孔子只是一个实际的世间智者,在他那里思辨的哲学是一点也没有的——只有一些善良的、老练的、道德的教训,从里面我们不能获得什么特殊的东西"①。黑格尔只把思辨作为哲学的本性或特质,当然会认为在孔子"那里思辨的哲学是一点也没有的";黑格尔沉浸在思辨的哲学中,当然更不知道孔子思想所内含的生命意蕴,因为思辨本身是与生命无关的,即使是面向生命本身的思辨也无法真正解决生命的安顿问题,因为生命本身不是思辨的,不是可以通过思辨来加以安顿的,生命是活泼的,生命是成长的,但生命的成长不是按照理性思辨的逻辑去成长,否则就不是生命了。故思辨对于生命而言是无本质意义的,只是人类智慧的副产品,所以西方哲学的理性只能做到"爱智慧",却永远达不到智慧,而中国哲学就是智慧本身,因为其是源自生命本身,而不固执于思辨的生命智慧。

生命的智慧不能用理性的对象性思维来获得,只有用超越于对象性

---

① 黑格尔:《哲学史讲演录》(第 1 卷),贺麟、王太庆译,商务印书馆,1983 年,第 119~120 页。

思维之上的悟性思维来获得，因为理性的思维永远在所思的对象之外，当理性思考生命时，理性仍然在生命之外，其给出的任何答案不是生命的本真和自在，而悟性思维则是透入对象本身，与对象融为一体，从而超越主体认知的时空局限性。生命的智慧只有透入生命本身，与生命融而为一才能获得，这正是悟性思维的本性。因而生活儒学给出的回归生活本源的又一思维进路是"生活领悟"，即以悟性思维领悟"生活—存在"的本源，这是与"观无"本质同一，却又在思维路径上相反的纯粹中国式思维方式。因为"观无"仍然是对象性的"观"，仍然是西方哲学对象性观察与思维路径的进一步发展，只是将其推至极致而达于"观无"，即无所观之观，从而破解西方哲学对象性思维的认知困境。"生活领悟"不是对象性地去领悟什么，而是直接"领悟"生活，"而生活不是'什么'，因为生活不是存在者，而是存在本身"①，即"生活即是存在，存在即是生活"。从而生活领悟的认识论路径不是向外的观，而是转向生命内在的悟。"观无"是外向的"观"，而"生活领悟"则是内向的"悟"，"悟"即"吾心"，即由外观转向吾心，"领悟"即领取吾心，明晓吾心，吾心即生命之本，而生命之本通于生活之本，"生活"是"生"而"活"着，生命是"生"而"命"之于"吾"，故于"吾心"，即悟之中可知"生"之所"命"，由"命"可知"生"之自在，而"生"之自在就是生而活着，就是生活，故由"领取吾心"，即"领悟"，可以回归生活本源，此即为"生活领悟"。

与西方哲学理性的对象性思维方式恰相对反，生活领悟是中国哲学故有的内向型的悟性思维方式，因而不存在西方哲学的对象性思维困境，天然具有思维与存在的同一性，思维就在存在之中，而不在存在之外，故

---

① 黄玉顺:《论生活儒学与海德格尔思想——答张志伟教授》,《四川大学学报》(哲学社会科学版)2005年第4期。

悟性思维以话语的方式表达出来必然是非逻辑的,只能是一种感悟性的、论断性的,没有系统的逻辑性理论论证,悟性思维的表达方式迥异于西方哲学理性所表达出来的思辨逻辑。

二、生活儒学的形上之观

生活儒学的形而上学是处于生活本源与形而下学之间的观念层级,此观念层级统摄着形而下学,但却非作为终极的最高存在,因为形而上学还有其来源,即生活本源。在传统形而上学视域下的二层观念架构中,只有"形而上学—形而下学"二个观念层级,从而形而上学处于二层观念架构的最高级;而在生活儒学的本源视域下,形成了由"生活本源—形而上学—形而下学"构成的三层观念架构,从而形而上学不再是最高的观念层级,而是居中的观念层级。

在西方哲学传统中,形而上学是最高的存在层级,统摄着形而下学,故其形而上学视域是一种高高在上,固定而凝固的思想视域,一经形成,就成为某种思想规制。现代西方哲学力图突破形而上学的视域局限,但在其思维方式没有发生根本转变的前提下,其哲学思维只能是形而上学思维,从而走不出形而上学困境。生活儒学之所以能突破西方哲学形而上学的视域局限,获得一个生活本源视域,在于中国哲学的独特思维与认识方式——"观无"与"生活领悟"。而生活儒学的本源视域并不否定形而上学存在的必要性,从而与现代西方哲学拒斥形而上学相反,生活儒学要重建形而上学。但生活儒学的形而上学重建却与西方的传统形而上学具有本质差别,其差别在于西方哲学的形而上学是从形而下学之中研究和观察得来,而生活儒学的形而上学却是由生活本源而来,是在形而下学产生之

这种整体性思维是中国哲学的经典思维方式,《周易·系辞传》言:"古者包牺氏之王天下也,仰则观象于天,俯则观法于地,观鸟兽之文与地之宜,近取诸身,远取诸物,于是始作八卦,以通神明之德,以类万物之情",表达的就是这种整体性思维,虽然是对象性的,但却不是将主客体对立起来,而是将主体与天地万物融为一体而观察之。故本源视域下的形下之观在形式上相似于西方哲学理性的对象性思维,但在思维品质上却与西方哲学具有本质的不同,这是生活儒学对西方哲学形而上学思维困境的终极突破。因为哲学思维方式的变革最终要实现于对人伦物理的具体应用之中,只有对形而下学的思维方式实现根本转换,才是人类思维方式的真正变革。也就是说,仅仅有对生活本源与形而上学的思维是不够的,并没有完成哲学思维的任务,哲学的思维最终要落实入形而下学之中,落实到日用伦常之中,转化为现实人生的生命实践,才是哲学思维任务的真正完成。

形而上学必须能够指引形而下学,规范形而下学的发展边界与价值取向,才是哲学思维使命的最终完成。仅仅停留在形而上学视域中的思维转变只能改变人类的精神世界,却与现实的生活世界无关,从而只能是头脑中的风暴,并没有现实的意义。就如黑格尔的哲学,建立了最庞大、最完备的唯心主义形而上学体系,而如此完美的形而上学体系却距离人类的现实生活如此之远,以致完全割断了与现实生活的联接,因此马克思批判说:"哲学家们只是用不同的方式解释世界,问题在于改变世界"①。这正是西方传统的形而上学存在的根本问题,从而作为西方人日常生活实践中的形而下学并没有真正的哲学形而上学的统摄,在作为百姓生活的人伦

---

① 《马克思恩格斯选集》(第一卷),人民出版社 1995 年版,第 57 页。

日用中,并没有真正的哲学形而上学指引,而是通过上帝规范着人的形下世界,宗教成为支配人现实生活的形而上学,而上帝才是现实引领西方形而下学的真正本体。在现代理性主义崛起之后,随着宗教的衰弱,西方文化的形而上学真正失落了,尼采亦宣布"上帝死了",意味着西方文化精神世界中的本体已经消灭了,于是"什么都是可能的"了,形而下学世界就成为"怎么都行"的无意义世界。形而下学如果没有形而上学作为指引,就必然会迷失方向,盲目发展,从而带来各种各样的问题。

中美儒学专家大明湖畔
共话世界儒学发展新动向*

沙见龙

中新网济南 4 月 25 日电：美国哲学家、汉学家、美国卫斯理大学教授安靖如，与中国儒学家、山东大学儒学高等研究院教授黄玉顺 25 日共聚济南大明湖畔，以"中美儒学对话：生活儒学与进步儒学"为主题，探讨世界儒学发展新动向。

安靖如是西方儒学代表人物之一，创立了"进步儒学"（Progressive Confucianism）理论，他认为儒学传统是活的，在不断发展。他以该理论作为标签，表明了其对儒学的看法。"生活儒学"的创立者黄玉顺释义"生活儒学"，意在发掘儒学所蕴含的某些能够穿越时空、超越历史地域的观念，使儒学能够真正有效地切入当今世界的社会生活。

在阐述中，安靖如指出其理论中的"进步"是指认真描绘出针对个人和集体道德进步的儒家思想核心义务，也代表着自始至终提倡的研究儒

---

* 中国新闻网（www.chinanews.com）2017 年 4 月 25 日（www.chinanews.com/cul/2017/04-25/8208931.shtml）。

家政治哲学路径的特定标签。"'进步'不是指传统进化论意义上的进步，而是指不满足于一种现实形态，去追求理想、超越现实与不断提升。"

作为当代中国大陆新儒家代表人物之一的黄玉顺，他的生活儒学观点则充分地敞开了重建儒家形而上学、形而下学的可能，从而避免了后现代主义拒斥形而上学的相对主义、坚持传统形而上学的绝对主义，使儒学传统摆脱了"魂不附体"的历史尴尬，重新进入当下的生活。

安靖如认为，儒家基本价值在实际生活中所具有的积极意义，使得当其根植于创造性的实践中时，能使人生活得更好、社会变得更繁荣。而在创造性实践中实现儒家基本价值的路径，则是使每个人具有与这些价值相关的德行。正因为如此，伦理的广泛社会意义才可能获得与时代进步相同的发展，社会才可能在正常的形态下聚合普遍的力量，从而完成"进步儒学"在国家全球化时代中的角色担当。

对于生活儒学与进步儒学二者的关系，黄玉顺认为两者在思想价值取向上极为一致，但因为生活、文化、学术等背景不同等因素，所形成了不同的判断。安靖如表示，正是因为差异，两者才有合作的基础，共同推动儒学的进步发展，"儒学的研究不能仅仅是学术性的，应该被更广泛的人接受，这是下一步将继续做的工作"。

自由何以可能？

——从"生活儒学"到"自由儒学"*

郭　萍

　　自由主义的"西学东渐"对传统儒学的挑战犹如"第二之佛教又见告矣"①。由是，解决传统儒学与现代自由之间的冲突，也就成为我们"打通传统与现代"的一个关键问题，而解决这一问题势必需要儒家从学理上予以正面回应，也即建构一种儒家的自由理论。为此，笔者试图提出"自由儒学"的理论构想。这一构想得益于黄玉顺先生所创建的"生活儒学"理论。事实上，黄先生在提出"生活儒学"之前所主编的《追寻中国精神丛书》②就被喻为"自由颂"（邓伟志语）③，其原因在于他不仅将中国精神归结为"自

---

　　* 原载《齐鲁学刊》2017年第4期。

　　① 王国维：《论近年之学术界》，《王国维遗书》第5册《静安文集》，上海古籍书店1983年版，第94页。

　　② 黄玉顺主编的《追寻中国精神丛书》（四川人民出版社2000年版）包括《中国的自由精神》《中国的科学精神》《中国的民主精神》《中国的伦理精神》。

　　③ 邓伟志：《新千年日记：思想之旅》，华东师范大学出版社2001年版，第258页。

由精神"，还将自由视为"现代性之根"①。当然，从学理上对"自由儒学"最具启示性的还是其"生活儒学"，尤其是其中"生活即是自由"②的命题及其"自由就是生活本身的本源结构：在生活并且去生活"③的创造性解释，直接启发了笔者对自由问题的重新思考。

一、生活的本源结构：在生活并且去生活

黄先生明言"生活儒学"所言说的无非是"在生活并且去生活"，而这正是"生活本身的本源结构"的展开。④因此，这个本源结构也就成为"生活儒学"的"一切的秘密"所在。⑤实质上，这个本源结构是当代主义思想进路的直观形态。所谓当代主义思想进路，乃是黄先生通过反思前现代主义、现代主义，以及后现代主义思想进路所导致的理论诟病而找到的"打通传统与现代"的一条新的思想途径。正是因此，"生活儒学"具有鲜明的当代主义思想特质。概括说来，体现在两个方面：

（一）"生活儒学"以本源性的思想视域超越了传统"形上—形下"的思维模式，找到了一切主体性观念之渊源和古今中西对话的共同场域

在这个意义上，"生活儒学"根本不同于以往的各种儒学理论，包括原教旨主义儒学（即前现代主义儒学）和现代主义儒学，这其实是对前现代

---

① 参见黄玉顺主编《追寻中国精神丛书》之"主编琐语"《追寻"现代性"之根》，第1页。
② 黄玉顺：《爱与思——生活儒学的观念》，四川人民出版社2006年版，第235页。
③ 黄玉顺：《爱与思——生活儒学的观念》，第236页。
④ 参见黄玉顺：《爱与思——生活儒学的观念》，第196页。
⑤ 参见黄玉顺：《爱与思——生活儒学的观念》，第40页。

主义和现代主义思想进路的超越。

这是因为当前的各种原教旨主义儒学是以克服现代社会弊端之名拒绝发展中国的现代性,其实质是欲在现代中国复活前现代的价值观念,这非但无法打通传统与现代的隔膜,反而会导致现实的风险。同时现代主义儒学(主要以 20 世纪现代新儒家为代表)虽积极"开新"拥抱现代的民主与科学,但终因深陷"老内圣"的窠臼而无法完成传统儒学的现代转化。这些缺陷根本上都是由于"形上—形下"的对象化思维所致。

"生活儒学"则以本源生活的观念阐明生活本身乃是前存在者、前主体性(pre-subjectivity)的事情,它先行于一切存在者,不仅先在于"末"(形下存在者),而且先在于"本"(形上存在者)。由此揭明生活本身空无一物,包括作为主体的人也尚不存在。这一观念的提出与海德格尔的"存在"观念不无关联,但二者又有着根本的不同。黄先生强调海德格尔的"存在"是以"此在"这种特殊的存在者(即人)为先行观念,因此仍然是一种主体性的观念,而"本源生活"意味着"真正的共同存在不是存在者,包括此在的共同存在,而是没有存在者,甚至没有此在、无物、没有东西的共同存在,其实就是'无物'的生活本身。"①

对此,或许有人质疑这种"无物"且"非人"的生活是否会将一切主体(人)排除在生活之外。但在"生活儒学"看来,生活本身总是最源始地占有着一切主体。这就意味着一切主体并不在生活之外,反而总是以生活本身为源头才得以可能。换言之,生活本身非但不排除一切主体,而且是确立一切主体的大本大源。

---

① 黄玉顺:《爱与思——生活儒学的观念》,第 39 页。

（二）"生活儒学"并不以"溯源"为目的，更没有因"溯源"而否认形上学理论的价值，而是以积极地"去生活"指向儒家形上学和形下学的重建

对此，黄先生特别声明"生活儒学"只是反对传统形而上学，而不是一切形而上学，并强调当今的"问题不在于要不要形而上学，而在于需要怎样的形而上学"。[①]由此表明"生活儒学"根本不同于各种否定、拒斥形而上学的后现代主义理论，也根本不认同所谓的"哲学终结"论和价值虚无主义的立场。

之所以要重建，是因为"就在生活而言，生活本身没有任何意义。生活的意义，是我们去生活的建构：我们去生活，就是去构造意义"[②]。也就是说，由本源生活确立的主体需要去建构生活，改变生活，唯此生活才能成为有价值、有意义的存在。于是，主体性的建构也就成为建构生活、构造意义的关键，建构生活的意义实质就是确立主体的价值。我们看到，"生活儒学"已经展开了一种主体性的建构：其中"中国正义论""国民政治儒学"作为其形下学的展开，实质是一种相对主体性的建构，而"变易本体论"作为其形上学观念，其实质是一种绝对主体性的建构。

上述特质令"生活儒学"所言说的"生活"同时具有两种意味：一方面，本源的"在生活"揭示出作为存在本身的生活造就了主体；另一方面，主体的"去生活"彰显出主体对生活的改变。然"生活即是自由"，笔者据此便自然推出两种意味的"自由"："在生活"是为本源自由、"去生活"是为主体自由。

---

① 黄玉顺：《从"西学东渐"到"中学西进"——当代中国哲学学者的历史使命》，《学术月刊》2012 年第 11 期。

② 黄玉顺：《爱与思——生活儒学的观念》，第 232 页。

二、"在生活"：本源自由

从生活本身看，即便是"去生活"也首先是一种生活实情，因此"去生活"也同样是"在生活"。在这个意义上，"生活即是自由"表明如此这般的生活本身就是一种自由。

然而，自由总意味着某种选择、超越，生活本身又如何选择与超越呢？在本源生活的视域下，选择与超越首先并不是主体的选择、超越，而是生活本身如此这般的显现。用"生活儒学"的话来说：

> 这种选择不是生活之外的"我们"的选择，而是"我们在生活中"的选择；这种本源的选择不过是生活本身的选择。在这个意义上，生活本身就是选择。[1]
>
> 超越并不是说我们从生活中抽身而去，并不是说我们居然能够超出生活之外……本源意义的超越是人的自我超越；甚至说"人的自我超越"都是颇成问题的，因为超越并不以主体性的"人"为前提。……在本源上，超越之为超越，乃是生活本身的事情。[2]

既然"自由是生活本身的自己如此"[3]，而生活本身先行于任何存在者，作为主体的人尚未诞生。那就意味着生活本身作为自由是一种先行于主体的自由，这无疑是一种全新的自由观念，可以称之为"本源自由"。不

---

[1]　黄玉顺：《爱与思——生活儒学的观念》，第 235 页。

[2]　黄玉顺：《爱与思——生活儒学的观念》，第 236 页。

[3]　黄玉顺：《爱与思——生活儒学的观念》，第 236 页。

难发现,我们通常所指的自由是以某种主体为前提的,不论是经验生活中的政治自由,还是哲学上讲的意志自由都是如此,也就是主体自由。那么本源自由与主体自由有何关系? 本源自由的实质和意义何在?

"生活儒学"中有这样一段论述提供了一种启示性的解答:

> 而这种本源的自由并不是所谓"意志自由";本源的自由并不以主体意志为前提,事情正好相反,主体意志只有以本源的自由为源泉才是可能的。主体意志乃是将生活对象化的结果,然而本源的生活并非任何主体的对象。所以生活儒学认为,意志自由也同样渊源于生活,即渊源于在生活中的本源的自由。①

我们知道,哲学上讲的意志自由作为绝对主体自由,乃是政治自由等一切相对主体自由的本体依据,然意志自由也源于生活本身的本源自由,那就说明本源自由是一切主体自由的渊源。因此,本源自由与主体自由并不冲突,而是将主体自由孕育其中并使其得以可能,二者之间是一种哲学上的奠基关系。

其实,当代西方存在主义的自由观念与本源自由观念多有相似。例如,祁克果认为自由就是指"生存的可能性",但他所讲的"生存的可能性"却是上帝恩典的涌现,而"上帝"本身就是一个主体性观念。这意味着作为生存可能性的自由还是一种主体自由。再如,海德格尔认为真正的自由乃是"让存在之行为状态"②,它源始地占有着人而非相反,但他所谓的自由

---

① 黄玉顺:《爱与思——生活儒学的观念》,第 235~236 页。

② [德]海德格尔《路标》,孙周兴译,商务印书馆 2013 年版,第 220 页。

是作为"绽出之生存(Ek-sistenz)"①,而"绽出之生存"乃是"此在"的生存,这种"此在"与"在"本身的纠缠最终使其自由观念也难免主体自由的色彩。相较之下,本源自由更彻底地表达着作为存在本身、生活本身的自由。

当然,无法否认的是,自由之"自"已经意味着自由的实质仍在于主体性问题。而本源自由作为前主体性的自由,是尚无任何主体存在的自由,也可以说是无所由之由。其实,这一观念表达的无非是生活本然如此的开放状态。在这个意义上,本源自由确实还不能算是一种真正的自由,更不是一种作为现实价值追求的自由。但我们依然不能据此否认本源自由观念的积极意义。恰恰相反,正是由于本源自由作为前主体性的自由,才能孕育一切可能的主体自由,才能成为一切主体自由之渊源。也就是说,本源自由实质乃是自由的本源,它所揭示的是"自由何以可能"的问题,这也是先行于思考一切主体自由的最源始、最普遍的问题。故唯有以本源自由为源头,才能为主体自由的确立奠定最原初的基础,用"生活儒学"的话说,就是"唯因我们从来就在生活,我们才可能去生活"②。

三、"去生活":主体自由

如前所说,"去生活"作为一种意义的构造必然意味着主体性的建构。在此,尚需声明的是,哲学上的主体并不限于"个体"主体(事实上,个体成为主体是由近现代哲学确立起来的主体观念),甚至未必指"人",也可以

---

① [德]海德格尔《路标》孙周兴译,,第 218 页。
② 黄玉顺:《爱与思——生活儒学的观念》,第 229 页。

指外在于人的"理念""上帝"或"天理"。①但不论怎样,所谓主体总是指思想言行的主动者、能动者,同时也是社会的根本价值所在。这一特质决定了主体的在世状态必然是自由,否则也就不是主体。主体的存在是以主体性为根据,因此,主体的确立根本在于主体性的建构。在这个意义上,主体性的建构与主体自由的确立是同一问题。

要知道,任何主体性建构的实质都是对生活本身的一种对象化解释,正因如此,主体性的建构不能脱离生活本身。然而,生活本身不是任何现成的存在物,而总是生生不息的衍流,它历时地呈现为生活方式的变迁,这就要求主体性的建构必须与时偕行、不断更新。对此,"生活儒学"指出人类社会历时地呈现为宗族、家族、个体三种生活方式,它原初地规定着社会主体由前现代的宗族主体、家族主体,转变为现代的个体主体。这意味着我们要在现代性的生活方式下重建当代的主体性。所以,黄先生强调:

> 传统形而上学及其主体性已被解构。因此,当代中国哲学的任务是重建形而上学,首先就是重建主体性。②

当然,主体性本身分为两个层面,即形上绝对主体性和形下相对主体

---

① 哲学上的"主体"概念同时具有两方面的含义:①承载者、基础;②实体、本质。这两方面的涵义体现在三种意义上:①逻辑学的意义(主词),②形而上学的意义(作为本体的绝对主体),③认识论的意义(相对主体)。这三种意义并不互相排斥,而是相互统一的,用黑格尔的话说就是"实体在本质上即是主体"(参见黑格尔:《精神现象学》(上),贺麟、王玖兴译,商务印书馆1983年版,第15页)。

② 黄玉顺:《主体性的重建与心灵问题——当代中国哲学的形而上学重建问题》,《山东大学学报》(社会科学版)2013年第1期。

性。因此,重建主体性也需要从形上、形下两个层面展开:重建形而上学以确立绝对主体性,重建形而下学以确立形下主体性。与此相应,主体自由也就需要基于本源自由进行重建,既要重建形下的相对自由,也要重建形上的绝对自由。

(一)"去生活":形上自由

主体性重建首先是形上主体性的重建,只有"首先确立本体意义上的绝对的主体性;然后你才能导向一种相对的主体性,导向一种'主—客'架构"①。此所谓"先立乎其大者"(《孟子·告子上》)②。

事实上,以往形而上学所建构的绝对主体性也意味着某种形上自由。例如,代表着现代儒学理论高峰的牟宗三所构建的"道德的形而上学"就是一个典型。他提出的"良知"本体就是"自由的无限心"③,以良知之"知"的显现确证着绝对实体的自性,即绝对主体性,所谓"即存有即活动"④,而"良知"活动显现本身也就是绝对自由的体现。只是其"良知"是通过"返本",也即直接承袭的宋明儒学而建立的本体概念,因此,其实质是前现代家族伦理观念的一个"副本"。这意味着他的形上自由观念也是老旧的,因此即使他积极倡导现代政治自由也无法提供相应的本体依据。因此,重建形上主体性不能承袭现成的传统儒学理论,而首先要复归本源生活,"变易本体论"就是这样的一种理论示范。

---

① 黄玉顺:《儒学与生活:民族性与现代性问题——作为儒学复兴的一种探索的生活儒学》,《人文杂志》2007年第4期。

② 《孟子》:《十三经注疏·孟子注疏》,中华书局1980年版。

③ 牟宗三:《现象与物自身》,《牟宗三先生全集》第21册,联经出版事业股份有限公司2003年版,第40页。

④ 牟宗三:《中国哲学十九讲》,上海世纪出版集团2005年版,第311页。

众所周知，"易"有三义：变易、不易、简易。"变易本体论"特以"变易"命名旨在有意区别于以往各种疏离生活本源的、僵化的绝对主体性，同时以"变易"融摄"不易"和"简易"两义。这是因为，在"生活儒学"的视域下，"这三义其实都是讲的变易：'简易'是说'变易'乃是极为简单的道理；'不易'是说'变易'乃是永恒不变的道理。"①可见，本体之"变易"就是指绝对主体性是随着本源生活的衍流，不断地自我更新、自我超越，所谓"性者生理也，日生则日成也"②。其变易性并未消解本体观念所彰显的绝对至上的主体地位，而是在与生活本身不断地更新与超越中维系着自身作为绝对主体的活力，也就是以"变易"保持"不易"，此可谓"与时立极"。③

这提醒我们意识到"良知"作为本体并非仅有不易性，而是变易、不易、简易的统一体。也就是说，儒家"良知"作为绝对主体性并不是一成不变的僵化概念，而总是随着生活的衍流，不断自我更新的观念，唯其如此它才能保持着自身的绝对至上地位。据此可以推知，由现代生活方式所孕育的"良知"本体理应确证现代社会的主体，而非前现代社会的宗族或家族主体，同时"良知"本体的存在状态作为一种绝对意义上的主体自由（可谓"良知自由"），也理应体现着现代性的主体自由。理解这一点，我们才能积极地继承儒家的"良知"本体，重建儒家形上自由。

（二）"去生活"：形下自由

"生活儒学"在形下学层面通过政治哲学的建构，揭示出现代性的生

---

① 黄玉顺：《形而上学的黎明——生活儒学视域下的"变易本体论"建构》，《湖北大学学报》2015 年第 4 期。

② 王夫之：《尚书引义·太甲二》，中华书局 1976 年版，第 63 页。

③ 郭萍：《〈周易〉对当代儒学重建的启示——关于"重写儒学史"与"儒学现代化版本"问题的思考》，《社会科学研究》2015 年第 3 期。

活样态自然孕育着现代政治自由,也即个体自由。

　　其中,"中国正义论"①虽然探讨的是正义问题,但在批判罗尔斯(John B. Rawls)的"正义论"的过程中已经揭示了现代政治自由的生活渊源。我们知道,罗尔斯"关于制度的两个正义原则的最后陈述"②,第一个原则就是"自由体系",他说:"每个人对与所有人所拥有的最广泛平等的基本自由体系相容的类似自由体系都应有一种平等的权利。"③作为新自由主义(New Liberalism)的代表,罗尔斯所说的"最广泛平等的基本自由体系"正是一种现代政治自由的规范系统,这本身就是一种形下自由的建制。而罗尔斯为这种"正义原则"提供的理论前提乃是"纯粹假设"的"原初状态",由是也不免让人质疑其合理性。因此,黄先生指出:"正义原则的确立并不是基于一些哲学假设,而是源于生活的实情和作为一种生活感悟的正义感。"④这种基于儒家立场的"生活的实情"就是本源的仁爱情感(仁),"生活感悟"就是良知(义)。由此便知,罗尔斯所指的正义原则实为一种形下政治自由,而"中国正义论"则揭示出这种政治自由是以本源的仁爱良知为源头的。

　　这表明"中国正义论"虽然是通过批判罗尔斯"正义论"而建构的,但并没有否认个体自由的合理性。事实上,黄先生就是现代个体自由的积极倡导者,他直言:

---

　　① 黄玉顺"中国正义论"的代表性著作有:《中国正义论的重建——儒家制度伦理学的当代阐释》(安徽人民出版社 2013 年版)(英文版 Voice From The East:The Chinese Theory of Justice,英国 Paths International Ltd,2016 年版)、《中国正义论的形成——周孔孟荀的制度伦理学传统》(东方出版社 2015 年版)。

　　② [美]罗尔斯(John B. Rawls):《正义论》,何怀宏等译,中国社会科学出版社 1988 年版,第 302 页。

　　③ [美]罗尔斯(John B. Rawls):《正义论》,何怀宏等译,中国社会科学出版社 1988 年版,第 302 页。

　　④ 黄玉顺:《作为基础伦理学的正义论——罗尔斯正义论批判》,《社会科学战线》2013 年第 8 期。

> 自由是一个政治、社会层面上的概念，而且是一个主体性存在者的概念，还是一个个体主体性的概念。这是无须论证的。①

> 政治民主是为保障公民个人自由权利而设置的，自由永远是目的，绝不能沦为一种手段。②

对此，他首先从历史哲学的维度上作了宏观的理论说明，即随生活方式的历时演变造就了各时代（王权时代、皇权时代和民权时代）不同的社会主体，而政治自由作为社会主体的一种确证，势必要与其同时代的社会主体相一致。由于政治自由作为一种形下自由属于儒家"礼"的层面，而任何"礼"都是因地制宜、随时因革，通过不断损益"礼"才能恰当地维护社会生活秩序。这正是孔子"礼有损益"思想的体现。

进而，他针对现代性生活方式下的政治建构提出了"国民政治儒学"理论，明确指出"国民"概念虽然兼具集合性与个体性，但"以集合性观念优先，那是所有一切前现代的政治观念的一个基本特征；而这也就意味着，现代性的政治观念的对应特征，乃是以个体性观念优先"③。这说明现代生活方式本源地塑造了现代社会主体——个体性的国民，所以对国家的所有、所治、所享乃是每个个体的自由权利，所谓"国民所有；国民所治；国民所享"④。显然，这是为个体自由在现代社会的合理性做出了一种概括性的解释。笔者认为，以此为起点，可以对现代政治自由中的权利与权力、

---

① 黄玉顺：《前主体性对话：对话与人的解放问题——评哈贝马斯"对话伦理学"》，《江苏行政学院学报》2014 年第 5 期。

② 黄德昌等：《中国之自由精神》，黄玉顺主编《追寻中国精神丛书》，第 24 页。

③④ 黄玉顺：《国民政治儒学》，《东岳论丛》2015 年第 11 期。

自由与平等,民主与君主、专制与共和等问题展开儒学的解释,进而提出一种不同于西方的,儒家政治自由观念。

四、"自由儒学"的理论构想

由上可见,"生活儒学"为儒家回应自由问题开辟了广阔的思想空间。笔者在这里提出"自由儒学"的理论构想是尝试对自由问题进行一种系统的儒学言说。狭义地讲,"自由儒学"是一种政治哲学的理论,但与当今各种拒谈形而上学的儒家政治哲学理论不同,"自由儒学"不仅要以儒学话语解答现代政治自由问题,而且为此提供相应的儒学本体论依据,更进一步地揭示一切主体自由的本源。因此,"自由儒学"对自由的阐释既不是各种西方自由理论的"中国版本";也不同于原教旨主义儒家对传统儒学理论的"复制",而是作为一种当代儒学理论形态,发挥"生活儒学"的理论旨趣,进行"现代性诉求的民族性表达"。①

基于此,笔者所构想的"自由儒学"拟从本源自由、形上的良知自由、形下的政治自由三个层级展开论述。

(一)本源自由

本源自由是提出并解答自由的本源问题,即自由何以可能的问题,这是任何一个有本有源的自由理论所要解答的首要问题, 其中包括何谓本源自由、本源自由与主体自由的关系等内容。本源自由作为源始的"生生"始终敞显着无限可能性, 由是让主体自由的绽出成为可能, 而在儒家看

---

① 黄玉顺:《儒学与生活:民族性与现代性问题——作为儒学复兴的一种探索的生活儒学》,《人文杂志》2007 年第 4 期。

来,这种敞开的"生生"就是本源仁爱的涌现。也就是说,仁爱在本源意义上乃是"让……自由",它对于主体自由的确立具有原初的奠基意义:共时地讲,本源仁爱作为自由之渊源使主体自由得以可能;历时地讲,它又使新的主体自由成为可能。据此,自由儒家将从思想之源头处区别于一切西方的自由理论。

(二)良知自由

良知自由是自由儒学力图构建的形上自由观念。无疑,自由首先是一个政治哲学层面的问题,但政治自由势必有其本体论基础,这就需要有一个奠基性的哲学观念。即便西方自由主义者不承认形上自由的存在,而实际上一切政治自由的主张却无法脱离本体论承诺而存在。据此也不难发现,当前儒家政治哲学的前沿理论虽然声势浩大,但也由于缺少形上学的奠基而显得脚跟不稳。总之,形上自由观念的缺席势必让政治自由的讨论陷入无休止争执,却得不到根本解决。因此,"自由儒学"有意在展开政治自由的阐释之前"先立乎其大",通过形上自由的重建为政治自由奠定形上学基础。

事实上,历代儒家所言说的形上自由观念无不是对本源仁爱良知的对象化理解,这在思孟心学传统中尤为突出。众所周知,儒家从孟子开始就提出了"良知"概念,[①]而后发展到阳明建构"良知"本体的心学体系完成了传统儒学对"良知"的理论解释,再到现代新儒家张君劢、牟宗三等,也继续以"良知"为本体建构现代儒学的理论体系。在这个意义上,"良知"早已成为历代儒家所持守的一种绝对主体性观念。笔者也将继承这一观念,

---

① 孟子曰:"人之所不学而能者,其良能也;所不虑而知者,其良知也。"(《孟子·尽心上》,《十三经注疏本》,中华书局1980年版。)

建构"良知自由"为核心的形上自由观念。据此,"自由儒学"将区别于西方自由主义所依赖的先验理性的意志自由;同时也区别于传统儒学基于家族伦理价值的自由观念,旨在立足现代性生活确证现代个体主体的绝对地位,为现代政治自由奠定本体论基础。

(三)政治自由

"自由儒学"最终要落实在现代政治自由的发展问题上,笔者希望通过对政治自由的儒学阐释,为现代政治核心问题的解决提供一种儒学的思路。

现代政治核心问题集中体现为两个问题,这也是"自由儒学"在政治自由层面论述的重点:其一,如何阐明现代个体自由权利的合理性,这既是现代政治自由的核心问题,也是当代形下主体性建构的核心问题。可以说,这一问题是超越前现代观念的最直接的体现,如若不给予个体自由权利以合理地位就根本谈不上传统与现代的汇通,也谈不上传统儒学的现代转化。其二,如何超越民族国家的问题。超越民族国家乃是更好地发展个体自由的必然趋势。我们知道,欧盟虽然是当前超越民族国家的尝试中最成功的实例,但其面临的严峻考验也暴露着西方自由主义难以克服的困境。事实上,西方各国在发展个体自由的进程中,要么因奉行古典自由主义而导致孤立无序,要么因推崇新自由主义而埋下通往奴役的种子,这种两难困局意味着西方自由主义根本无法超越民族国家的局限性。"自由儒学"将阐明现代政治自由的实现不是孤立个体的理性为前提的、冷漠的利害计算的结果,而是以仁爱为本源、以个体良知为根本依据来保障每个人的自由权利。这将为超越民族国家的理想提供一种新的可能。

儒学与生活:"转俗成真"与"回真向俗"*

董 平

首先,我要对黄玉顺教授表示祝贺!在我们这样一个学术环境下,一部严肃的学术作品,出版十年之后能够再版,这本身就说明黄玉顺教授对它的"爱"之深与"思"之切!同时也表明,《爱与思》这部书是受到学界人士的欢迎,并且在社会上也是有一定市场的。所以是我首先对玉顺教授这部书的再版表示祝贺,下面则我要谈一些关于这部作品的个人看法。

一

如果我们认为以孔子、孟子为典范的儒学思想,在漫长的中国历史过程中,逐渐凸显为中国文化多元架构中的核心要件,并成为中国文化的一种典范性思想,那么这一思想的历史绵延,实质上就是中国文化的绵延。绵延本身是具有创生性的。绵延的过程必然有使绵延进一步成为可能的

* 原载《社会科学家》2018 年第 1 期。

新生因子的融入。一种文化是否能够实现其自身的历史绵延,我觉得根本上就取决于处于这一文化中的人是否能够把该文化的核心理念落实于生活,并在生活中融入创新性的新生因子。正是在这一意义上,我们今日谈论儒家思想的复兴,谈论中国文化自信的回归,有各种各样的观念,"重建""重构""创新性发展、创造性转化"等,但如果仅仅把这些作为一种思维程序或理论工作(尽管这是十分重要的),而忽视了儒学核心理念在日常生活中的贯彻下落,那么要实现儒学的重振、重建、重构、发展,实现儒学在当代语境下的历史绵延,恐怕便总有碍隔。在这一意义上说,把儒家思想还原到生活本身,用生活世界来呈现儒学的思想世界与价值世界,我认为是儒学在当代语境下实现其历史绵延的基本路数。

同样是在这个意义上,我对黄玉顺教授这部作品的大结构:存在——形而上——形而下,我是认同并肯定的。存在即是生活。生活既是文化形成的本初原始,也是文化施用的终极境域。黄玉顺教授的这部《爱与思》,他所采取的写作的基本框架,与我自己的这一观点是合拍的,所以我相当赞同。当然,这也完全可能只是出于我个人的偏见。

我的一个基本观点是:人的存在首先是感性的存在。这句话的意思是说,人的生存实况,首先是以一种具体的、感性的形式而存在于具体的、感性的事物世界之中的。正因为这样,人的个体就必不可免地处于与其他同样作为感性存在者的人与事物的交往之中,人的现实生存,或者说"生活",既是在与他者的交往中来实现的,并且每一个体也都是在与他者的交往之中来定义"自我",脱离他者的"自我"其实是无法定义的。在现实的交往关系情境之中,作为交往对象的任何人或物,首先是作为一个感性对象呈现给我,我的感官——眼、耳、鼻、舌、身、意便共同协作,把这一感性对象的存在转化为在自我意识中的存在,存在便与意识相关联。但交往的方式可以是多样的,而不同的交往方式,实际上便会决定意识的生成方式及意义世界的建构方式。

就儒家思想而言,事实上不仅是儒家思想,而是整个中国古典思想,其中许多被我们今天认为是观念性的东西,实际上却完全是生活化的,是与我们的农耕生活方式直接相关的。农耕的方式和游牧的方式,既是两种不同的生产方式和生活方式,也是两种不同的人与世界的交往方式,意识的生成与世界的观念也因此不同。我举个简单的例子,比如说,在我们的语汇之中,有一系列由"体"所构成的语词,如"体认""体会""体察""体味""体验""体悟""体现"等等,这些语词所反映的观念,我个人认为,实际上就是农耕的生产方式之下人与世界的独特交往方式。在农耕的生产方式下,人们与世界的交往,就是通过身体活动来直接与自然世界打交道。我们通过身体活动来"认知"自然世界的对象之物,用身体活动来"观察"自然之物,用身体活动来"验证"关于自然物之"认知"与"观察"的效验,用身体活动来"领悟"我们自己的存在以及世界的存在,同样用身体活动来"表现"我们的"领悟""认知""观察"的结果,以及自我存在与世界存在的不相分离,是为共在。如此等等。这种以身体活动与自然世界直接交往的方式所实现出来的生活,就是农耕的生存方式,是农耕方式之下人的存在方式。这样的存在方式与游牧的生产方式之下所实现出来的样态是不同的。游牧的生产方式并不是通过身体与自然世界的直接交往、直接沟通来实现人的现实生存,而是间接的,是通过牧群的畜产品来实现自己的生存的。农耕的特殊性,却正在于人们只能是以身体与土地的直接交往、与天地的直接交往来实现其现实生存的。生存的状态,直接取决于天、地、人三者之间的现实互动。我个人以为,正是这种以身体与世界的直接交往为特征的农耕生产方式,产生了中国文化全部的本根性观念。

生产方式,事实上就是生活方式,当然也是存在方式。黄玉顺教授讲"存在是先于形而上的",我很赞同。但这一存在的"形而下",一定会往存在的"形而上"方向走。例如"道"的概念,今人皆讲得极其复杂,"玄之又玄",而在古人看来,实在不过是"一阴一阳"而已。而所谓"一阴一阳",其实也不过就是太阳的东升西落罢了。因太阳东升西落的"一阴一阳"之交替,于是便有阳明晦明、四时代序、春秋冬夏、风雨霜露,便有"四时行焉,百物生焉",便有一切万物在现象上所呈现出来的博厚高明、悠久无疆的无限的生命秩序之总相。这一自然的、广袤的、无限的、终则有始的宇宙生命之整体共相的观念抽象,便是"道"。"道"即是宇宙全体的生命秩序。任何个体的、作为生命的殊相而存在的生命现象,事实上是不可能超越于这一生命共相之"道"的,因此,当"道"被作为一个观念或概念而抽象出来之后,它就同时获得了存在意义上的最高实在的意义,是 Ultimate Reality 或者 Super Being。而"道"的自身存在的存在性,并不以任何一种单一的生命形态来呈现,而是通过一切万物之整体存在过程的无限性来体现的。

黄玉顺教授在作品中专门提到的"无",是作为形而上的终极实在的自身面相来讨论的。不过我认为,就"道"作为终极实在本身而言,它其实是整合了"无""有"的双重存在维度的。一切殊相生命的个体存在,有成有毁,有有有无,但生命之整体的共相,无成无毁,总是完满而圆成。"天下万物生于有,有生于无",这里的"无",我认为其实是涵括了存在之本原意义上的"无",以及存在的无限性意义上的"无"的。就前者来说,未有万物之先,原"无"万物,故万物之"有",原从"无"来,是为自生、自化、自然;就后者来说,虽有万物,然万物无限,虽物有成毁,然总相无亏,虽物有殊相,然殊相之总成则为无限。"道"的自在既是无形无相的,又是以存在的全体来呈现其存在的无限性的。顺便提及,不论是"道"自在的无形无相,还是其存在的无限性本身，在严格的意义上说，都是不可以语言来定义的，因为无限者本质上是不受"界定"的。

那么这就很有意思：形而上的"无"，应是 Nonbeing，但一切万物都因这个 Nonbeing 的自在而有，所以它又是 Being，Being 与 Nonbeing 居然是一体共在的。我们中国人独特的整合性的、圆融的思维方式，在这一关于本原性实在的问题上，已经表现得非常充分了。本原性实在的这双重面相，既然为"本原"，那么就必有本原的呈现，本原性实在之自在呈现于现象，或者在现象上的展开，就是一切万物的 Becoming。所以在中国思想当中，Being 呈现为 Becoming，Becoming 即是 Being 之所以为实在的证明。这就有了我们通常称之为"本体—现象"，或"形而上—形而下"之间的一体圆融。道是"变动不居，周流六虚，上下无常，刚柔相易，不可为典要"的，它本身处于运动之中，这一自身的运动性，正是道的自身存在方式。道的自在，或者说它作为 Being 的现象展开，就是一切万物的 Becoming。Being 同时是 Becoming，是为"生生"，由是而呈现为宇宙自然一切万物之总相上的无限而永续的生命世界。

我上面说的，其实要表明我为什么赞同黄玉顺教授这部作品的基本构架，我认为，"存在—形而上—形而下"这一结构框架是合乎中国古代思想的生成路向的。由"形而上"而"形而下"，在本体讲，是本体自身的存在呈现为现象上可以直观的"形而下"的方式；就人的生存讲，则是基于存在之本原的领悟而获得"形而下"的、日常的生存方式，但这一"形而下"的生存，因是"形而上"之本体的自觉表达方式，因此人转成为"主体"，成为意义的主体。换句话说，日常的"形而下"的生活成为主体自身之存在意义得以真实呈现、表达、体现的方式。在这一向度上，经验的"活着"转成为现实的"生活"。"生活"中的存在者，同时是"形而上"与"形而下"的现实体现者。在伦理学上，人们总在论述 Ought 与 Is 之间的关系，在我看来，仅论 Ought—Is 事实上是缺项的，应论 Being—Ought—Is，Ought 之所以可能，是因为它原是 Being 在主体的形式，经由主体的能动的生活实践，Being 转成为 Is，同时也使在主体的 Ought 获得了现实的真实化，是为 Realization。总之，只有回归于"形而下"的生活，才使存在者成为现实的真实存在者，成为意义丰沛的主体。

二

黄玉顺教授的这部书名为《爱与思》，对这个书名，说实话，我没有能够给出一种恰当的把握。我无法确定，是黄玉顺教授本人对"生活儒学"怀抱着深沉的"爱"并保持着深刻的"思"呢，还是"生活儒学"本身就应是"爱与思"的生活呢，还是两者兼有呢？我不大说得上来。但借黄教授的这个题目，我顺便谈一点自己关于"爱"与"思"的想法。

"爱"作为"感情"，不论在何种意义上，都必以"感"为前提，是以"感"为现实方式所实现出来的独特的心灵状态。"感"实际上就是我刚才说的人作为感性存在物的感性生活的常态，脱离了"感"，我们事实上是无法实现与人、事、物的交往的。"感"必有对象性存在，只不过我们应当注意到，作为"感"的对象性存在既可以是具体的，也可以是抽象的及"想象的"。人的感性生活正由于"感"的对象性存在的多元多维多样而变得丰富多彩、意义丰沛。"感"不仅仅是特定情境之下对于对象性存在的主观态度或心理反应，它同时是具有创造性的。就普泛意义而言，人正是基于与天地万物的"感"而介入于自然宇宙"生生"的创化过程的，所谓"赞天地之化育"，脱离了"感"，事实上就是不可能的。

"爱"同样是"感"的某种结果,是以"感"为经验方式而使主体自身的本原实在性在特定关系情境之中得以呈现而达成的一种独特的心灵状态。在特定的关系情境之中,对象性存在是为主体的这一独特的心灵状态所涵摄的。在这一普泛意义上说,"爱"就成为主体自身的本原实在性的一种经验的表达或体现方式,也是主体存在的表达或体现方式。正因为如此,特定的关系情境,事实上就是一个主体间的交往情境。基于"感"而实现的"爱情",则是这一交往情境中主体间所实现出来的一种共感的同情,或可称之为"共情",原本就是"主体间性"存在的一种形态。把"爱"作这样的一般理解,那么"爱"就成为生活中主体间交往活动之所以可能真正得以实现的、主体间性的共情原理。如果说"存在即生活,生活即存在",那么存在性通过生活来呈现的原理则是"爱",我们似乎便同样可以说:"爱即生活"。

在把"爱"理解为生活中个体的主体性、个体存在的本原实在性得以真实体现的现实方式的前提下,显而易见,"爱"的对象并不仅限于人,还有事物与世界的维度。黄玉顺教授在其作品中较多谈论人和人之间的交往,却似乎忽略人与事物、与世界的交往。而实际上,至少在中国文化中,作为"爱"的对象而存在的,原是包括人、事、物在内的全部世界,唯其如此,方可能有"天地万物一体之仁"。还应指出,"爱"的体现过程,同时是存在者自身的意义与价值世界的实现过程。

至于"思"的问题,我很赞同黄玉顺教授的看法:在儒家思想中,"思"是一个非常重要的概念。但是"思"的意思,就我对先秦儒家文本的基本考察与理解而言,基本上并非今天所谓"思考"(think)、"考虑"(consider)之类的意思,而是"反思"(introspect)。所谓"思考",是意识向经验对象延展的外向运用,而"反思"则是意识反归其本体的内向运用。所谓"反求诸己"，即是"反思"。"反思"因是意识从外界撤回而反归其本体的心灵过程，因此实际上"反思"就是以能反思的心灵自体本身为对象的，既是心灵作为本体的"自是"或自我存在之真实性的肯定，也是经验中导向心灵自体的真实开显与澄明的必要方式。《尚书》里讲"思曰睿，睿作圣"，"思曰睿"，不是说思考就能使人聪明睿智，聪明睿智就能"作圣"，而是说：唯有反思才使心灵能够自明，唯心灵自明方能通达于内外，是为"作圣"之功。"睿"的意思是"通"。孟子讲"求放心"，即要求心灵从其意识的外向运用中撤回而反归其自体实存的真实。心灵通过对其自体的"思"而实现自我实在的肯定，所以孟子又说"心之官则思，思则得之，不思则不得也"。"思"为反思之义甚为显著。即使在孔子的"学而不思则罔，思而不学则殆"的说法中，"思"也仍是反思之意。"学"是意识的外向运用，要求把外界的东西摄入于内在的意识世界，但若不善于"反思"，则恐自己的本原性实在无以澄明，仍是懵懂迷茫，所以是"学而不思则罔"；而若只是"反思"，沉浸于心灵自体的自是而不善于发散，不善于把已经自是的心灵本体延展于现实的交往世界，则会割裂人的现实存在本身，存在性同样无法得以真实体现，所以是"思而不学则殆"。"反思"而得心体本身之自是状态的澄明，在这一澄明的观照之下，若由意识的外向运用所发出的全部身体活动，在反思中都能合乎心体自身的本原性真实，那就叫作"反身而诚"。"诚"是经由反思而实现出来的关于经验活动之终极合理性的判断，它是心灵本体实现其自我肯定的本然性要求，因此也是个体外向展开的全部经验活动是否具有终极合理性的根本判准。

基于我个人的以上观点，我觉得黄玉顺教授在其作品中关于"爱"与"思"的意义维度似乎仍存在着进一步开掘的余地。

三

总的来讲,儒学作为一种完善的关于人的存在及其存在方式的思想体系,本质上就是一种生存论,因此也只有回归于生活,回归于人的现实生存,使儒学成为一种生活态度与生活方式,儒学才有可能真正体现出它的意义与价值。所谓"生活儒学",既可以是"生活的儒学",也可以是"儒学的生活",用现实的生活实践去体现儒学的信念、理想,而达成自我人格的健全、独立、完整、统一,则是实现"生活的儒学"与"儒学的生活"两相统一的根本途径。生活本身就是实现儒学这一旧有传统之"创造性转化"的现实道路。生活的世界既是人得以实现其生存的基本境域,是其存在性得以呈现、表达与体现的基本境域,也是其生存的意义与价值得以实现的基本境域。

我突然想到章太炎先生所说的两句话:"始则转俗成真,终乃回真向俗。"这两句话本是太炎先生用来概括他自己毕生为学之路向的,如果我们把"俗"了解为现实生活或生存,那么"转俗成真",就是由生活的"形而下"而转进于"形而上"之真际,唯转进于这一"形而上"的真际,我们才可能实现对于作为终极实在之他者的"他者性"的消解,而使之转成为"主体性"本身,从而建立起自我全部活动的本原性根基。"回真向俗","回真"非"弃真","向俗"非"随俗",而是以"真"归向于现实的"俗"的生活世界,便是由"形而上"而"形而下"地回归于生活本身。"回真向俗"的生活,实际上是使"真"所本原涵具的意义与价值开显于现实生活的境界。在这个意思上,我就十分期待着黄玉顺教授的这部作品,特别是他所倡导的"生活儒学",能够真正走进生活,在现实生活中产生更大的思想效应,为我们今日社会之疲累的灵魂走出迷茫而转进于其自体的澄明贡献力量。

爱、思与存在

——对生活儒学基本概念的商榷*

姚新中

在我国当代学者中,有许多学者为弘扬传统优秀文化、创新性发展儒学思想孜孜不倦地努力,受到大家的注目和尊敬。比如陈来教授,功底厚重,知识面宽广,以"仁学本体论"来重新来诠释儒家的本体论,在当代为儒学提供了扎实的哲学基础。①郭齐勇教授,几十年如一日,身体力行,不仅创造性地发展儒学传统思想,而且努力把儒家价值观念渗透到当今的现实生活之中,促进生活的改良。黄玉顺教授也属于这一批佼佼者,学问和人品都很好,令人佩服。今天有这样一个机会来讨论他的著作《爱与思——生活儒学的观念》增补本,我感到非常高兴。②我下面就顺着黄玉顺教授的思想脉路,提出一些问题请教,以便同道之间深入地探讨交流。

---

* 原载《社会科学家》2018 年第 1 期。

① 陈来:《仁学本体论》,生活·读书·新知三联书店 2014 年版。

② 黄玉顺:《爱与思——生活儒学的观念》,四川人民出版社 2017 年版。

一、生活儒学之于儒学复兴

对于黄玉顺教授的"生活儒学",我在英国讲授儒家哲学这门课程时就有一些了解,但并不是很深入。在讲到儒学在当代中国大陆的形态与动向时,我介绍了"生活儒学"这样一种新的理论和发展趋势。后来,我看到李承贵教授2008年发表的《当代儒学的五种形态》①这篇文章,他说,当代儒学的发展,可以分为这样五个方面:宗教儒学、政治儒学、哲学儒学、伦理儒学和生活儒学。但当时我不是很明白对当代儒学研究的这一划分尺度,似乎生活儒学可以独立于哲学、宗教、伦理、政治之外。在回国这几年,我陆陆续续地读了黄玉顺教授的一些文章和著作,认识到他的生活儒学研究,应该是儒学当代发展的一条重要路径。因为儒学之所以还能够在现代社会中发挥作用,或者说还有价值,就在于它能够渗透到人们的生活里面,重新成为人们生活的一种指导思想。如果儒学做不到这一点,那么就很难做到真正的复兴。

现在,从事儒学研究的学者很多。其中有一部分学者,把注意力集中在经学的传统,从对文本的理解角度来重新诠释古代的经典。我觉得这对于儒学传承和复兴是非常重要的基本功,因为过去的每个时代,学者们都在诠释过去的经典文本,这是中国的传统。但是从儒学在当代的复兴来说,这种研究路径的意义和影响可能还是有限的。另外还有一部分学者,他们比较急于将儒学纳入政治层面,试图用儒学来重新建构整个世界和中国的政治体系。从学术研究的角度看,这种路径不能说错,但似乎操之

---

① 李承贵:《当代儒学的五种形态》,《天津社会科学》2008年第6期。

过急。在自身没有打造好坚实的儒学基础的情况下,恐怕难以用儒学来改造、或者说重构当代政治秩序。儒家传统固然与当时政治有着某种或高度的一致或契合,但不应该把它仅仅视为一种政治工具,否则现代儒学就会失去其自身的魅力,不能持久、全面地影响中国的现代化进程。与以上这两种研究路径相比,我认为黄玉顺教授从生活儒学切入,是很有创造性的。

生活儒学的"生活"这个切入点,似乎此前已有一些学者在从事相关研究,不属于一个"凿空"的路径,但是这些学者主要关注的是形而下层次,注重儒学在现实生活中的具体应用,如行走伦理、吃饭伦理、衣食伦理等。虽然这样做也有价值,但相对于高层次的研究来讲,从学术性上可能还是稍微欠缺。而黄玉顺教授的生活儒学是把形而上和形而下结合起来,在我看来确实很见功底,他提出了"爱与思"作为其思想建构的基本概念,有破有立,形成一个比较完整的理论体系。如何理解这样一个新的理论,我有一些问题,在这里提出来,抛砖引玉。

二、关于比较研究方法论的疑问

在《爱与思——生活儒学的观念》这本书的第一讲"观念的层级"里,黄玉顺教授谈到了本源层级、形而上层级、形而下层级,而且从海德格尔谈到老子,再谈到儒家。①对于这种研究方法论的论说,黄玉顺教授称其为一种"对应性",以韩愈《原道》中"仁与义为定名,道与德为虚位"一句来作为解释。简单来说,不同的"定名"指称不同的事物,相同的语词也可能表

---

① 黄玉顺:《爱与思——生活儒学的观念》,增补本,第一讲第一节,第4~9页。

现的是不同的"定名"。在人们互相交流的过程中,由于"定名"不同,实际上不能围绕完全等同的概念展开讨论,然而对话乃至思想仍然可以完成理解和交换。作为这种交流之所以可以进行的原因,就在于双方讨论的概念,具有同一种语义平台,也就是"虚位",也就是黄玉顺教授所说的那种对应性。

正如黄玉顺教授所说,老子的"道"和"德",和儒家所说的"道"和"德"之间存在着很大的差异,那么老子和海德格尔,在时间上有两千多年的跨度,在语言上、思想体系上的不同则更大,他们的思想之间的这种对应性,我们应当如何看待?黄玉顺教授认为,虽然实质内容是不同的,但他们之间可以对话,互相都是可以理解的。我比较认同这个观点,但同时也想就此再进行深入一些的辨析。

不同的定名可以被同一个语词指称,因此在交流中使用相同的语词而忽视了对定名的认识及区分,就会出现误解。但即使存在这些困难,我们的交流沟通仍然是可能的,这是基于交流双方对于讨论的核心概念的一种共同理解,即"虚位"。然而在以一种学术研究的方法看待这种认识论的时候,会产生诸多问题。首先的问题就在于虚位的对应程度及对应范畴不总是确定的。一些概念可能只是在思维方法上相似,而另一些概念则可能在基本精神上具有高度一致性。其次的问题在于虚位不能被明确的成文语言所表述,而只能作为交流语境中的一种"意"来由交流的双方临场把握。因为这种虚位一旦被明确表述,就已作为定义和判断的形式存在,成为一种定名。随之而产生了另一个麻烦,建立在对虚位的理解之上的比较研究,由于不能得到明确表述,可能不太容易得出一种确定的知识,只能得出一种无法言说的观念或印象。从形式上看,以这种对应性作为基础的研究,只能用语言表述为"某物'像'某物",而无法表述为"某物'是'某物"。这种表述显然是不能被接受的,如果接受这种表述,则研究会不可避免地带有一种神秘主义色彩;如果不接受这样的表述,那么则会带来以下实际的问题:第一,概念之间的对应与概念间逻辑的对应出现错位;第二,以明确的定义和判断代替对应性。

关于"虚位"的对应程度以及对应的范畴不总是确定的这一问题,可举下述例子来说明。孔子和老子都心仪"无为而治",从字面上看,是基本没有区别的。

> 子曰:"无为而治者,其舜也与？夫何为哉？恭己正南面而已矣。"①

孔子认为统治者需要提高自身的道德修养水平，从而起到上行下效的作用,最终自上而下地促使全社会的道德水准的提高。在这种情况下，统治者已经不需要再去有意地规定或引导指挥人民去做或者不做什么，国家就可以得到有序的治理。这种"无为而治"是基于道德并且也是一种道德导向的治理方针。老子的"无为而治"治理思想的提出,同样也有这样一个发展理路。

> 道常无为,而无不为。②
> 为无为,则无不治。③

道的这种特征,意思在于自然而然,依从事物自身的本性发展。如果

---

① 《论语·卫灵公》。
② 《老子》第三十七章。
③ 《老子》第三章。

我们把孔子和老子关于无为的思想放在一起，就可以形成具有对应性的比较研究，可以清楚地看到这两类"无为而治"在"定名"上的不同。但是这二者之间的"虚位"又在哪里呢？从思维方式和精神旨归来看，这两种"无为而治"的思想，差异还是很大的。

对于概念之间的对应与概念间逻辑的对应出现错位的主要疑问，则在于黄玉顺教授构建的儒家的"生活情感—性—情"架构与老子的"无物—道之为物—万物"架构以及海德格尔的"存在—形而上存在者—形而下存在者"架构之间的关系。黄玉顺教授认为："在海德格尔、老子、儒家的观念之间是存在着'定名'的实质性区别的，是不能把它们简单地等同起来的；但是，他们的思想在'虚位'上也确实存在着观念层级的对应性。"①事实上，这三个架构中每一个层次的概念互相之间是否有一种对应性，以及这种对应性是何种意义上的对应性，都是值得深究的。即使承认这些概念之间具备对应性，"虚位"这一概念还是无法解释这三种架构各自演进的逻辑之间是否能够对应，以及是否存在对应性。

在以诸子百家对"道"和"德"的概念分析为例的时候，黄玉顺教授认为，"道"和"德"的观念在层级上具有对应性，并直接给这种对应性是什么下了判断："不管儒家还是道家，一般来讲，谈'道-德'，都是'形上-形下'的关系。"②这种用系词"是"直接下判断的表述，不论内容上正确与否，其实形式上已经把"对应性"这一性质取消了。如果说两种处于比较之中的事物，他们之间有某种性质是可以确定无疑地用属加种差的形式表述的，那么至少在这一范畴之内，就失去了比较的必要性，因为它们指称的都是同样的一种性质。

---

① 黄玉顺：《爱与思——生活儒学的观念》，增补本，第 26 页。

② 黄玉顺：《爱与思——生活儒学的观念》，增补本，第 8 页。

三、生活儒学的三个基本概念

黄玉顺教授在其生活儒学展开过程中提出了一些基本概念，对此我们也可以进行一些探讨。这部分内容主要集中在三点：第一，我们在重构儒家的形而上的时候，是否有必要用"是""有""在"这样的概念；第二，儒家的爱是否是一种普遍的本体意义上的爱；第三，儒家的"思"是否是一种形而上之思。

（一）关于"是""有""在"

"是""有""在"这样的概念，更多地是以英文中的"Being"为我们所熟识。我曾经在讲儒家哲学的时候做过一个比较。我认为，西方的哲学，根基是 Being；而中国哲学、儒家哲学的根基是 Becoming。这是两个不同的概念，它们所探讨的问题有很大的区别，它们的出发点、结论，乃至它们的过程，都有很多的区别。Being 这个概念，在中国的哲学里面，可能主要是在道家哲学里面。道家在这方面有一些论述，但是做得并不是很深入和系统。

> 孔德之容，惟道是从。道之为物，惟恍惟惚。惚兮恍兮，其中有象；恍兮惚兮，其中有物。窈兮冥兮，其中有精；其精甚真，其中有信。自今及古，其名不去，以阅众甫。吾何以知众甫之状哉？以此。①

---

① 《老子》第二十一章。

正是这一段中对"道"的表述,表现了道并不是一个虚无,而是"有象、有物、有精、有信"的统合万物的整体的存有,亦即"Being"。而在儒家哲学里面,我觉得 Being 这个概念比较少。当然,我们现在可以去分析儒家的一些概念,其中可能包含 Being 的意思。但是把它作为儒学的形上学的一个根本东西,能不能成立,这是一个问题。

(二)关于"爱"

我的第一本英文著作,实际上就是比较"仁"与"爱",这里的"爱"指的是基督教教义中的"爱"这样一种观念。[1]我的一个基本观点是:"爱"在基督教里面是一种核心价值,具有一种本体的意义,也就是说,没有爱就没有上帝,也就没有耶稣。爱就是耶稣这个化身,这是一个根本。但是在儒家哲学里面,我认为"爱"只是一个工具性的价值,它可能算不上一个本体的价值。所谓"仁者,爱人",它是通过"爱"来表达、表示、或者说表现"仁"这样一种本体性的东西。因此,在儒家里面,我们很难找到一个普遍的"爱"。就是说,一定要和具体的东西相联系,我们才能够把儒学这个"爱"说清楚;如果没有一个具体的对象,很难说儒家的"爱"是一种普遍的"爱"。儒家的"爱"同时也是一种差等之爱,是以血缘关系为基础,并且逐渐由内而外生发的。

　　仁者人也,亲亲为大。[2]

───────────────

①　Xinzhong Yao, *Confucianism and Christianity——A Comparative Study of Jen and Agape*, First Edition (hardback), Sussex Academic Press, 1996 (viii+263 pp); Second edition(paperback), Sussex Academic Press, 1997(272 pp).

②　《中庸》第二十章。

　　樊迟问仁。子曰:"爱人。"①

　　孟子曰:"仁之实,事亲是也。"②

　　子曰:"弟子入则孝,出则悌,谨而信,泛爱众,而亲仁。行有余力,则以学文。"③

　　当然,儒家的"爱"也并不止于亲亲之爱,而是可以逐层逐级扩散开来的,但这是否就是一种"博爱",是否就是一种普遍的甚至是本体意义上的"爱",我持怀疑态度。如果儒家确实没有这样的普遍的"爱"的话,那么我们如何能把"爱"作为儒学根基性的概念,还是值得考虑的。当然,如果把"爱"作为一个工具价值,我觉得是完全可以的。因为"爱"表达的是一种关系,它绝对不是为爱而爱,而是爱他人,比如爱父母。这就是说,儒学是一种关系性的学说,关系是一种根本性的价值;离开了关系,我们很难来理解儒学的基本价值。通过关系,我们才能理解它的道德,它的伦理,我们才能对儒学、对"爱"这个概念有一个比较深的理解。

　　(三)关于"思"

　　至于"思"这个概念,也可以循着上面分析"爱"的方式来理解,就是说,这个"思",在儒学里面,也可能并非根本的东西。我们都知道,孔子说:"学而不思则罔,思而不学则殆。"④这就是说,"思"是要和"学"相连的。第二个例子,我想到的就是《孟子》和《中庸》中都提出的:"诚者,天之道也;

---

　　① 《论语·颜渊》。

　　② 《孟子·离娄上》。

　　③ 《论语·学而》。

　　④ 《论语·为政》。

思诚者,人之道也。"①这里,"思"也不是根本的,根本的是"诚",而"思"只是对"诚"进行的思考。因此,对于"思"这个东西,我们怎么去理解,值得我们去进一步探讨。

以比较的方法对多种多样的哲学史史料以及先贤的思想遗产进行整合,开辟新的研究空间,或者试图得出新的知识,是非常艰辛的,对任何学者来说都是相当大的挑战,同时又是一项非常有意义的工作。发掘和建立不同思想的对应性,以一个可通约的立足点同时把握两种不同的思想,是比较研究的基础。正如《庄子·外物篇》所说:"言者所以在意,得意而忘言。吾安得夫忘言之人而与之言哉?"做比较研究,正是要在"忘言"而"得意"的基础之上,对"意"有所领会,同时又能更进一步,再次把"言"组织并表述出来,从而达到"与人言"的最终目的。黄玉顺教授以这样的方式来探索生活儒学,尽管会有一些理论上的困难,但这种尝试本身,也已具有相当的学术价值。探索生活儒学的学者,可以对这种方法有所思所得;而以比较研究作为研究方法的学者,更可以从生活儒学的建构中发掘经由比较的方法处理之后的思想在形式和内容上的奥妙。

四、对生活儒学研究的展望

黄玉顺教授对于重建儒学有着强烈的使命感。对于如何重建儒学,他选择了生活儒学这一条路径。对于任何研究而言,支持其作为一种研究范式的合法性或曰正当性的要素,是需要被论证或者说建构的。在这一点上,古今中外皆然。儒学何以以生活儒学的方式重建乃至复兴,以及何以

---

① 《孟子·离娄上》。

能够以生活儒学的方式重建乃至复兴,这两个最基本的问题,黄玉顺教授以一种功能性论证给出了他自己的回答。

黄玉顺教授给出了一个非常强有力的全称肯定判断:"儒学"就是"生活儒学","生活儒学"就是"儒学"。①以这个判断为前提,回望整个儒学在历史进程中的发展,黄玉顺教授认为,"自从原创时期以后、秦汉以来,儒学已经长久地遗忘了生活本身";与之相对的,黄玉顺教授认为,西方哲学自古希腊以来也遗忘了"存在"。②西方哲学"遗忘"了存在,一定程度上是可以这么说的;但说儒学遗忘了生活,我则更倾向于另一种表述,即我们遗忘了生活化的儒学。

生活的样态是不断演进变化的,儒学从汉唐的章句之学到宋明的义理之学再到清代的文字训诂之朴学,其样态也在不断变化。但这是不是说儒学在形式上不断地去生活化,就是儒学对生活的遗忘呢? 可能并不尽然。例如《周礼注疏》中郑玄对《周礼·天官》中"以为民极"一句的注释,以及贾公彦对郑玄注文的疏解,可以作为例证。郑注对"极"字的解释为:"极,中也。令天下之人各得其中,不失其所。"③贾疏对此进一步作了阐发:"百人无主,不散则乱,是以立君治之。君不独治也,又当立臣为辅。极,中也。言设官分职者以治民,令民得其中正,使不失其所故也。"④这种对社会生活、政治运行、社会治理等方面直接的论述,无论如何不能被看作是对生活本身的"遗忘"。至于著名的横渠四句,更是为天下读书人树立理想,在关注生活的基础上,对读书人的胸怀、气魄、境界提出了更高的要求。儒

---

① 黄玉顺:《爱与思——生活儒学的观念》,增补本,叙说,第3页。
② 黄玉顺:《爱与思——生活儒学的观念》,增补本,叙说,第3页。
③ 《周礼注疏·天官冢宰第一》,上海:上海古籍出版社2010年版。
④ 《周礼注疏·天官冢宰第一》。

学之所以没有彻底变成另外一种完全不同的学问，其根源就在于儒学始终没有遗忘它自身对生活本身和生活世界的关切，儒学自身有一种关涉生活的使命，而这也是儒学之所以还能够继续在我们这个时代散发出理论的光辉的原因。

"儒学"就是"生活儒学"这一论断，在理论建构上也会对生活儒学这一体系带来困难。随着历史的发展，"儒学"的内涵不断变化，外延也在不断容纳多方面的内容，已经成为一个包容性很强的较为宽泛的概念。黄玉顺教授认为儒学就是生活儒学，固然这会对儒学研究的一种生活化的复归起到积极作用，但同时也会窄化儒学的定义，从而拒斥其他类型的儒学研究。而以一种统合的视角，从生活化的方向对儒学的发展做出探索，这是没有问题的，因为我们需要从各种类型儒学中开发思想，从而对生活儒学的理论进行完善。

之前曾谈到，黄玉顺教授的生活儒学是一种对当代儒学复兴独辟蹊径的探索，其根本原因不在于他对儒学本身的概念和内容有多少发明创造，而在于他明确并且重视了"生活"这一概念，并将其与儒学建立联系。由于生活这一概念是非常庞大且多变的，在这一视角之下的儒学，一定同样也是充满变化以及丰富的时代特色的。因此，生活儒学的发展方向和理论前景，很大程度上要取决于我们对生活本身的认识。我们究竟是把生活看作一个变动不居的、正处于发展中并且仍将继续发展的历史进程，还是仅对其做一种历史的研究，把它看作已经过去的、业已定型的生活样态，决定了我们所说的"生活儒学"是一种更具现代性的研究，还是只是一种对历史上的儒学在生活方面的强调。

生活儒学体系自身可能还有待于完善。但我们之所以仍然对生活儒学这一理论有着认可和憧憬，是因为生活儒学的基本精神不但在于儒学，

"生活儒学"研究

还在于生活。黄玉顺教授的一个观点我是非常赞同的,他认为今天我们的生活已经完全改变了,已经不是过去的、古代的那种生活了。从生活自身的变化发展来看,过去的那种生活,是在小农经济基础上的生活。用马克思的话来说,那是一种"温情脉脉"的生活关系。现在,这样一种关系已经被现代化的进展彻底打破了。那么我们今天还能不能通过理论的重建,还原那样一种生活方式?或者通过"乡村儒学"这样一种工作,重建那种生活方式?在我看来,无论如何,马克思的这种思考还是正确的:生产力决定生产关系,生产方式决定生活方式,经济基础决定上层建筑。当整个生产方式发生了变化之后,生活方式不可能不发生变化;当经济基础发生了变化之后,上层建筑、思想观念,甚至情感态度,最终也必然会发生变化。那么在发生了这种变化以后,我们怎样去重新发现、去理解、去重建儒学在现代生活中的价值? 这是值得每一个做儒学的人,无论是学者,还是实际工作者,都应该认真思考的问题。

当今时代的生活,已经与过去的生活差异甚大;相应地,儒学也遇到了传统儒学之前从未遇到,甚至从未设想过的许多新问题、新语境。我们所处的这个生活环境,面对着这个科技、社会、政治、经济剧烈变动的局面,其自身也在迅速重构。这种生活的重构,也给我们带来了新的困惑和挑战,也正是这些由于生活的变化导致的新的问题,促使生活儒学应当向着一种超越传统的方向转变。生活儒学必须能够,而且应当在全球化新环境中做出自己的思考,提出自己的解决思路,为解释新的世界性问题和建立人类命运共同体做出自己的独特贡献。

我在拙文《真诚性、创发性与当代儒家创新之道》中曾写道:"儒家思想和传统通过深入现代生活的各个领域,形成诸如儒商、儒官、儒将……等现代社会条件下所能创发出来的生活典范,来实现'真诚性'和'创发性'的无缝连接。"①儒学曾经在生活不断变化的情况下包容并蓄,既不排外也不拒内,在中外融合、古今交融中实现变化,这是儒学自身的一种生长过程。今天的儒学同样需要保持这种不断自我更新的传统,如同历史上汲取先秦百家而形成的西汉儒学、援道入儒的魏晋儒学、在三教相通基础上的宋明理学等等一样,儒学从来就不是固定不变的。②生活本身是传统与现实的统一,儒学的当代意义同样也要表明儒学在传统与现代性在终极价值上的一致性。生活儒学在这一方面,可以走得更远,可以建立一个基于传统儒家与现代文明互动的文化秩序,实现传统儒家价值和现代普世价值之间的良性转换。从这种更宽广的视角来看,这可以说是基于儒家价值的现代性的生活儒学,是儒家思想在当代生活中活力的体现,也是当代儒学发展创新所必须展现出来的。

---

① 姚新中、王觅泉:《真诚性、创发性与当代儒家创新之道》,《哲学分析》2016 年第 4 期。

② 参见姚新中:《传统与现代化的再思考》,《北京大学学报》2015 年第 3 期。

黄玉顺"生活儒学"的理论
勇气与关键问题*

余治平

很高兴参加黄玉顺教授这本《爱与思》的新书发布座谈会！我最早关注他的"生活儒学"，是因为他的一篇文章《"生活儒学"导论》。那是十三年前，2004年的冬季，在中国人民大学开会，十几位年轻儒学研究者聚在一起热议这篇文章。那场讨论是由干春松教授主持的，他那时候还在人大哲学系工作。那时候，我则在中国社科院做博士后。当时北京有一批青年学者，有的是副教授，有的则是刚刚毕业不久的博士。干春松有本事，他善于跟企业家打交道，弄来一点赞助，牵头搞了一个"青年儒学论坛"。这个论坛的基本做法就是，让某个人提交一篇文章，预先把电子版发给大家看看，到开会的时候，大家把他驳得体无完肤、漏洞百出。当时，陈明在中国社科院宗教研究所工作，还没调到首师大呢。他订了一个规矩：只说坏话，不说好话。在会上，主讲人经常被搞得很狼狈，话很刺耳，很有如坐针毡的

---

*原载《社会科学家》2018年第1期。

感觉,但事后想想,则对我们每个人的学问都很有帮助。我觉得那个形式真的是蛮好的,知无不言,言无不尽。这才叫真正的学术批评,恭维话、场面上的话是很少的。大家"坐而论道"一通之后,在人大食堂二楼餐厅吃一顿饭,然后散伙,各自回家。黄玉顺教授主讲的那一次,是在2004年底,那时候他还在四川大学呢,特地从成都飞过来,讲他的"生活儒学"。人大张志伟教授和我作了主要点评,然后大家分别发言"批判"。我记得,那天来的人比较多,会议室是坐满了的,论坛平时吃饭都是一桌,但那天晚上是两桌。从会议室到餐桌,气氛都很热烈,话题经久不息。大家以这种方式开始关注黄玉顺和他的"生活儒学"。我觉得这是一个很好的开端。

现在的中国哲学界还没有形成严格意义上的学术批评,许多人都喜欢听好话,不喜欢人家批评一句,总把对自己提出不同意见、批评意见的人当敌人,而不当朋友,还记仇。久而久之,大家都不说真话,恭维太多。甚至,自己为自己的书写个书评,然后再冠上别人的名字发表出来以造势而博得名利者,也不在少数。但黄玉顺教授从来都是真诚欢迎学术批评的,每有新作都要召开座谈会,花钱请人来批评,态度非常谦逊,也经得住批评,锲而不舍地请大家"说坏话",所以很值得表彰。做学问,就要这样才行。

一

自从那次青年儒学论坛以来,我们大陆的儒学发展和创新可以说是别开生面,蔚为大观。"扛旗"的学者中,蒋庆的"政治儒学"当然算是比较早的,然后就是黄玉顺的"生活儒学"了,后来还有陈明的"宗教儒学"、姚中秋的"宪政儒学"、吴光的"民主仁学"、还有赵法生的"乡村儒学"、韩星

"生活儒学"研究

的"社会儒学"、李景林的"教化儒学",等等。这些都不妨算作儒学在当下中国针对我们这个时代进行创新的不同维度或不同面向,虽然都有不足,都不尽人意,而难以摆平、搞定,但无疑都在以自己独特的方式丰富了儒学,推进了儒学研究。我觉得这是非常好的现象。

通过这么多年的观察,我觉得非常敬佩黄玉顺兄的一点是什么呢?就是他有这么一股学术韧性,能够把"生活儒学"的旗帜一直扛下来,坚持下来,"任尔东西南北风",这真的要有一定的学术勇气和理论勇气。如果没有这股勇气,没有这个韧性,没有相当的定力,可能早就放弃不干了。一般人真的做不到。

我们都是刚刚参加了复旦大学上海儒学院的那个会议,会议的主题就是"儒学与时代"。①我们都密切地关注这个时代。在当下的这么一个时代,儒学如果没有创新,那是没用的。如果还是儒家的那么一套经典,保存在图书馆里面、博物馆里面,不能走向当下,不能走向民众的日用生活,那么儒学只会离时代越来越远。黄玉顺以他的"生活儒学",以他自己的这么一种方式,来创新儒学、诠释儒学,这是值得肯定的。你可以不同意他的一些片言只语,甚至不同意他的一些命题、观点,这都没有关系。牟宗三这么大的儒学大家,我们也不同意他的某些观点,这是很正常的。黄玉顺的这种创新精神,在众多的儒学创新的面向中能够独树一帜,确实非常值得我们每一个儒学研究者学习。

下面我谈一些具体的问题。

---

① 指 2017 年 9 月 23 日至 24 日在复旦大学举行的"上海儒学院首届年会暨国际学术研讨会"。

二

　　首先是要"审题"。既然叫"生活儒学",那么什么叫"生活"?

　　从刚才姚新中老师的发言,到董平老师的发言,再到赵法生老师的发言,一路下来,我觉得,一个最根本的问题,就是扣住了一个观念:"存在"的问题,也就是"Being",或德文"Sein"的问题,甚至还有"Becoming"的问题。这个问题,我觉得是抓住了黄玉顺生活儒学的一个命脉,一个要害。其实,在十三年前的那次论坛上,大家争议最多的,也是"存在"的问题。

　　这个问题比较复杂,而且还不是一般的复杂。当然,海德格尔从西方哲学,特别是从德国现象学的路径里切入这个问题,把"存在"这个问题拎出来了,使全世界的思想家、哲学家一下子都关注了这个问题,我觉得是非常了不起的。《存在与时间》,很多人读不懂,其实你不妨把它当小说来读,海德格尔就像一个善于讲故事的女人,把万物存在的经历和过程娓娓道来,不厌其烦,构思了那么多曲折离奇的情节,跌宕起伏,扣人心弦。但是我们从中国哲学的进路来看,存在似乎从来就不是一个问题,因为在我们的传世文献里,从《尚书》《周易》到《中庸》,对这个问题都不乏关注。刚才大家都提到"生"的问题、"生生"的问题。甚至我们可以说,整个一部《周易》都在讲万物存在的经历和过程。六十四卦开端于乾、坤,纯阳、纯阴,《彖》辞分别阐释说,"万物资始","万物资生"。第三卦是屯卦,《彖》辞说:"刚柔始交而难生"。《序卦》称:"屯者,物之始生也。"《周易》从屯卦开始讲述万物存在的故事,一路复杂,拟人比事,也很曲折离奇,情节波澜不已,

"生活儒学"研究

一直到未济卦,还没讲完。《系辞》里面那句"生生之谓易"①,非常重要,是理解"存在"的问题的法眼。中国人理解存在的概念,不能跳出"生生"。"生生"这个观念,值得我们做一个很好的诠释。生生的问题就是在我们中国哲学语境下、在我们中国自己的人文传统里的"存在"问题。

这就是说,这个"存在"的问题,如果仅仅从"存""在"这两个字本身,我们是很难理解它的本源、真实的内涵的。我们还要切入"生生之道"这么一个角度来谈,万物是怎样"生"出来的,万物是怎么呈现在我们面前的,生的过程究竟是怎么回事。比如说,我们看到的这个茶杯,一定不是茶杯的那个自在之物本身;我们看到的这个茶杯一定是进入了我们理解的东西,成为我们存在语境当中的东西。至于被我看到的这个茶杯的背后的茶杯本身,我们是永远看不到的。"形而上者谓之道,形而下者谓之器。"我们只能游走在事物的形之中,至于形之上的那个"道",形之下的那个"器",都只能靠抽象思维、智的直觉去通达。而这就跟黄玉顺刚才讲到的那个"无"字密切相关,跟真正的存在之为存在、推动这么一个存在过程的那个原始的、神秘的东西密切相关。

这个问题,确实是很深的一个大问题。海德格尔在他的语境里面,用了一个"大道"——"Ereignis"来表达。中国人对它有不同的翻译。其实,这个问题,如果我们回到黑格尔的语境里也能够获得很好的理解。我们大家都熟知的一个命题就是:"凡是存在的都是合理的,凡是合理的都是存在的。"这个命题一直被我们很多中国人所误读。其实,他那个"存在",跟海德格尔的那个"存在",还是有很大的一脉相承性的。他的那个"合理的"东西,就是在我的理性里面,物一旦成为被我所看、被我所观、被我所意识到

---

① 《周易·系辞上》。

的那么一种东西,就是存在的了,就成为我的世界里的一个部分,一项构成。至于那个还没有被我所观、被我所看、被我所意识到的东西本身,我则永远看不到,永远摸不着,那就是一个"无"本身。他那个"合理"一定不是一个符合规律、符合理性的意思,别把它推得那么高,最好也别翻译成"合理",而应该翻译成在理性中的,或被理性所意识到的。凡是被我们理性所意识到,都是存在的。还没有被我们拖进理性的东西,则一定还没有在我们的世界里存在。也就是说,存在一定与我们的理性意识有关。单纯的物自身,不能算是存在。物自身在经过我们理性的加工和改造之后,成为我们的对象和我们的世界里的现相。其实,黑格尔这句话中的"理",想说明的也就是:只要被我拖进我的世界的,那就是经过我心加工过的。这个茶杯,被我看到了,它是圆柱状的这么一个存在物,那就是已经成为一个在我意识当中的东西。你这么理解,也就开始切入所谓的"存在"问题了。

那么回过头看我们中文的语境,《中庸》里面讲:"不诚无物。"大家想一想,那个"诚",真的就是一个内在性的、情感性的,或者是道德性的东西吗?《说文解字》对"诚"和"信"是互解的:诚者,信也;信者,诚也。如果是一个道德性的东西,怎么可能把它跟物挂钩呢?无论如何,在我们中国古人、在我们的老祖宗那里,"物"经常被理解为一个实实在在的东西。物是有体的,所以才有语用学上的"物体"概念。"不诚无物"一句中的那个"诚"字,一定是跟存在密切相关的。物在生生的过程中究竟是如何维持自身的统一性的? 物有内在,於穆不已,生机涌动,呈现到我们的物,其实已经是物生生的后端了。前一秒钟的物、当下的物、下一秒钟的物,它们之间究竟是靠什么维系着的。靠一个"诚",这个诚是物自身与自身的连续性,物在成为自己的路上始终需要坚守着自我,防止滑入非我,它的这种执着成为自我的能力,就是诚。而信,则是物在生生过程中成为自己的可靠性。前一秒钟的物、当下的物、下一秒钟的物,如何维系着连续性和统一性而在人的看里始终是同一个物,这就离不开物自身的"信"的能力了。

我还要在姚新中老师讲的基础上补充一点。"至诚无息"这四个字,对我们理解"诚"是非常关键的。为什么说达到最后的"至诚"那种状态,万物就是"无息"——没有停止的? 其实,那就是一个生生不已的一种状态。这样,《中庸》就跟《易传》默默地建立了一个意义关联。这个理解是非常重要的,你把这个要害抓住了以后,从"生活"到"存在"的那个环节,就容易打通了。

三

第二个问题,是黄玉顺在这本书里对"物"和"事"做了一个区分,这一点,我非常欣赏。

我对康德哲学是有一点研究的。其实,在《纯粹理性批判》这本书里,康德也是区分了"事"和"物"的。"物",他用的是"Ding",是单数的;而"事",用的是"Dinge",可以是复数的。单纯的一个物,在本体语境里面,作为一个绝对存在者,作为一个自在之物本身,可以讲是"物",它无所谓单数还是复数。但是作为一个事物,亦即作为一个"事"中之物,那就把物拖进存在语境里面了,因而就在现象语境里面,在我们的思想意识语境里面,这个东西就成为一个"事物"。这个区分,是我们很多搞哲学的人没有搞清楚的。华东师范大学的杨国荣教授最近发表了一篇文章,也涉及事与物的问题,可以参考一阅。

如果按照董平兄刚才所说的,把"事"理解成"事情"的话,这也是通的。所谓"事情",那个"情"是指"情实"。有的时候,我们中文其实真的比德文、比英文还要好，可以非常真切地描述和准确地表达一个存在者，或者现象世界中一个具体的事物的本来状态，那就是"有情有实"。这个问题，黄玉顺在他的书里做了一个区分，这是非常重要的，值得肯定。

四

第三个问题，涉及对这本书及黄玉顺"生活儒学"研究进路、研究方法的考量和审视。我觉得，还是要强调一个中、西之别。作为一位哲学学者，包括黄玉顺在内的我们这代人都有浓厚的西学背景，都痴迷过海德格尔，因而都有非常浓厚的海德格尔思想背景，十多年前我就把海德格尔的所有中译本著作全部读完了。但是我们却在中国的语境里，特别是在儒家文化的语境里面进行学术研究，甚至像黄玉顺还能够自觉建构并致力于儒学创新。而要命的一点却是，我们中国的学问，特别是儒家的学问及其工夫体系，不是在学理当中、不是在概念演绎当中建构出来的，它其实是在日用生活当中自动呈现出来的。我要强调的是，中国的学术总是在生活当中涌现、在生活当中呈现出来的，而不像西方哲学，特别是康德所开辟的现代西方哲学，是在一个纯粹的形上的建构里面确立起某种生活世界的合法性。胡塞尔、海德格尔这一脉的人物，要在西方纯粹哲学的路径里开辟出问题、命题的哲学合法性。

这个问题，涉及我们中国儒学的这么一个特性，就是说，它是"即用见体"的，是"即体即用"，始终处于浑然一体的状态。如果非把它拖到学理层面来分析的话，它的确很可能有一个形上、形下之分，方便言说，为了迎合展开叙事的需要；但是在儒家的思维方式里面，浑然一体是基本特性。它不像西方的那种哲学、那种形上学，学理和生活是两张皮。所以我觉得可能要回到十三年前青年儒学论坛上大家对黄玉顺兄的建议或者批评:不要两张皮,不要床上叠床。

包括黄玉顺后来完成的《中国正义论》那么一个架构,我也是非常关注的。西方正义论,像罗尔斯那么一种进路,是要把Justice这个东西从法权学理上面推导出来,演绎出它的正当性和有效性。而我们中国人讲的"义",是讲个"宜",《中庸》曰:"义者,宜也",只要求适合我们当下,而不追求一个普遍的、永恒的、绝对的正确性。它是强调情境性和有效性的。有些东西,在山东是可以的,但可能到了上海就不适宜了,到了成都也不一定适宜。就像喝酒一样,山东规矩很多,主陪、副陪……到河南那边,就是端酒三杯,主人不喝,把酒剩下来给客人喝。而在上海这边,是随意的,你喝白酒,他喝黄酒,他喝红酒,他喝啤酒,他喝茶,他喝饮料,都无所谓。这就是"宜",就是个"适宜"。在中国,什么都强调一个情境性,适合、适当就好,中国人是无所谓真理不真理的,所以就实在没有必要拔高到的"中国正义论"层面。中国人只讲天理,而不讲真理。这其实也是现代科学为什么不可能起源于中国的一个根本原因。"正义"一词中,义比正来得重要,而正往往又只具有道德性、礼乐性的规定,而跟真理一毛钱关系都没有。当然,作为一个学者,在叙事方式、哲学建构的技法上面,要补充一些东西。

五

虽然说了这么多"坏话"、建议的话,但总体上还是要做一个肯定。我非常喜欢,也非常欣赏的一点是:作为一个著名的哲学学者,作为一个体制内的哲学教授,黄玉顺能够在学西方哲学、西方形而上学的过程当中,没有被它所牵引,没有被它那些迷思所忽悠,自己还是有一个中国儒家的主体性建构的。

我的概括是:他是用一个"爱"来为形而上学收口,为哲学收口。西方的哲学,演绎到最后,往往没有一个归宿。康德比较特别,他有一个"至善"(das höcheste Gut)的东西,为他的纯粹理性收口,为他的先验理论找到了一个最后的归宿。尼采不相信他,非要找一个纯思的东西——强力意志来,最后连自己都被搞得精神分裂了。作为一个哲学家,自己都不能为自己找到一个精神归宿,他的哲学就有问题了。而康德就不会发疯,就不会精神分裂,因为他的哲学里有一个至善在召唤,为哲学最后收口、把关。所以,我不同意牟宗三,他把康德跟我们中国儒家的界限划得那么清,距离搞那么大。其实,康德和儒家是能够走到一起去的,关键就是一个"至善"。至善这个东西,也是我们儒家追求的一个最高的境界,《大学》就讲"止于至善"。其实,康德哲学最后也是走向至善的,他用实践理性为他的纯粹理性、为他的第一哲学找到归宿。那么黄玉顺则试图用一个"爱"为他的形上学找到一个可感可触的归宿,很妙。我觉得,他最后的落脚点,还是儒家,这是我非常欣赏的。咱们都是搞儒学研究的,儒学的立场还是要坚持。如果没有了儒学的立场,那么我们就跟其他那些把儒学作为一个纯粹的学术对象来研究的学者没有任何区别了。

至于"爱"是什么,刚才有人质疑,但按照我的理解,这个"爱"还是儒家意义上的爱,不是抽象的爱,也不是纯粹的感性的爱,而是一种融贯了理性与情感、道德与仁爱、本能与自觉的爱。孔夫子讲过,仁者爱人。其实那个"爱",在春秋时期那个语境里面,就是把人当人的意思。一个马厩失火了以后,孔夫子不是先问马,而是先问人。这就是说,在那个草菅人命、杀人如麻的时代里,孔子自觉地开始追求人性价值,提倡和鼓呼把人当成人。喂马的那么一个马夫,他也有家庭,也有父母兄弟,也有子女亲戚,作为上层精英或君子权贵的我,也必须把他当人。然后,再推人及物,像孟子那样,把物当物,亦即把每一个物都当成物,而不是对某个物不当回事。这个"爱",到了孟子那里,他把它还原成一个"不忍人之心",还原成一个最初的、当下呈现、近乎本能的"四端"之心。我看到一个小孩掉到井里面去,就会毫不犹豫地把他拉上来,想都不用想,没考虑那么多。凡是人都会那么做,那就是一种爱。后来再延续到董仲舒那里,他讲:"仁之法,在爱人,不在爱我;义之法,在正我,不在正人。"[1]这就是说,如何去实施"仁"呢?就在爱别人。董仲舒为我们儒家的仁学开辟了一个"他者"的视野:"爱人"不是爱自己,而首先在爱别人;而"义",是在正我,不是拿着道德教条去约束别人。首先要对别人有爱心,要去仁爱;而对自己呢,要用最严格的道义去限制,这样的人才能趋向于贤人,趋向于圣人。

六

最后一点值得强调的是,我对黄玉顺"生活儒学"的这样一个体系性的学术倾向的反思。我是要呼吁一下:回归生活。我们现在的世道人心已经坍塌了。一个老人跌倒了以后,要不要扶他,这居然也是一个问题,还得进行全民讨论,可见已经堕落到什么程度!我们现在是迫切需要有一个精神支柱。现在更多的学者,社会上更多的人,都倾向于从儒家的思想资源里面去寻找这么一个精神支柱。那么我们儒家真的需要面向生活,而不是长篇大论的、体系化的东西。"不离日用常行内,直到先天未画前"[2],王阳明这首诗,我觉得非常好。儒学思想史上,我们上溯一千多年,可能最不缺

---

① 董仲舒:《春秋繁露·仁义法》。
② 王阳明:《别诸生》。

的东西,就是形上之学。从宋明以后到现在,从周敦颐到二程,到朱熹,到王阳明,一直到牟宗三等海外新儒家,一千多年来,我们儒家都是在形而上的层面下功夫,磨嘴皮,我觉得我们已经足够了。儒家当下最缺的是什么?是工夫论,是如何落实到生活日用层面,如何面对普罗大众的日用生活,切实解决他们的精神需要和价值渴求。走出书斋,面向人伦,还原"生活儒学"介入现实、启迪人生的实践品格。

我觉得,像赵法生他们这几年来所坚持的乡村儒学,像郭齐勇老师退休之后所做的把儒学从书斋向社会层面、向中小学生的普及,还有香港的霍韬晦,他们都值得我们学习。这个问题,就是儒学如何融入时代,如何融入当下,如何让儒学有一个当下的呈现,这些都是我们这些学者需要做的工作。我曾经说过,我们儒学跟基督教相比,缺一个什么呢?缺一个中间层。我们现在不缺儒学的学者,比如山东,"尼山学者""泰山学者""儒学大家"封了那么多人。但是我以为,跟基督教相比,我们缺的就是传教士这么一个阶层。我们儒学学者跟底层民众之间缺少像早期耶稣会士、现在的基督教传教士那样的一个庞大的群体。如果从现在开始到今后的若干年,我们儒学当中涌现出一大批像西方传教士那样的人,甘于奉献自己的青春,甚至奉献出自己的生命,到民间去,深入底层生活,甚至到国外去传播我们的儒学,那么我们的儒学就找到源头活水了,我们的儒学就有生命力,也就有希望了。

存在、性情与工夫

——生活儒学之性情理论的贡献与局限*

赵法生

在南宋以降的儒家思想史上，一直有学者不满意于宋儒的性情言说方式，试图通过对于性、情、道、理等概念原初意义的诠释，彰显原始儒家与宋儒在基本思想方面的差异，复归于先秦儒家思想的本义，其中既包括心学一系对于理学"性即理也"的批评，也包括基于气论立场对于理学理气论的辩难。但是先秦儒家性情思想的本义，尚未能通过这些讨论得以充分显现。生活儒学借助于海德格尔的存在论哲学，对此问题做出了富有思想力度的阐发，使得先秦儒家与宋儒在性情观上的不同，从更深的层次上彰显出来。如果说朱熹的性情论是形而上学性情模式的理学表达，牟宗三的性情论是形而上学模式的现代心学表达，生活儒学客观上提出了二者之外的第三种性情关系模式，在切入原始儒家的性情关系的奥义方面迈出了关键的一步。可是，生活儒学的性情论述本身也存在局限，它没有能

---

* 原载《社会科学家》2018 年第 1 期。

够深入辨析存在论和形而上学两种不同性情模式的内在差异，更没有继续探讨此种差异的成因，本来有可能通过这种差异比较而显现出来的，原始儒家存在论与海德格尔存在论的区别，也就因此暗而不彰了。在生活儒学性情论的基础上，通过深入考察先秦儒家生存论在性情关系方面的内涵与特质，探索它与形而上学性情思想差异的成因，指出它与海德格尔存在论的不同之处，进而深化对于原始儒学根本属性的认识，则是本文力图完成的工作。

一

黄玉顺先生的生活儒学理论，借助于海德格尔的存在主义思想，对于儒家性情思想，做出了创新性诠释，代表了性情思想在当代的新进展。海德格尔认为，西方哲学形而上学自轴心期以来的根本缺陷，在于仅仅研究存在者，而遗忘了存在本身。哲学形而上学研究存在者整体即形而上学存在者，科学学科研究具体存在者即形而下的存在者，但是存在本来是存在者所以存在的前提，人们所谈论的任何存在者都必然以对于存在的某种领会为前提。以往的哲学形而上学，却将存在问题未加批判地认定为或者是不言而明的，或者是毫无意义的，使得作为存在者前提的存在问题的意义，隐没在晦暗之中。海德格尔认为，存在论哲学基本任务，就是要使存在从存在者中展露出来，使存在本身的意义得以澄明。[1]

关于通达存在本身的路径问题，生活儒学与海德格尔做出了不同判断。前期海德格尔认为，人是通过一种特殊的存在者即此在而发现了存

---

[1] 参见［德］海德格尔：《存在与时间》，陈嘉映、王庆节合译，生活·读书·新知三联书店2006年版，第32页。

在,此在即是人的生存。人是一种特殊的存在者,是能够发问并选择的存在者,是他本身对于自己成为问题的存在者。这样一来,海德格尔前期关于存在的思想就有可能陷于一种矛盾,他本来的意思是要强调存在先于存在者,存在者是以存在为前提,但是通达存在的过程中,存在却依然不得不以某种存在者为前提。为了避免这一尴尬,后期的海德格尔放弃了此在概念,转而试图完全不通过人的生存来把握存在。生活儒学不赞同海德格尔的后期转向,它认为存在就是生活,而生活是不以任何存在者为前提,包括此在在内。生活儒学认为,剔除掉海德格尔的生存前面的此在概念,我们得到的正是"生活"本身,由此而形成了生活儒学的概念。①对于海德格尔来说,人虽然通过此在的生存领会了存在,但毕竟不能说此在就等于存在,但对于生活儒学来说,生活就是存在,生活之外无所谓存在。②海德格尔之所以把此在作为领会存在的关键,在于人并不仅仅是个形而上学的存在物,他首先是一个感受、体悟和活动着的个体生命,形而上学的抽象认知只是他的属性之一,而且并不是它源始的属性与功能,因为他必须首先存在,然后才能去做形而上学的反思。因此,与形而上学的理性功能相比,海德格尔把情感和情绪视为人更为本真的生命内涵,是人之存在的根本性表征。生活儒学无疑是继承了海德格尔的这一思想,进而把情绪和情感作为本源之情,认为人们正是通过生活感悟把握了存在。

生活儒学认为,海德格尔实际上提出了人类观念的层级体系:存在观念(生存领会)→形而上存在者观念→形而下存在者观念。③他将以上思想应用于儒家心性论发展史的分析,认为轴心期以后的儒家思想中,以《中

---

① 参见黄玉顺:《爱与思——生活儒学的观念》,增补本,四川人民出版社 2017 年版,第 26 页。

② 参见黄玉顺:《爱与思——生活儒学的观念》,增补本,第 296 页。

③ 参见黄玉顺:《爱与思——生活儒学的观念》,增补本,第 12 页。

庸》的未发已发为代表，形成了一个特定的性→情架构。他认为这是一个
典型的形而上学架构，是运用主-客观念分析性情关系的结果，其中的性
或者"中"就是形而上的存在者，发而为情即形而下存在者。这一性情架构
同时又被表述为未发→已发、本→末、体→用、内圣→外王等。①他认为，这
种形而上学的性情架构，虽然并不代表儒家本源的思想，是今天应该予以
颠覆的，但它依然具有其不容忽视的意义，因为它开出了儒家道德的主体
性，②那个先于和高于情的性，既是本体，又是主体，是一种终极的存在者，
但它毕竟是存在者而非存在本身，它依然需要经受一个这样的拷问：存在
者何以可能？主体性本身何以可能？并由此导向了对于更加具有本源意义
的性情关系的思考。他说："我们发现，在原创期、前原创期，尤其是孔子那
里，事情正好相反，不是性→情的架构，而是情→性的生成关系。性是形而
上学的初始范畴，而情是它的生活本源。"③

　　借助于海德格尔存在主义的洞见，生活儒学提出了本源之情的概念，
指出在形而上学的性情关系之前，在伦理性的性情关系产生之前，已经有
一个更具有源始意义的性情关系，与形而上学的性情关系不同的是，不是
情生于性，而是性生于情，情比性更为本源性。人对于这种本源之情的领
悟和感受，乃是存在者和存在所以产生的前提条件。这样一种情，是最能
体现生命本真的情，是生命存在的核心内涵。这不但在原初意义上肯定了
情对于性的优先性，也肯定了情对于伦理建构的优先性。当生活儒学通过
古文字义的训诂，剖析了古代汉语中存、在二字的古义，分析了生于性字
在意义上的内在联系，将此情与诚贯通起来，将情的情感义与情实义统一

---

①　参见黄玉顺：《爱与思——生活儒学的观念》，增补本，第51~53页。

②　参见黄玉顺：《爱与思——生活儒学的观念》，增补本，第60~61页。

③　黄玉顺：《爱与思——生活儒学的观念》，增补本，第298页。

起来,并通过"人之情"与"事之情"的对比阐释情的本真意义之后,便通过早期儒家思想语境的追溯,将其存在论意蕴充分揭示了出来。这是生活儒学通过中西比较的视域而完成的对于儒家思想研究的一个重要推进。

迄今为止的儒家哲学史的叙述,由于深受宋明理学和西方哲学两种思想体系的影响,对于儒家思想的分析,一直陷于认识论和形上学模式之中,而生活儒学借助于存在论对形而上学的反思与批评,从性情关系的角度,分析了先秦儒家与后来儒学在这一关键问题上的主要差异,首次在性情关系的传统诠释模式上,打开了一个关键性缺口,为儒家思想史更加本源性的诠释与重构提供了可能。借助于海德格尔存在论智慧,它已经为我们提示了一条返回先秦儒家本然思想的"林中路",可是在指出这一崭新方向后,一些本来可以预见的分析还有待于进一步展开。从生活儒学对于本源性性情关系与形而上学的性情关系的论述看,它的分析还处于前期阶段,既没有指出本源性性情关系与形而上学性情关系的本质性差异,更没有深入到儒家本源性性情关系的内在机理,去发现它与海德格尔存在论的不同之处,从而给原始儒学做出新的阐释与定位,这不能不限制了其思想创新所可能达到的理论深度。

二

生活儒学对于儒家性情关系分析的主要进展,在于提出了儒学史上两种不同的性情关系,即形而上学的性情关系与存在论中的性情关系,那么儒家形而上学的性情架构形成于何时?黄玉顺在《爱与思》中说:"在轴心期之后,在儒家的形而上学的观念架构当中,亦即在思孟学派以来所形成的心性论,即以心学为正宗的这么一种思想当中,存在着一个基本的观念架构,就是性–情",并以《中庸》的未发已发论作为此种性–情架构代表。①
照此说法,则形而上学的性情架构形成于孟子之前,以《中庸》为典型。但
在一次关于生活儒学的访谈中, 却将形而上学的性→情架构之形成推到
秦汉以后,他说:"在后原创期,亦即秦汉以来的儒家观念中,有一种基本
的架构,即性本情末、性体情用(以及性善情恶,或情可善可恶)。这是一种
性→情的形而上学架构:本→末、体→用的架构。"②这样一来,关于形而上
学的性情关系形成的时间,就有了两种彼此矛盾的说法,这实际上是与生
活儒学对两种性情关系模式的内在差异,缺少更为具体深入的把握有关。

　　根据生活儒学的解释,所谓性情关系的形而上学架构,是以形而上学
的立场分析性情关系,将性看作是在本质上不同于情的先验存在物,二者
的关系是本质与现象、感性和理性的关系。以此标准,则思孟学派中的性
情关系,显然不能归入形而上学架构,因为孟子的性善论是即情言性,他
所说的性善也就是心善,心善体现在四端之情,性善即心善即情善,这也
就体现了人之"才",其中的心、性、情、才是同一层级的概念,具有相似的
意义,都是指人能够为善的素质禀赋而言,所以才说"乃若其情,则可以为
善矣,乃所谓善也"③。其中的性与情是相即不二的,它们并不像是在理学
中一样,分属于理和气,二者并不具有存有层次的差异,也不具有善恶属
性的对立。《中庸》的形成时间早于孟子,文本中的未发已发,本来是指情
之未发和已发两个不同阶段,是情本身的两种状态,将喜怒哀乐之未发说
成是理,将喜怒哀乐之已发说成是气,进而将中说成是形而上的本体,是
运用理气二分模式诠释《中庸》思想的结果,并不完全符合《中庸》文本的

---

① 参见黄玉顺:《爱与思——生活儒学的观念》,增补本,第17页。

② 黄玉顺:《爱与思——生活儒学的观念》,增补本,第298页。

③ 《孟子·告子上》。

原意。在汉儒那里,将性归阳而情归阴,故有性善情恶之说,性情已经在价值判断上被置于对立的两端,但是性情都属于气,处于同一存有层次,这说明二者依然不是形上形下之别。直到理学提出"性即理也",以性归理而情归气,理成了绝对和先验的道德法则,情则被视为对于本体之明的遮蔽,从而倡导以复性为指归的工夫,而复性的关键在于格物穷理的认知过程,理大致上成为一个抽象的认识对象,性情之间的形上形下之分由此形成。即使如此,我们也不能将宋儒的格物致知等同于西方哲学意义上的认识论,因为格物致知的根本目的并非是单纯的求真而是致善,即通过把握理一而分殊的道德法则,以实现明德、新民和至善的目标,由此而彰显出儒家形而上学的性情观与西方哲学形而上学的基本差异。无论如何,通过将未发之中"中体"化和性理化,进而将性与情做出形上与形下之分,的确是经由宋代理学而完成。因此,儒家形而上学的性情关系,既不是产生于思孟学派,也不是产生于汉代儒学,而是形成于宋代理学。

鉴于理学在中古以来的巨大影响,人们往往不假思索地将这种理学式的性→情架构等同于先秦儒家的思想本身。其实,二者之间存在明显差异,这从二者对于情的定位和评价中可见一斑。在理学式的性情架构中,情本身是具有明显消极意义的,因为在理气二分的本体论预设中,情被明确地划到气的范畴,并因此而与理处于对立之中,复性目标的达成恰恰是以消除情气对于先天性理本体的污染和遮蔽为前提的,这也可以说是理学工夫的核心关切。但是在孟子以前的原始儒家那里,我们看到的却是相反的情景,情不但不是道德修养的障碍,不但没有被置于道德原则的对立面,倒是被界定为道的始基,郭店楚简《性自命出》所谓"道始于情";《礼记·乐记》认为,"先王本之情性,稽之度数,制之礼义";《礼记·礼运》认为,"礼义也者,人之大端也……所以达天道顺人情之大窦也";《礼记·三年问》指出三年丧乃是"称情而立文";《礼记·坊记》说礼的本质是"因人之情而为之节文"。七十子及其后学的上述说法,一致认为礼义是顺着人情才得以产生,道德乃是基于人情本身表达的需要。《礼记·乐记》的"情深而文明,气盛而化神",清晰无误地表达了道德与情感之间的正相关关系,说明情感非但不是礼义形成的障碍,反而是培育形成礼义的内在资源与动力,二者是相互依存和彼此强化的。因为情是道德建构的基础,又是道德修养的推动力量,它是内在于而非外在于道德的,所以七十子及其后学显示出明显的贵情倾向,《性自命出》甚至说"苟以其情,虽过不恶;不以其情,虽难不贵",这是先秦儒家贵情主义的最强音。

从性情关系的形而上学模式看来,情为性之所发属于形而下,"性即理也"属于形而上,性情之间因此而有了异质异层的划分,即它们被归入不同的存有论层次并因此而具有了不同的价值属性,情在这一架构中的地位乃是由于本体论的内涵所决定的。相对于未发已发的理学式的本体论论述而言,本源性的性情关系的特质就清楚地显现出来,它与形上学的性情关系基于不同宇宙本体论基础,它所面对的一个还没有被本体化的世界,一个尚未形而上学化的世界。这是个什么样的世界呢?

按照《庄子·知北游》"通天下一气耳"的说法,这是个一气贯通的世界。《周易·系辞》"天地氤氲,万物化醇;男女构精,万物化生",解释了阴阳二气氤氲交感是万物化生的原因;《礼记·乐记》说:"天气上升,地气下降,阴阳相摩,天地相荡,地气上齐,天气下降,阴阳相摩,天地相荡,鼓之以雷霆,奋之以风雨,动之以四时,暖之以日月,而百化兴焉,如此则乐者天地之和也",则描绘了天地之气相摩相荡以促使万物生化运行的图景,礼乐之制作正是本于天地之道。可见,在古代中国思想的语境中,世界首先并不是一个形而上的理的世界,而是一个气的世界,一个大化流行的世界。

气的运行当然有其条理与秩序,这就是理,理是因气而有并依于气而行,故先秦儒家的宇宙观是气本论宇宙观,理本于气而不是相反,所以刘宗周认为:"理是气之理,断然不在气先,不在气之外"①。王船山则说:"天人之蕴,一气而已。从乎气之善而谓之理,气外更无虚托孤立之理。"②他们认为理本于气而生,更将理看作是"从乎气之善者",则善并非理之专利,理之善倒是本乎气之善,人文化成的世界,与大化流行的世界并不是没有关联的,而是内在相关的。罗钦顺认为:"盖通天地,亘古今,无非一气而已。气本一也,而一动一静,一往一来,一阖一辟,一升一降,循环无己,积微而著,由著复微,为四时温凉寒暑,为万物生长收藏,为斯人日用彝伦,为人事之成败得失;千条万绪,纷纭胶辖,而卒不可乱,有莫知其所以然而然,是即所谓理也。初非别有一物,依于气而立,附于气以行。"③按照罗钦顺的说法,不仅自然世界属于气化流行,人文世界中的人伦日用和人事变迁同样是气化流行的产物,气并不是某种抽象本质,而是一个生生不息的过程,它乃是动静、往来、阖辟、升降之间的循环不已,这一气化过程即道,也就是《周易》所言"一阴一阳之谓道",而一阴一阳乃二气相感互动之过程,故张载说:"由气化,有道之名。"④有学者认为:"我们能从过去找到的最接近海德格尔的存在概念的,可能是中国哲学中的'道'了。"⑤罗钦顺说"气本一也",如果就"本"这一概念原初性含义来讲,就是"根",根乃是事物萌芽之所生,如同树根一样,它的功能在于"生",存在的世界就是一个生生不息的世界。气的作用正在于生,因此,气与易、道、生、诚属于同一层次的

---

① 转引自张岱年:《中国哲学大纲》,中国社会科学出版社1982年版,第77页。
② 王船山:《读四书大全说孟子》卷十。
③ 罗钦顺:《困知记》,巴蜀书社2000年版,第242页。
④ 《正蒙·太和》。
⑤ [美]威廉·巴雷特:《非理性的人》,杨照明译,商务印书馆1995年版,第230页。

概念,而比它们更加具象地表达了古代中国存在论的意蕴。

同时,气还是由存在论通达性情论和儒家伦理学的桥梁。《性自命出》说"喜怒哀悲之气,性也",表明性即喜怒爱悲之情,性与情都是气。《礼记·乐记》也说:"凡民有血气心知之性,而无哀乐喜怒之常;应感起物而动,然后心术形焉。"其中所说"哀乐喜怒",正是"血气心知"之性的内容,这从郭店楚简《语丛一》如下说法可见:"凡有血气者,皆有喜有怒,有慎有庄。"表明喜怒哀乐正是由血气而生。可见,在原始儒家那里,情属于气,性与情其实处于同一存有层次,这与理学理气二分性情架构完全不同。进一步讲,情不是靠性来获得自身的规定性,相反,性只能通过情来获得其规定性,性成了"虚位",情则成了"定名",由此可以见出情对于性的优先性,而孔子何以 "罕言性与天道",性情问题的重心其实是落到情上。因此,我们将孟子以前的原始儒家的性情关系断定为性情一本, 它是基于气本论而非理本论的宇宙观。所谓性情一本,包括以下四层含义:首先,从本源上讲,性与情来自一个共同本源, 而非像理学所说分别来自两个理与气两个不同的本源,这一共同本源就是气;其次,从内涵上讲,性与情具有相同的内涵,都是气,因而具有相同的质的规定性,而不像是在形而上性情关系模式中一样,二者具有质的不同;再次,先秦儒家的性情观是以气论为基础,性与情二者属于同一存有层次,具有相同的内涵规定,并不存在形而上与形而下之区别,性与情就不存在理学式的异质异层的划分,无法截然被划入形而上和形而下两个不同的世界;最后,孟子以前的先秦儒家既重性又贵情, 性与情具有相同的价值属性, 并无性善情恶或者情为性之污染之说。由性情一本而使得性情具有相同质的内涵,处于同一存有层次,并具有相同的价值属性,才是先秦儒家性情关系不同于理学形而上学性情关系关键所在。当理学参照佛道两家发展出理本体思想,形成了理对于气的超越性和优先性之后,性与情由一本走向对立,形而上学的性情关系由此而形成。

<h1 style="text-align:center">三</h1>

生活儒学将形而上性情关系与本源意义的性情关系区分开来,无疑是一种洞见。但是由于它对两种性情关系的内在差异没有做出更为深入的分析,以至于将先秦儒家语境中的未发已发、本末、内圣外王、修己安人论题等都纳入形而上架构中,其实,就其本质意义上,这些论题不能等同于形而上学的表达方式。这里涉及儒学与西方知识论的基本区别。儒家道德思想中虽有形而上的成分,但它并没有导向认识论,而是导向了工夫论,儒家一切关于道德的思想言说,包括天道、性情、名实、理气等,都不仅仅是为了求真,主要是为了求善,这里的善并不仅是善的知识,主要是善的工夫。儒学的言说与形而上学式的言说方式的基本区别,正在于其工夫论特征,儒家内涵丰富的人性论思想,不过是为工夫寻找基础,这在原始儒家的性情论中尤其明显。

原始儒家性情论中的性,不是一个抽象本质,而是修养工夫的基础,是一种活态的性向和潜力,是一个虽然具有某种方向,却并非现成的形式因,而是一个开显实现的进程,这与形而上学的本质主义的人性论全然不同。后者致力于寻求人性中某种固定的本质,前者则是一种潜在性向的展开,并在此过程中提升人格境界;前者收获的是概念和知识,后者收获的却是德性与人格。所以,先秦儒学中的未发已发、本末先后、内圣外王、修己安人等说法,不能等同于形而上学意义上的言说方式,它们只有在工夫论视域中才能得到合理的解读。比如《中庸》中的未发已发问题,皆是就情而言，所以，它指向的并不是以本体与现象二分为基础的认识论，而是"发而中节"的工夫，"发而中节"经由礼乐实践而达成，所以《中庸》里面才有大量关于礼的论述。修身与内圣也不能归结为某种抽象本质，它们指向人之身心合一的整全存在，是在此基础上的内在工夫实践。另外，外王、安人等也不能界定为现象，它们是将儒者内在涵养工夫，在更大范围内推扩践行的结果，就修己和安人关系而言，"修己以敬"的内圣工夫只具有基础性意义，"修己以安百姓"才是儒家道德的最高祈向。这种工夫论的视域，与本质与现象的划分是全然不同的理路。修己工夫，是通过内在反省提高觉悟，在道德的躬行实践中培养威仪气象；外王工夫，则是以率先垂范为基础的正己化人，通过"道之以德，齐之以礼"①而平治天下的过程。前者的重心落实到身心合一的修身实践，后者则指向社会治理的现实场域，其中并没有为一种前在性和决定性的抽象本质预留空间。至于知识本身，按照孟子所说："仁之实，事亲是也；义之实，从兄是也；智之实，知斯二者弗去是也"②，已经被融入对于由亲亲而仁民的道德实践之中，被界定为对于伦理感情的自觉体认，那种基于逻辑学的认识论范畴，从一开始就没有成为儒家思想的主导方面。

儒学在本质上属于工夫之学，不仅原始儒家重视工夫，理学同样如此。不过由于宇宙本体论的差异，包括性情关系设定的差异，理学的工夫已经与原始儒家的工夫具有了显著不同。原始儒家工夫是一种基于性情一本的工夫，情在其中发挥了关键作用。孔子将纯真性情视为成为一个仁者的必要条件，所谓"巧言令色鲜矣仁"③，而"刚毅木讷近仁"④，前者所以

---

① 《论语·为政》。

② 《孟子·离娄上》。

③ 《论语·学而》。

④ 《论语·子路》。

"鲜矣仁",是因为不诚;后者所以"近仁",是因为诚。在孔子思想中,近于"诚"的是"忠",忠者尽己,它首先是一种诚实本己的态度,是一种情态。如果将此种诚实本己的情态推己及人,就是恕,就是"己所不欲,勿施于人"①,也就是《大学》所言"絜矩之道"。曾子说"夫子之道,忠恕而已"②,《中庸》则说"忠恕违道不远"。可见,先秦儒家的修养工夫,首先遵循着一种内在的理路,本质是人对于其本真之情的体认与推扩,进而从性情上实现自我与他者的感通,这是情之理,这说明原始儒家并非不重理,不过他们所谓的理乃是情理,是情本身的理路与秩序。通过这种情理,通过以情挈情的推扩通达,儒家的存在之情就超越一己的限制,从自我走向他者,而忠恕之道便成为道德关系的基本准则。在《性自命出》和《乐记》中,这种内在性情的发展历程,被称为"心术",术即是所行之道,主要是情之历程。

如果说以忠恕为内容的心术体现了原始儒家工夫的内在向度,作为儒家教化基本方式的诗、礼、乐三教,则代表了原始儒家工夫的客观向度。那么诗礼乐三教的根基何在呢?同样根植于情。《诗大序》说:"诗者,志之所之也,在心为志,发言为诗。情动于中而形于言,言之不足故嗟叹之,嗟叹之不足故永歌之,永歌之不足,不知手之舞之足之蹈之也。"《性自命出》说:"礼作于情,或兴之也,当事因方而制之。"《礼记·坊记》说礼是"因人之情而为之节文";《礼记·乐记》则说:"凡音者,生于人心者也。情动于中,故形于声。声成文,谓之音。"诗礼乐三教皆是根植于情,都是情诚于中而形于外的结果。不仅如此,在原始儒家看来,情之发为诗礼乐,诗礼乐又能反过来美化和善化人之情,进而取得美政教厚人伦的效果,所以《诗大序》才说:"故正得失,动天地,感鬼神,莫近于诗。"礼则是既"作于情",又能节乎

---

① 《论语·颜渊》。

② 《论语·里仁》。

情,任何事物都有其自身的节度,情也不能例外,此种节度对于情自身的
正常表达发展都是不可或缺的。在《乐记》看来,"情动于中,故形于声;声
成文,谓之音",则情乃乐之质,乐乃情之文,对于人文建构而言,质与文缺
一不可,对于君子人格尤其如此,因为"文质彬彬,然后君子"[①]。因此,不论
从内在理路与外在进程两个向度而言,原始儒家工夫的核心都在于情,就
内在方面而言是情的体认与推扩;就外在层面而言是诗礼乐三教修习实
践,二者都是根植于情且以情的美化与善化为目标。可见,原始儒家的工
夫本质是情之发动与完善的工夫,它具有内外相生和一体互化的特征,是
情的自然生发表达与人文化成相统一的过程。

对于原始儒家工夫的要义,孔子曾经概括为"兴于诗,立于礼,成于
乐"[②]。人格意识的最初觉醒是从诗的言说开始,一切诗语皆情语,"兴于
诗"唤醒的是人内在的真情,也唤醒了人格主体意识,是人格的初期发轫。
儒家的人格主体不同于西方哲学意义上的理性主体,后者是一种理性精
神,比如柏拉图的理念,笛卡尔的思,黑格尔的绝对精神,康德的纯粹理性
等。但儒家的主体意识则源于一种本己的情感,是对于自身存在的感受与
体认。不过,由诗所唤醒的情感是不定型和不成熟的,因为它是自我和孤
立的,为克服这一局限,它必须进入他者的世界,在现实生活中经受规范
的陶冶,并在这种陶冶中成熟起来,陶冶的手段就是礼,礼虽"作于情",但
同时又能"节乎情","立于礼"标志着人格经过社会化进程的锻炼而得以
挺立和成熟。礼虽然对于人格培养还有型塑之功,不过,此种功效是借助
于"礼以别异"的功能而实现,如果人格的养成仅仅停留在此阶段,人格就
会趋于僵硬,人与人也会形成隔阂,从而偏离儒家一体之仁的境界,走到

---

① 《论语·雍也》。

② 《论语·泰伯》。

压抑人情的方向。礼的这种局限正需要乐去弥补和消除,因为乐以合同,在乐所表达的情之感通、共鸣与和谐中,礼的差异被乐的和同所融化,不同身份间的隔阂为情感的涌流所填满并化解,如同经过反复打造的铁器在最后一次烈火的熔铸中完成了它自己。乐是人格的升华,君子人格在乐的萃取中完成了与天地万物为一体的飞跃,成为与天地合其德的大我,故曰"成于乐"。

可见,孔子把修身工夫划分为兴发、规范和升华三个阶段,而流淌贯穿于三个阶段的,正是人的真情之流。就此而言,孔子的学说中的人是存在之人,他以其纯真性情作为存在之确证。工夫践行是情的涌流和升华过程,同时也是道德产生的过程,故曰"道始于情"。道德不是来自一个先验抽象本质对于作为后天污染的情的强力去蔽,而是人本身的内在性情的发动涌流与诗书礼乐的熏陶二者之间互动的产物,道德既不是纯粹内在之善的外化,也不是完全外在化的人工打造,而是内在性情的发动与诗书礼乐陶冶双向互动的结果。它既预设了人心中真情作为礼乐的本来源头,又肯定了诗书礼乐的发动陶冶对于道德培养的重要作用,如此一来,工夫本身既没有完全内在化,也没有完全外在化、强制化,既没有得内而遗外,也没有因外而轻内,这一工夫所追求的是内外的交相滋养和汇合融通,用《中庸》的话说,它是真正的"合内外之道",而君子人格就在此内外交相滋养融通中得以形成。

因此,先秦儒家道德实践中的人,是一个统身心、合情理的完整和实存之人,是完整而非片面的,是存在论的而非本质主义的。存在论构成了原始儒家道德工夫的人学前提。但是我们不能因此就将孔子说成是存在主义者,存在主义本质上依然是对于世界的一种哲学反思,试图通过此在这种特殊的存在者去领悟和把握存在,它虽然突破了观察世界的形而上学思路,但依然无法突破自我并进入与他者的关系领域。另外,海德格尔存在主义视域下的人,属于孤立的个体,基督教文明的背景使之缺乏家庭亲情的温暖,"上帝之死"又使他缺少了上帝的悲悯与关爱,它对于人之本己之情的体认,便不能不侧重于其有限与消极的一面。海德格尔的人诗意地栖息于大地之上,大致处于儒家"兴于诗"的阶段,却缺乏儒家式物我情通的视界,无法进入它者的界域,所以没有开出自己的伦理学。先秦儒家对于人的存在主义的视域仅仅是一种前提,这一前提的意义在于肯定人的生存情境,从而为道的发用提供一个现实的起点,而儒家之道就是工夫。因此,在儒家思想的发端处,人的生存情境伊始就被纳入工夫的界域,并通过工夫获得其意义。在海德格尔那里是作为结果的东西,在原始儒家是作为前提存在的。原始儒家的思想不是存在论,而是基于人之生存的工夫论,具体说来,是性情一本基础上的工夫论。

儒家形而上学的性情观即性情二本观念的产生,是宋代理学时期理气二分宇宙观形式的结果,在此一宇宙观基础上,理学参照佛道两家构建了新的本体论,将性与情分别置于本体与现象的地位,代表了儒学思想的重要发展,根据宋儒工夫所至即是本体的理路,它将原始儒家基于性情一本的合内外之道的工夫,转变为基于本体呈现的偏向于内在的工夫,情的意义也从积极转为消极。理学虽然是本体工夫论,与先秦儒学的性情一本工夫论有所不同,但依然是一种工夫论,与形而上学致知论具有本质的差异。

先秦儒家基于性情一本的工夫论,离不开身体向度。因为性体现为情,情是气,它的每一步运行都要体现在身体上,情气即是体气,并通过动作、容貌、颜色和声音的变化表现出来。同时,如同《性自命出》所说,"人之虽有性,心弗取不出",性情又是通过心之功能才得以呈现出来,而《性自命出》的心主要又是情感之心，所以，情性由心而出，通过身体而彰显，背后是原始儒家身心一如的身体观。于是，这种身心一如的身体就构成了性情存在的重要场域。因此，无论是心灵的提升，情感的美化，还是诗礼乐的教化，无不布乎四体而形乎动静。《诗大序》所说"情动于中而形于言，言之不足故嗟叹之，嗟叹之不足故永歌之，永歌之不足，不知手之舞之足之蹈之也"，形象地说明了情的表达如何与身体动作密不可分地联系在一切。《性自命出》和《礼记》诸篇谈论礼乐，也总是与身体相联系。《性自命出》指出礼乐的重要功能之一是"好其容"，具有改善容貌的作用，因为它们能够"致容貌以文"，为本来质朴粗野的生理身体注入文化的内涵，使之呈现出文雅之美。简文对于乐的阐发，比如"闻笑声，则鲜如也斯喜。闻歌谣，则陶如也斯奋。听琴瑟之声，则悸如也斯叹"，以及"喜斯陶，陶斯奋，奋斯咏，咏斯犹，犹斯作。作，喜之终也。愠斯忧，忧斯戚，戚斯叹，叹斯辟，辟斯通。通，愠之终也。"都以身体动作作为情感的表达形式。《性自命出》的心的主要作用是体认情感，所以说"凡声其出于情也信，然后其入拨人心也够"，真情自能打动人心；"哀乐，其性相近也，是故其心不远"，情近则心近，因为心是情之心，而情气的存在与变化又必定通过身体来表现。另外，心虽然无形无相，无处可觅，我们依然不难寻其踪迹："凡学者求其心也为难，从其所为，近得之矣，不如以乐之速也"，也就是说，心一定会通过身体动作体现出来，因为心之内容主要是情感，而乐是表达情感最为直接的形式，所以说"不如以乐之速也"。可见，《性自命出》中的心、情和身，是三位一体的关系。身和心能够合为一体，是因为以情为中介，这个跨越主客观领域的情，成了身心贯通的最适宜的桥梁。《性自命出》极重视身，甚至有"身以为主心"之说，将身体视为心之主导，在它看来，身、心、情都是可变的，而符合礼之要求的身体行为具有"善其情"的功效，而情的善化同时也就意味着心的善化。

《中庸》也十分重视身:"君子之道,本诸身,征诸庶民,考诸三王而不缪,建诸天地而不悖,质诸鬼神而无疑,百世以俟圣人而不惑。"君子之道所以有如此神奇,是因为它以身为根本。又说:"取人以身,修身以道,修道以仁。仁者,人也,亲亲为大。"身体是道的场域,仁道需要从身体开始起实践历程,也就是从亲亲之情的体认开始。《中庸》还引用孔子的话说:"射有似乎君子:失诸正鹄,反求诸其身。"如果说原始儒家的工夫以情被内涵和动力,却是以身为场域。正如王夫之指出的,先秦儒家其实是即身而言道。《中庸》《性自命出》和其他先秦儒家典籍中的身,都是身心一如的,它不但是道德实践的出发点,道之修行的场域,也是成道的显现与载体,道的成就最终也会体现在身体气象上,也就是孟子说的"践形"。"践形"一词虽然为孟子所提出,但践形的思想由来已久,不过由孟子作了总结提炼而已。

生活儒学并没有忽视工夫问题,认为"就宋明的功夫论本身来说,它的那个基本的观念框架,才是根本的问题"[1],因此以复性为目的理学本体—工夫模式所要达成的,不过是理学所体认的天理,也就是"为君尽君道,为臣尽臣道,过此则无理"道德法则。[2]生活儒学恰好主张解构这样的本体,"回到源头","回到生活本身,回到最纯真的情感本身、最纯真的爱本身",[3]这自然是要超越理学本体工夫模式,但是如果仅仅是复归于那种纯真的情感与日常生活本身,显然无法完成对于理学工夫超越。因为轴心期的儒家正是因为意识到自然情感本身的局限,才在采取贵情立场的同时,将人的情性纳入礼乐修习的轨道,从而成就其日生日成的演进与升

---

① 黄玉顺:《爱与思——生活儒学的观念》,增补本,第 146 页。

② 《二程遗书》五。

③ 黄玉顺:《爱与思——生活儒学的观念》,增补本,第 149 页。

华。必须看到,在理学的本体工夫模式之外,还有原始儒家那种基于性情一本的工夫,就是通过"因人之情而为之节文"而实现"情文俱尽"的工夫,原始儒家的礼是开放和变易的,对于人性并没有理学家"理"的那种宰制性,它意味着人的自然性情与人文化成的双重圆满与具足。在对于未来儒家工夫论的设计上,由于意识到理学工夫的历史局限,生活儒学似乎措意于此种局限的克服,而忽视了原始儒家工夫人文化成的意义。

正义的中国面孔*

——评"生活儒学"的"中国正义论"

方旭东

非常高兴有今天这样一个机会。现在外面风雨大作,其实上海是非常难得这样下雨的。前段时间我们一直盼着下雨。中国古代有一个说法,有贵人来才会下雨。因此,你们是风师雨伯式的人物,才会这样下雨。谢谢你们这些贵人给上海带来这么多的雨水。

言归正传,关于今天的活动,我先大概说一下缘起。近些年来,我们从各种各样的刊物、会议了解到,黄玉顺教授这些年一直在做"生活儒学",我们很感兴趣。生活儒学讨论的这些话题,本身也是很刺激人的一些话题。而且我觉得,黄教授是很有论战色彩的,例如,上次在曲阜,关于"贤能政治"的问题,他跟贝淡宁(Daniel A. Bell)两个人就唱了一场对台戏。①我

* 原载《社会科学家》2018 年第 1 期。作者方旭东,1970 年生,安徽怀宁人,现任华东师范大学哲学系教授、博士生导师。

① 参见黄玉顺:《"贤能政治"将走向何方? ——与贝淡宁教授商榷》,《文史哲》2017 年第 5 期,第 5~19 页。

"生活儒学"研究

们举办这样的小型的相当于沙龙的座谈会,是出于一个想法,就是说,我们国内同辈学者之间,甚至上下两代学者之间,缺乏这样一种形式。西方的学者,一般来说,如果有一本很重要的书出来,大家会开一个会,很深入地来讨论。有这样一种机会,我觉得无论对作者本人还是对参与讨论的人,都是很好的。而我们华东师大哲学系本身就有探究哲学理论的传统。我们系里现在有定期的青年哲学沙龙,我自己以前在系里也组织过哲学俱乐部。我们特别强调要带有批评性,好话不用当面说,背后再去说他好。

今天,我就来担任一个相当于报幕员的工作。因为大家都已经认识了,介绍的环节我们就跳过去。之前我跟黄教授一起拟了一个议程,现在我们就按这个议程来,首先请黄教授开个头,做一个引言式的个人观点陈述,然后我们进入逐个发言的环节,最后再请黄教授集中回应一下。①

一

我们知道,现在各种各样的儒家学说或想法比较多,其中,值得注意的就有黄玉顺教授的"生活儒学"。十多年来,黄教授一直在"生活儒学"上用功,现在这本《爱与思》已经是增补本了。但是据我的观察,他后来发展出来的东西,尤其是最近几年所深入探讨的形而下的部分,已经不是最初的"爱与思"的框架了,已经超出了这本书的四讲的范围了。我相信,他的这种理论的发展,已经不满足于原来的"爱与思"的架构了。因此,他这次增补的部分,我觉得是提纲挈领地把他最近几年的思考呈现出来了。前面各位对"爱与思"或者"存在"这个部分讲得比较多。就我个人来讲,他后面

---

① 以上三段,是方旭东教授作为这个研讨会的主持人的开场语,今移于此。

发展出来的部分,尤其是最近几年讲的"中国正义论""国民政治儒学"这些东西,我更感兴趣一些。因此,我今天要发表的感想,或者说是评论,主要是针对这个部分。

在向黄教授讨教之前,也许我可以先讲讲生活儒学的一些特点,讲讲我对生活儒学的观察。下面我讲三个问题。

我主要是做宋明理学的。明代的阳明学,王阳明之后主要是所谓阳明后学,王阳明的学生发展出很多流派,诸如以王畿为代表的现成派,以王艮为首的日用派,以聂豹、罗洪先为首的归寂派,以欧阳德、邹守益、钱德洪为首的修证派。那么借鉴王门后学的这种分派,我觉得如果现在要给黄教授的生活儒学来一个命名,也许可以称之为"当下派"。在这个意义上来讲,"生活儒学"这个名目似乎还嫌不够鲜明,不够特别。我觉得,黄教授讲"生活",其实他要突出的就是"当下""当下现成"这个意思。在这一点上,我觉得我跟他是有共鸣的。我一直认为,对儒学的理解,不应该有一个现成的框框,好像儒学是一个现成的东西,我们可以直接拿来用。黄教授的生活儒学,其实就是强调生活就在当下,是特别活的,所以很难用以前的东西来框定。而像牟钟鉴先生,还有我老师陈来先生,他们讲的可能更多的是面向历史的,是就历史本身发挥演绎出来一个东西。而黄教授的讲法,我之所以称之为"当下派",就是整个进路跟他们的是很不一样的。

另外,大家可能没有注意,就黄教授的学源来讲,他以前是在中文系,在训诂方面下过功夫、做过工作。我们这边的刘梁剑教授,他对语言哲学比较感兴趣,专门研究汉语言哲学。所以我猜想,他后面大概会在这方面多做一些讨论。我是说,黄教授的这种训诂学的学术经历,对他的整个写作,影响是很大的。我觉得,就我所读到的他的中国正义论、国民政治儒学,在所有的关节处、看家的地方,都是从训诂讲出来的。比如,他关于中国正义论的两个原则(正当性原则与适宜性原则),就是从汉语"义"字的训诂发展而来,他说:"正当"乃是汉语"义"或"正义"的一项基本语义①,"适宜"也是汉语"义"或"正义"的一个基本语义。②每一条都引经据典,头头是道,如果是没做过训诂的人,那在这些地方是不能不服的。这是我的一个观察。运用训诂学或语义学方法做哲学,好像在西方哲学家中,海德格尔也喜欢这么做;在中国,清代学者在某种意义上也是这种路数。这种路数,也许可以说,更偏于"语学的"(philological)而不是通常意义上的"哲学的"(philosophical),我以前写过一篇文章讨论中国古典解释学当中"语学的"方法与"哲学的"方法(也就是传统所说的汉宋之争),我借用意大利学者罗伯特·艾科的"过度诠释"(over-interpretation)这个概念,③进一步提出,站在汉学或语学的立场,会认为宋学或哲学的解释未免过度;反过来,站在宋学或哲学的立场,会认为汉学或语学的解释未免不足。④对语学方法的详细检讨,今天可能没有时间展开,无论如何,这种方法,在西方显然是有别于德国古典哲学的;在中国,则是有别于宋明理学的。

还有,好像刚才也有人提到了,那就是《爱与思》初版(也就是现在这个增补本的正篇),我觉得现象学的味道太重了,受现象学的影响、海德格尔的影响是比较明显的。而我自己比较偏好分析哲学,所以现象学的很多东西,我不晓得它是什么意思。我在读《爱与思》增补本的时候,经常会在上面打问号:这样讲的是什么意思?不明白。像"爱与思"这个书名,它就是一个诗性的标题, 是一个浪漫的标题。这大概是因为四川多才子的缘故

---

① 参见黄玉顺:《爱与思》(增补本),四川人民出版社 2017 年版,第 366 页。

② 参见黄玉顺:《爱与思》(增补本),第 371 页。

③ 参见[意]艾科等:《诠释与过度诠释》,王宇根译,生活·读书·新知三联书店 1997 年版。

④ 参见方旭东:《诠释过度与诠释不足:重审中国经典解释学中的汉宋之争——以〈论语〉"颜渊问仁"章为例》,《哲学研究》2005 年第 2 期。

吧?像刘小枫的《这一代人的怕和爱》①,他就拎出"怕"和"爱"两个字。黄教授呢,他拎出"爱"与"思"两个字。这些都是很文艺、很浪漫的词。我觉得,好像一般做学术,不用这样一些词,学术性的语言与诗性的语言可能还是要有所区分吧。不过,我也注意到,黄教授后来讲中国正义论的部分,相对来讲,前面那种诗性的语言就用得比较少了。

以上是我对生活儒学、对《爱与思》增补本的一些观察。因为我感兴趣的、比较注重的是后面增补的部分,所以接下来,我想跟黄教授请教的,就是关于"中国正义论"的这个部分。我讲的这些,也许在去年你们开的那个会②上,可能已经有人提出来了,对黄教授来说可能没有什么新鲜的,如果是这样,我要请黄教授以及各位原谅。

二

我要提的第一个问题是关于黄教授对罗尔斯的正义论、正义原则的评价问题。黄教授在书中写道,他的"中国正义论",主要是针对罗尔斯的。他提出的两条正义原则,特别强调它们其实是纯粹"形式的"原则。在这个意义上,他有一个讲法,就是说,罗尔斯正义论提出的两条正义原则其实根本就不算正义原则。这个讲法,我初听的时候,就像当年徐爱对王阳明有关"格物"的理解是"初闻而骇",我是有一些惊骇的。黄教授说,罗尔斯的正义论其实不是真正的正义论,他讲的这个才是真正的正义论,因为罗尔斯的正义原则还不够形式,还是实质的,即已经是一种制度建构。

黄教授主要是从中国文字训诂学的角度来讲的,从"义"字归纳出两

---

① 刘小枫:《这一代人的怕和爱》,生活·读书·新知三联书店1996年版。

② 指2016年8月20日至21日在山东济南举行的"黄玉顺生活儒学全国学术研讨会"。

条正义原则，一条是正当性原则，一条是适宜性原则；然后又进一步区分时间上的适宜性、空间上的适宜性。确实，他的讲法完全是形式化的，就是说，关于究竟怎么样的制度安排才算是正当的、适宜的，没有任何实质性的内容。他认为，一种真正的普适的正义论、正义原则，只能讲到形式的层面，不能有任何内容的部分，否则就会陷入具体的历史、具体的民族、具体的文化，就没有普适性了。

但是我觉得这个问题可能是需要讨论的。我恰恰觉得，要讲正义，就必须要讲到一个实质性的原则。否则，如果只是抽象地讲"正当""适宜"，抽象地讲时间上的适宜、空间上的适宜，那是不够的。比如说，"义"本身当然可以训为"正当"，但是究竟什么才是正当？怎样才叫正当？这本身还是一个问题。当然，罗尔斯也会讲到抽象形式的层面，比如"无知之幕"的问题。但是每一个人对"正当"的理解都不一样，比如说，穆斯林和美国人都认为做事要正当，那么究竟怎样才是正当的？我们怎么来讲"正当"？还是需要实质的内容的。因此，罗尔斯的正义原则就有实质的内容，比如说minimax 原则，即照顾最少受惠者的最大利益的"差别原则"。他的这种处理，不是没有意义的。

三

第二个问题，是关于"义"与"利"的问题。

我发现，黄教授有一个地方讲得特别好，这是我以前没有注意到的，就是他在"仁"和"义"之间插入一个"利"的环节，而且把"利"和"仁"联系起来。他这一套讲法，我觉得至少他自己是把它圆起来了。

确实，要讲"义"，就必须讲"利"，因为"义"最主要的就是处理利益问题的。黄教授虽然不同意罗尔斯正义论的两个原则是正义原则,但是他不否认罗尔斯的这个观点:什么是正义问题? 就是处理有关利益、有关资源分配的问题的嘛。他敏锐地注意到这个"利"字。我觉得他特别有发挥的是两个地方:第一,他一反传统的讲法,而强调"利"。传统的讲法,好像儒家只讲道义论,所谓"正其义不谋其利,明其道不计其功"①。这好像是儒学对"义"的一种更常见的理解。而黄教授注意到,儒家讲"义",其实跟"利"的关系很大,儒家从来不回避"利"。第二,他有一个提法:"利"是因"仁"而起的,最后又因"仁"而消。我觉得他的这些讲法都是很特别的,我待会儿讨论。

就第一个问题、即"利"的问题来说,我觉得首先要有一个区分。儒家讲的这个"利"字,事实上有两种讲法,它们之间是有一点紧张的。在一般的意义上来讲,儒家通常讲的是"正其义不谋其利"。但是儒家对"利"还有一种讲法,黄教授也引用了,就是《易传》里面讲的:"利者,义之和也。"②这个讲法,黄教授是反复强调的。

在"义之和"这个意义上,即在"利"的正当性的意义上来讲"利",我觉得需要再补充一点。我这次读他的书,发现很有意思的一点是,在中国正义论的一些关节的地方,荀子对他的理论建构起到了非常重要的理论基石的作用,这是我一开始没想到的。但是其实,在宋代理学的讨论中,大家更重视孟子。黄教授也引到孟子,但引用更多的是荀子。而宋儒呢,特别是朱子,他在《孟子集注》里面讲"王何必曰利"的那一段,非常有名。③他那里面就提到了儒家关于"利"的两种理解之间的紧张问题。我对这个问题稍

①　《汉书·董仲舒传》。原文"义"作"谊"。

②　《周易·乾文言》。

③　参见朱熹:《孟子集注·梁惠王上》。

微有点了解,是因为正好去年我写过文章,讲朝鲜的李退溪,他把朱子讲的这个问题发挥得很大。[1]实际上,李退溪讲这个问题的时候,他的一个学生就搞不懂,说:孔夫子很明确地讲"君子喻于义,小人喻于利"[2],这很明显就是一个"尚义"嘛,可是为什么《易传》当中又有"利者,义之和也"这种"利"字有好的意思的讲法呢? 他请教李退溪。李退溪就把朱子在《孟子集注》中的一些讲法、包括《孟子或问》里面、《语类》当中的一些讲法拿出。我感觉黄教授注意得比较多的是"利者义之和"这个方面,而不是传统儒家讲"义利之辩"的那个方面。

我现在的一个基本结论或者说一个基本倾向是,儒家基本上是肯定"义利之辩"的,但是如何融合不同经典之间关于"利"的不同言说,这还是有解释上的困难的。朱子的讲法,我的理解是,就其思想的倾向来讲,他其实还是要强调维持孟子讲的"王何必曰利",就是说,如果天下皆言利,那后果很严重。我觉得,就他的思想立场来讲,朱子是强调"利"和"义"之间的这种紧张性,但是黄教授在他的书里强调了由"利"到"义"的序列,而没有特别关注反过来的情况。

前面讲了,罗尔斯的正义论也是处理利益分配问题的。为什么他的两个原则至少在西方被认为相对来说是比较经得起考验的? 恰恰是因为他面对利益冲突,除了恪守西方自由主义传统的平等的自由原则,还提出了所谓差异原则。而这个差异原则实际上是一种调节性原则,它所致力的目标是社会公民基本自由权利的重新分配。正是在这一点上,罗尔斯与保守的自由主义分道扬镳,后者以诺奇克为代表,向罗尔斯提出这样的问题:

---

① 参见方旭东:《递相祖述复先谁——李退溪所捍卫的朱子义利说》,《湖南大学学报》2017年第 4 期。

② 《论语·里仁》。

我们凭什么、以什么样的理由去做这种制度调整和重新安排,让社会中一部分人再次让渡一部分权利来周济那些弱势群体呢?在我看来,正是因为罗尔斯的正义原则具有实质内容,才会激起反对之声,如果罗尔斯只是提出一些抽象的形式性原则,比如,主张人人都有自由平等的权利,恐怕也不会引起这么强烈的关注。这就是为什么我说罗尔斯正义原则的实质性是有意义的,而不是像黄教授说的他那个正义原则根本不是正义原则;也就是说,仅仅提出来一种纯粹形式性的适宜性原则或者正当性原则,是不解决问题的。

四

还有一点,是关于"仁"与"爱"的问题。

黄教授的一个提法是:是爱导致了利益的冲突。就我的了解来看,至少宋儒就从来不会把"爱"作为一个这么重要的范畴提出来,作为一个更本源性的东西。在宋儒那里,尤其是在朱子的讲法里面,"爱"这个词不会那么突出。实际上,更本源性的概念是"仁"。我觉得这可能更符合儒学的通常的讲法。

当然,对黄教授来说,这可能并不重要。因为,黄教授可能会说,他讲的"爱"其实就是"仁"。问题是,黄教授理解的"爱",恐怕不能说就完全可以跟"仁",尤其是宋明儒学讲的"仁"画等号。比如,黄教授非常强调情感这个部分,而这个部分恰恰就是朱子讲的:"爱"只是"情"。按照朱子,凡是讲到"情",它都是一种由"性"发出来的东西,而不是更本源的东西。

也许黄教授还可以为自己辩护说,他的取向本来就不是要对儒学做一种学术史的研究,而是提出他自己对于儒学的认识,因此与历史上的儒学观点一致不一致并不是他所关心的。但是即便从理论本身来讲,我觉得也还是有一些问题的。比如,黄教授已经看到,爱会导致利益的冲突,是因为爱本身是有差等的,而且这几乎就是人的一种自然状况,全人类都是这个样子,美国人也是,中国人也是,肯定是爱自己家人比爱外人多一点。最近网上不是在讨论费孝通当年提出的"差序格局"吗?①费孝通那时候说中国传统社会是一种差序格局,现在人们会反问:难道西方人的爱就没有差等吗?其实,正是因为要克服爱的差等性,人类才需要讲"博爱",才需要讲更高的东西。《圣经》里面不是有"爱邻人"与"爱敌人"这样的诫命吗?②爱自己的家人,这谁都会;但是爱自己的邻人就很难,爱自己的仇人几乎是impossible 的,但正因为难,这才需要去做。对于《圣经》的这条诫命,康德的解释是,只有出于责任的行为才有道德价值,邻人与敌人不是人们日常所爱好的对象,爱他们是出于责任的表现。③黄教授后面也讲:利益的冲突,能够由"仁"来化解。但是这里的要害,实际上宋明儒学也讨论得比较多,就是从"差等之爱"到"一体之仁",是怎么出来的?是如何可能的?讲到最后其实就是,究竟怎么能够用"一体之仁"来消弭"差等之爱"?像程颐就对"一体之仁"持一种怀疑的态度,他曾经笑问一个主张万物一体的:"他人食饱,公无馁乎?"④

这个问题对于儒家来说很严重,因为处理不好"差等"的问题,不仅仅涉及所谓以权谋私的"腐败"问题,在当代的语境中,还会面临诸如动物权利论者的挑战。实际上,王阳明当年就为这样的问题所困扰,一方面,他讲

---

① 由苏力的一篇论文《较真"差序格局"》(《北京大学学报》2017 年第 1 期)而引起的讨论。
② 参见《马太福音》,5:44。
③ 参见康德:《道德形而上学原理》,上海人民出版社 1986 年版。
④ 程颢、程颐:《河南程氏外书》卷第十一,《二程集》,上册,中华书局 2004 年版,第 413 页。

万物一体,讲得非常好,上到天下国家,下到鸟兽、草木,甚至瓦石,他说都可以为一体。[1]另一方面,人家问他,既然如此,"大人与物同体,如何《大学》又说个厚薄?"王阳明回答说:"惟是道理,自有厚薄","人与禽兽同是爱的,宰禽兽以养亲,与供祭祀、燕宾客,……这是道理合该如此"。[2]说了半天,该吃动物的时候还是吃,发生危险的时候还是先救自己的亲人,这就不能不让人感到:与"爱有差等"比,"一体之仁"终究还是次一级的原则,在爱有差等面前,一体之仁显得苍白无力。

所以我很希望黄玉顺教授在这个地方做更多的解释:"利"因"爱"而起,又怎么因"仁"而消?对于我们这些做宋明理学研究的人来说,这恰恰就是最难理解的地方。

---

① 参见王守仁:《大学问》,见《王阳明全集》,上海古籍出版社 1992 年版,第 996 页。

② 《传习录下》,见《王阳明全集》,第 108 页。

生活儒学与观念问题*

刘梁剑

【提要】《爱与思——生活儒学的观念》一书体大思精,对"观念"及观念的考察尤为启人深思。汉语"观念"和西语"idea"之间存在着不对称关系,这种关系对于现代汉语术语来说是一个普遍问题。为克服"idea"对"观念"的遮蔽,一个办法是把"观念"拆开来,分别对"观"和"念"进行考察。生活儒学对"观念"的词源学考察是精妙的,但也存在将"观念"拆分后如何再整合的问题。生活儒学的"中国正义论"建构,创造性地为"正义"注入了新义,提示了观念之新义生成的一个途径。之所以自觉地进行这样一番创造性的工作,其背后隐含着一种"时宜"之思:以"时义""时宜"的态度来重建儒家形而上学的当代形态。生活儒学在与儒学、生活及海德格尔的关系等问题上尚有进一步解释的空间。

华东师范大学哲学系有一个对哲学的原创性思考感兴趣的"小传统"。比如冯契先生的"智慧说",杨国荣先生的"具体形上学",贡华南教授的

---

* 原载《社会科学家》2018 年第 1 期。

味–道哲学。我自己有一个"二阶"的哲学兴趣，那就是观察近现代以来中国哲学家是如何建构哲学体系的。借用金岳霖的一个区分，我感兴趣的是动态的思想过程，而不是静态的思想成果。目前主要对熊十力、金岳霖、冯契三位哲学家作了专题研究，看看他们在进行哲学上的原创性工作的时候，是怎么想的，有哪些经验。生活儒学是一项原创性的思想成果，我们无疑也可以从"二阶"的角度理解它，学习它哲学运思的经验。《爱与思——生活儒学的观念》①一书体大思精，我只能就其中一点谈谈自己的看法。

一

书名"爱与思——生活儒学的观念"，主、副标题包含了一些非常核心的概念："爱""思""儒学""生活""观念"。从二阶考察的角度，"观念"是我比较感兴趣的一个话题。

首先不妨先作一个区分，就是说，我们大家使用"观念"这个词语的时候，有两个意思：一个是仅仅指"观念"这个观念本身，我们可以给它加引号，作为一种提及的用法。黄玉顺教授的书里就有一些对于"观念"这个观念本身的考察。另外，我们也把"观念"作为一个概念来使用。比如"儒学"，或者"哲学"，或者"情"，等等，也是观念。这时可以注意到，"观念"这个观念所遇到的问题，恰恰也是现代汉语中所有的观念都会碰到的问题。

"观念"这个词，黄玉顺教授在书中有一些特别有意思的考察。比如，先引用刘熙《释名·释言语》中的话："念，黏也，意相亲爱，心黏着、不能忘也"，然后紧接说："这正是儒家所特别看重的情感，也正是本书所要讨论

---

① 黄玉顺：《爱与思——生活儒学的观念》（增补本），四川人民出版社，2017年版。下引此书简称《爱与思》。

的'爱与思'的事情。"①对"念"的这种解释,就包含了书名中的"爱"与"思"。非常奇妙,读到这里不由令人拍案叫绝。

黄玉顺教授注意到了"观念"和"idea"之间的不对称关系。这种关系对于现代汉语术语来说无疑是一个普遍问题。"今天汉语所说的'观念'。我们现代中国人用'观念'这个词语去翻译 idea,但现代中国人所说的'观念'和西方人所说的 idea,其实并不完全是一回事。"②这里面,我觉得有特别值得讨论的问题,就是说:尽管我们用汉语的"观念"来翻译英语的"idea",但是,这个"idea"所传达的东西和我们这个"观念"所传达的东西,差别是挺大的。当然,黄玉顺教授化用了韩愈的一对概念"定名"和"虚位",进而用"可对应性"和"非等同性"来解释两者之间的差异:"在'中'和'西'之间,你几乎找不到一个词语或者范畴、概念是完全可以互相等同的,也就是说,你找不到一个完全相同的'定名';但是,你却可以发现,双方的某些词语之间可以在'虚位'上对应起来。这样,我们就能理解或者大致可以理解对方在说什么。……为什么汉语要用'观念'去翻译 idea?显而易见,它确实有一种可以对应于 idea 的观念内容。这就是'虚位'的对应性。"③"idea"和"观念",虽然它们在"定名"上是不同的名称,也许是不同的概念,具有"非等同性",但是它们在"虚位"上可能都是指这个观念所指向的世界,也可能是指它们在观念的三级架构(生活感悟—形而下存在者—形而上存在者)中的位置,有"可相对应性"在里面,它们有一种可以沟通

---

① 黄玉顺:《爱与思》,第 189 页。
② 黄玉顺:《爱与思》,第 6~7 页。
③ 黄玉顺:《爱与思》,第 6~7 页。

的面相。①这是非常有创造性的讲法。但是我觉得,在这样来解释它们之间的关系的时候,是不是比较多地强调了它们之间的相同,或者说可以沟通的方面,而较少地注意了它们之间的差异?

二

我考虑这个问题,会比较多地注重它们之间的差别。②我可能会说:尽管我们用"观念"这个词来翻译"idea",但是当我们现在使用"观念"这个词的时候,会是在"idea"的意义上来使用的,而不再是在原来的"观念"或者"观"和"念"的意义上来使用的。如果是这样的话,就会引出一个问题:我们只是在"idea"的意义上使用"观念"这个词,而不是在中国原来传统的意义上使用这个词。这样一来,现代汉语跟传统的直接勾连就不太充分,会不会由此引发现代汉语的移植词的"无根性"问题。黄玉顺教授在书中某处提及他对这个问题的回应,我还没来得及找来细看。但是我觉得,这个困难是不是还在那儿?

怎么克服"idea"的意义对原来的"观念"所包含的意义的这种遮蔽?黄玉顺教授作了有益的尝试:把"观念"拆开来,分别对"观"和"念"进行考察。"汉语所谓的'观念',本来的意思是'观'之'念';我们'观',而有'念'。观念是'念',念出于'观'。""观"包括形下、形上、本源(情感)之观。"汉语'观念'这个词语中,'念'是中心词素。……'念'首先是情感之念,然后才

---

① 黄玉顺教授指出,在生活感悟中,首先生成形而下的相对存在者的观念,进而,"一些人尤其是哲学家去寻求所有这些形而下存在者背后的终极根据,寻找万物背后的一种终极支撑,于是找到一个形而上的存在者,如'本体''天理''道之为物'或'上帝'之类"(黄玉顺:《爱与思》,第3页)。

② 参见拙著:《汉语言哲学发凡》,高等教育出版社,2015年版。

是意欲之念,最后才是认知之念。""'念'原就是情感性的'思念'之义。然而今日所谓'观念',却不再有思念之意,这就是我们说的:遗忘了作为大本大源的生活情感。"①

从"观""念"到"观念",涉及汉语词汇的古今之变。正如冯契先生所指出的:"语言文字经历了一次很大变化。中国哲学概念本来多用单字及其结合表示,如天、人、道、德、性、命等单字,互相结合,成天人、道德、性命等。到近代,词多半成复合的了,如自然、物质、精神等。"②

黄玉顺教授对"观念"进行分而析之的"分析",这样做有很大的好处。古代汉语主要是用单音节词来作为思考的概念,而不是用双音词,所以我们把它拆开了之后,首先可以对这些单音节词进行字源考察。古人造汉字,往往包含了很深的意思,但是我们把它作为一个字来用,用着用着,久而久之,就有一种好像是用钝的感觉,而忘记了造字的时候赋予它的深义。重新认字,就成为我们的一项有意义的工作。字源考察的意义何在? 大概可以这么说,字源考察试图揭示语言在其源头处所凝结的我们的先人最源初的经验。这种最源初的经验沉淀在文字中,或隐或显地引导着我们对世界的理解,即使在人们已经将它遗忘之时亦是如此。在多种思想传统交汇、共通面对主导思想范式(即西方现代思想)之困境的当代,汉字中的隐含的源初经验显得尤为弥足珍贵。再者,除了造字之初的赋义之外,这些字同时在历史长河中千锤百炼,积淀了丰富的意蕴。我们可以从古代的源远流长的传统中, 把那些在这个思想过程中结晶的东西,引入现代汉语中。

---

① 黄玉顺:《爱与思》,第 187、189 页。

② 冯契:《金岳霖〈知识论〉讲课提纲》,《哲学讲演录·哲学通信》,见《冯契文集》(增订版)第十卷,华东师范大学出版社,2016 年版,第 92 页。

　　然而,还有进一步的问题尚待解决:语词打开之后如何重新合拢? 就"观念"而言,怎么把拆开的"观"和"念"的意义重新包含在"观念"这个词的用之中? 在做了拆字或者字源考察之后,后续的一个非常重要的工作,就是怎么使它有一个新的意义的生成。这样一个难题,"观念"之外的观念同样会碰到。[1]

　　黄玉顺教授建构"中国正义论",创造性地为"正义"注入新义,提示了观念之新义生成的一个途径。之所以自觉地进行这样一番创造性的工作,其背后隐含着一种"时宜"之思:"天行健,君子以自强不息";天地万物氤氲化成,儒学、经典及其观念亦当"苟日新,日日新,又日新"。

三

　　读《爱与思》这本书,我最大的一个感受,或者说特别认同的,是对传统儒学、经典及其观念古今生成的态度。现在对于儒学有很多态度,其中最明显的一种态度,可能是占据主流的态度,就是经学的态度,以为经学的复兴就可以解决所有的问题。这是我不太赞同的。用黄玉顺教授的话来说,我们应该有"时义""时宜"之思。其中包括,形上学的层面,儒家的形上学我们也应该重建。生活儒学便是这方面的原创性成果。我觉得这是一个最基本的态度。《爱与思》引用了王船山的一句话:"洪荒无揖让之道,唐虞

---

　　[1]　相形之下,香港中文大学郑宗义教授对现代汉语中的观念转化持乐观态度。他强调,旧观念对新观念起着消极制约与积极参与的双重作用,从而使新观念得以逐步根植于传统文化的土壤之中。另一方面,旧观念亦吸收新观念以作重新设想(reconceptualization)。参见郑宗义:《中国近现代思想中的"哲学"》,载沙培德、张哲嘉主编:《近代中国新知识的建构》,联经出版事业股份有限公司,2013年版,第69~109页;郑宗义:《合哲学、道德与宗教为一体——当代新儒家的儒学观》,载方旭东编:《香港新儒家》,上海文艺出版社,2017年版,第173~224页。

无吊伐之道,汉唐无今日之道,则今日无他年之道者多矣。"①王船山讲道随器变。我们这个时代变了,因为道在器中、道随器变,还是要有、会有新的"道"出来。以为回到传统就可以了,那肯定是不对的。其实,在先秦,孔孟都是重"时"的。如孔子强调礼要因时损益,而孟子便称赞孔子为"圣之时者"②。

生活儒学作为一个富有生发性的开放理论体系,还处在不断拓展建构过程之中。生活儒学与儒学、生活及海德格尔之间的关系有待进一步澄清。

首先是生活儒学和儒学的关系问题。一个比较弱的判断,即"生活儒学是儒学",这个判断估计所有人都能接受,没有问题。但黄玉顺教授也说:"'儒学'就是'生活儒学','生活儒学'就是'儒学'。"③这里似乎隐含着一个比较强的判断:儒学是生活儒学,换言之,只有生活儒学才是儒学。我不知道我这样的解读对不对。如果是这么强的一个判断的话,是否意味着拒绝了儒学多样化形态的可能性?

其次是生活儒学和生活的关系问题。法国哲学家皮埃尔·阿多(Pierre Hadot)强调"作为生活方式的哲学"。他认为,在西方的哲学传统里面,除了我们比较接受的主流的注重思辨考察的传统之外,还有一个注重生活方式、注重精神修炼的传统。他甚至主张,对于整个(西方)古代哲学来说,哲学话语的宗旨,不在于提供信息,而在于培育(paideia)。④如果

---

① 王夫之:《周易外传》卷五。

② 《孟子·万章下》。

③ 黄玉顺:《爱与思》,第4页。

④ 阿多的名著《作为生活方式的哲学:从苏格拉底到福柯的精神修炼》(*Philosophy as a Way of Life:Spiritual Exercises From Socrates to Foucault*,Blackwell,1995;其法文底本为阿多的《精神修炼与古代哲学》[*Exercices spirituels et philosophie antique*])在国际学界产生了广泛的影响。亦可参见[法]皮埃尔·阿多:《作为生活方式的哲学:皮埃尔·阿多与雅妮·卡尔利埃、阿尔诺·戴维森对话录》,姜丹丹译,上海译文出版社,2014年版。

是这样的话，就是说，在西方的 philosophy 里面，也有一个把哲学和生活关联起来的很强的传统。倘若如此，我们可能就需要进一步地说：如果要彰显儒学的特色，那么仅仅把儒学跟生活关联起来可能是不够的，因为生活同样也可以关联于西方意义上的 philosophy。那么生活跟儒学的关联，和生活跟西方的 philosophy 的关联，它们之间的差别在哪里？这需要进一步考察，或者说进一步彰显。

另外，大家可能也注意到了生活儒学和海德格尔之间的关系，特别是和海德格尔的《存在与时间》之间的关系。以前我对海德格尔也很着迷。我觉得，海德格尔在《存在与时间》里面的最基本的判断，就是"人在世界之中"这样一个判断。然后，这个"在之中"又有三种基本的样态。其中，他提到的"现身情态"（Befindlichkeit），差不多就等于黄玉顺教授讲的"情""情感"。①但是除此之外，海德格尔还有"理解""语言"这些方面。我觉得，生活儒学比较明显地受到了海德格尔的影响。另一方面，我们也可以从海德格尔出发对生活儒学提出一个质疑。假如说海德格尔讲得有道理，那么情感固然是我们生活中的一种本源性的东西，但它也只是本源性的东西之一。也就是说，除了情感之外，还有与理解相应的"知"，还有与语言相应的"言"，它们也是本源性的东西。那么如果仅仅讲"情"，仅仅把"在之中"当中的"情"这种面向拿过来，作为最本源的事情，会不会忽略了"知"（理解）、"言"（语言）等其他重要面向？

以生活儒学发展出儒学的当代形态，这样的理论勇气与理论创造力令人敬佩。与此相关的则是怎样对待经典的方法论问题。我们可以问这样的问题：我们现在还是不是一个经学的时代？这个时代不再是一个经学时

---

① 黄玉顺教授细致区分了情感的三个层面："感情并不等于情感。情感包括感触、情绪、感情这么三个层级。"（《爱与思》，第 85 页）

代了,可以称之为"后经学时代"。"后经学时代"可有两解。与中国哲学的现代转变相应,"中国人的精神世界进入了一个可以叫作'后经学时代'的过渡时期"①。这里的"经学"主要指中国思想视域中的儒家之学。另一种则是"人类文明的后经学时代"之"经学",乃任何固守一种文明传统的主张、立场或心态。那么在后经学时代,我们应该怎么对待经典?这个问题,我觉得有三个方面:其一,就中西而言,随着中西两种异质思想传统的相遇与沟通,真理的历史性与文化相对性得到了前所未有的彰显,任何单一传统中的经典都不再具有绝对的、唯一的真理性,因此我们不能迷信任何单一传统中的经典;其二,就古今而言,我们不能迷信经典,否则等于说经典已经把什么问题都解决了;其三,我们又需要把经典作为一种很重要的思想资源,把它作为源头活水来对待。

上述问题亦关联着观念的古今中西之变。

四

数年前,中山大学张丰乾教授访问华东师大哲学系,在讲座中提到了黄玉顺教授的中国正义论。②当时我正在考虑如何从王船山出发来思考正义问题,自然找了黄教授的相关论述来拜读。我注意到,郭齐勇教授也多次撰文讨论儒家的政治正义论,不过两位教授之间的致思取径大不相同。郭齐勇教授大致上是先接受西方"justice"意义上的"正义",然后回到中国传统思想,指出其中也有"justice"类似的因素。黄玉顺教授则说,西方

---

① 高瑞泉:《中国现代精神传统》,东方出版中心,1999年版,第1页。

② 相关评论可参见张丰乾:《规矩的实践意义、价值原则及其根本缺陷——略评"中国正义论"》,载杨永明主编:《当代儒学》第六辑,广西师范大学出版社,2015年版。

的"justice"是一回事,而中国的传统里面另有一个关于正义问题的源远流长的思想传统,在此基础上我们可以建构一个当代的儒家"正义",它可能比"justice"有更大的普遍性。相对说来,我比较认同黄玉顺教授的思路,对我的相关思考启发很大。①当然,这里也有一个张力,即本土与普遍的关系:一方面我们把它证成是儒家的或者是中国的,另一方面又说它是普遍的。另外,则是回归传统与理论重构之间的张力:我们要回到传统来找到正义观念的源头,但是又要重构它,对当下的生活世界有一个回应。

黄玉顺教授在建构这个体系的时候,特别提出了"仁(仁爱)→利→智→义→知→礼→乐"的概念系列。这时有个问题可以提出来讨论。首先是"仁"与"爱"的关系问题。"仁"是不是"爱"? 董平教授、方旭东教授都提到,"仁"与"爱",在宋明理学里面是有明确的区分的,大致上分别属于"性"和"情"两个不同的层面。当然,在黄玉顺教授这里,有"情→性→情"这样一种三层的划分,那么爱既可以是在最本源的层面讲,②也可以到最后面的形而下的层面讲。但无论如何,"仁"和"爱"的关系还是需要交代的。

此外还有"仁"与"义"的关系问题。黄玉顺教授的理论虽然在形式上从"仁"出发,但在实质层面却未能赋予"仁"以奠基性的地位。当然,"仁"和"义"在儒学里面都是特别重要的,很难说哪一个更为本源。但我的意思大概是这样:"仁"可能比较多地强调人与人之间"感通"或者"和"的方面;而在讲"义"的时候,会讲"差别"这样的方面。那么如果仅仅讲"爱"的话,或者仅仅讲"仁"的话,就是更多地强调"通"的方面或者"和"的方面、"同"

---

① 参见拙文:《天人共同体视域下的正义观——一项哲学语法考察》,《哲学研究》2015 年第 5 期。

② 如黄玉顺教授讲到:"生活情感尽管'复杂',但说到底就是爱的情感,或者叫做本源性的仁爱情感。"(黄玉顺:《爱与思》,第 4 页)

的方面；但如果不把差别引进来，把它置于一个同样原初的地位，那么真正意义上的正义论还是比较难以建构起来的。正义论是直接基于"义"的，"义"又是强调差别的；而黄玉顺教授的"中国正义论"是把"仁"作为正义论建构的基础，这就有点落空。我觉得，在黄玉顺教授这里，"仁"和"义"之间好像还没有打通，"义"似乎与"仁"没有关系而自足地发挥作用。另外，黄玉顺教授强调，"仁"是解决利益冲突的保证，即保证对他者私利、群体公利的尊重。但这样一来，仁只是服务于利益冲突的解决，且预设了人是利益主体（首先以个体形式存在）。①

黄玉顺教授指出，建构中国正义论，是由于当代国际国内的重建社会规范及其制度的迫切的实践需要。这在方法论层面提示我们，生活世界乃是创建新理论、新观念的源头活水。唯有扎根于生活世界，哲学家提出的新观念才可能成为真观念。按照高瑞泉教授的说法，真观念之谓"真"，一者真确不"假"，二者真诚不"伪"，三者真实不"虚"。②观念的真实不"虚"特别值得留意。它强调，观念具有发为行动的力量。哲学家提出的新观念应当具有作用于当下，或曰有"为"于当下（包括个体精神修炼、社会实践等）的动力性质。

---

① 刘殿爵（D. C. Lau）从一个特定的角度论及《论语》中的"仁""义"关系，颇有洞见。他说："行为当然也和人一样都可以被形容为'仁'，但'仁'却基本上是人的品质，用在行为上时只是其派生义。仁行是仁人的行为。作为一个有德的人，仁更多地与性情和动机相关，而不大关乎客观环境。而义正相反，义基本上是行为的特质而指人时是其派生义。一个人只有持之以恒地正确行事才算得上义。行义就是要在各种情况下保持其道德而跟主体的动机和性情关系不大。而恰在这里，主体伦理和行为伦理既相差异，又相关联。上面我们曾提到过孔子对人的道德品质比他们行为的道德性质更感兴趣。但是没有哪种道德体系只建立在品德基础上，孔子的体系也不例外。……可以这么说，在孔子的道德体系里，'仁'虽然占据了核心的位置，'义'却是更根本的。"（刘殿爵：《英译〈论语〉导论》，安乐哲译，《采撷英华》编辑委员会编：《采撷英华——刘殿爵教授论著中译集》，香港中文大学出版社，2004年版，第12页）

② 参见高瑞泉：《平等观念史论略》，上海人民出版社，2011年版，第23~25页。

生活儒学对现代新儒学的超越*

徐庆文

现代新儒家群体尽管从建构的思想体系开始就备受争议，但是他们在 20 世纪儒学发展及整个学术、思想史中的地位是不可动摇的。不论赞同也好，不论反对也罢，现代新儒家已经成为 20 世纪思想史上的一座高峰，后人可以超越它，但不能无视它的存在。

现代新儒家群体复兴儒学的愿望，虽然经过三代人的努力，并没有达到他们预期的效果，而儒学的复兴却在 20 世纪最后十年以及 21 世纪开展得有声有色。进入 21 世纪以来，在中国大陆兴起的儒学复兴运动中，已出现了一个与现代新儒家迥然不同的儒学群体，被称为"新世纪大陆新儒

　＊本文节选自教育部人文社会科学重点研究基地重大项目最终成果、黄玉顺主编、徐庆文等著《现代新儒家易学思想研究》，导论第四节"当代新儒学对现代新儒家思想的超越"，山东人民出版社 2016 年版。此处标题"生活儒学对现代新儒家的超越"为编者所拟。

家"①,也被称为"当代新儒学"②。他们继续从事现代新儒家的重构儒学事业,延续着复兴儒学的使命。"在学术渊源上,此群体既呈现出与现代新儒家的承继关系"③。新世纪大陆新儒家在以下方面继承了现代新儒家的思想。

其一,当代新儒学继承了现代新儒家积极回应当下问题的特点。这其实正是儒学积极"入世"的特点:儒学的生命力在于关注当下生活,回应当下生活中的问题。这一点,已经为儒学发展的实践所证明。现代新儒家与当代新儒学恰恰都是对当下问题的关注。

其二,当代新儒学和现代新儒家都是在儒学发展遭遇困境之时寻求新突破、实现儒学复兴的尝试。

其三,以重建儒学本体论为己任。这一点无论是现代新儒家还是当代新儒学都表现出了强烈的自觉意识。

当代新儒学的儒学建构理路与现代新儒家的儒学本体建构如出一辙。《新世纪大陆新儒家研究》列举了6家新世纪大陆新儒家人物,他们尽管建构的儒学理论不同,但均以建立儒学本体论为主旨。蒋庆对"心性儒学"与"政治儒学"进行二分,将"心性儒学"定义为"内圣之学",将"政治儒学"定义为"外王之学"。蒋庆认定此二者属于不同的传统,并将儒学史上

---

① 2012年安徽人民出版社出版《新世纪大陆新儒家研究》,将蒋庆的"政治儒学"、陈明的"即用见体"、张祥龙的"现象学儒学"、黄玉顺的"生活儒学"、盛洪的"经济儒学"、干春松的"制度儒学"列为当代新儒学。

② 关于"当代"概念的辩析,是一个大话题,这里简要分析一下。从中国史学上分,1840年鸦片战争至1919年五四运动为近代,1919年至1949年新中国成立为现代,1949年至今为当代。从学术研究来说,1949年新中国成立至1976年"文化大革命"结束,这段近三十年时间由于中国大陆继起各种政治运动,学术研究为政治运动服务,很难有真正的学术研究。因此,说当代中国大陆的学术研究,大体上应该从20世纪80年代开始。

③ 崔罡主编:《新世纪大陆新儒家研究》,安徽人民出版社2012年版,第29页。

的两个不同时期的儒学形态来对应这种分派，认为"宋明儒学为心性儒学，公羊学为政治儒学"，由此建构起"政治儒学"本体理论。①陈明的"即用见体"更像是熊十力"体用不二"理论的翻版。张祥龙的"现象学儒学"的建构与牟宗三的道德形上学的建构并无二致。黄玉顺的"生活儒学"也是旨在建立一种儒学本体论，"当代的张祥龙、黄玉顺二先生之现象学化的儒学研究，则在相当程度上正是针对此传统的儒家形而上学的无根性，要求解构传统的形而上学式的心性本体论，从而回归作为存在本身的本源性的生存体验或生活境域之中，以期让儒学重新恢复它的思想活力。"②而在"生活儒学"当中，我们能够感受到梁漱溟"走孔家的路，过孔家的生活"的传承关系。

其四，现代新儒家与当代新儒学均借鉴西方文化理论建构新儒学。

但是以上四个方面的一脉相承并不能掩盖当代新儒学与现代新儒家之间的根本区别。或许是现代新儒家与当代新儒学所遭遇的际遇不同，或许是这两个群体的思考问题的角度不同，尽管当代新儒学表现出很大的对现代新儒家思想的传承脉络，但在具体的儒学发展和复兴的理路、方式及建构新儒学的形态上，都表现出了不同于现代新儒家的一系列根本特征，以至于有的学者认为当代新儒学是对现代新儒家的超越，例如说"当代的张祥龙、黄玉顺二先生之现象学化的儒学研究，则在相当程度上正是针对此传统的儒家形而上学的无根性……如果说，以冯友兰、牟宗三等人为代表的现代新儒家学者的中西哲学之比较研究仍然局限在传统的形而上学的架构与视域中，那么，以张、黄等人为代表的新一代大陆新儒家学者则在相当程度上已经突破了传统形而上学的框架，进入了一种比形而

---

① 参见崔罡主编：《新世纪大陆新儒家研究》，第49页。
② 崔罡主编：《新世纪大陆新儒家研究》，第89页。

"生活儒学"研究

上学更加本源的生存体验或生活境域之中，或者更确切地说乃是一种前概念化、前形而上学的思想观念层级，在此本源性的生存体验或生活境域中所蕴含乃是一种纯构成的终极意义。后者无论对于中国哲学自身来说，还是对于中西哲学之间的比较研究来说，都意味着一种转向，因为它开启并呈现出的乃是一个完全崭新的意义领域"①。

那么当代新儒学与现代新儒家的不同、抑或对现代新儒家的超越究竟体现在哪里呢？

首先，当代新儒学与现代新儒家重建儒学的理路是不尽相同的，尤其表现在思想资源和关注层面的差别。

当代新儒学显然与现代新儒家的建构理路大相径庭。就思想资源而论，当代新儒学复兴儒学的理路不是将宋明心性儒学作为儒学的嫡传道统，而是抛弃了儒学哲学化的宋明理学，回到汉代经学，甚至先秦儒学和"六经"中寻找儒学发展的思想资源。无疑，在当代新儒学成员的视野里，宋明理学只是儒学的一种哲学化形态，而不是儒学的全部或真正的儒学（本源性儒学）。在当代新儒学群体的视野中，宋明心性儒学虽然承接了儒家思想道统，却只是"均得孔子之一体"（蒋庆语），即儒学的"内圣"层面，而于儒家的"外王"层面殊难建树。当代新儒学群体不仅要建"内圣"儒学，更重要的是要建立"外王"层面的儒学。蒋庆的"政治儒学"、陈明的"即体见用"、盛洪的"经济儒学"、干春松的"制度儒学"等，还有黄玉顺近两年所致力的"中国正义论"建构，都表现出了强烈的"外王"儒学层面。②黄玉顺的"生活儒学"，更强调的是儒学的本源，构建起"我们的全部观念、我们整

---

① 崔罡主编：《新世纪大陆新儒家研究》，第 89 页。
② 参见黄玉顺：《中国正义论纲要》，《四川大学学报》2009 年第 5 期。

个精神生活的生成过程"。①用黄玉顺自己的话说,"生活"不是什么。既不是"意志主义、生命哲学所谓的'生命'(Leben),也不是存在主义、包括海德格尔所谓'生存'(Existent);既不是梁漱溟所谓'生活',也不是唐君毅所谓'生命'"。②他所要寻求的儒学本源(真正的儒学)才是建构新儒学的基点,也只有在儒学本源中开出的儒学,才能够称得上是真正意义上的儒学,也才能适应当代社会的发展。另一方面,当代新儒学群体在建构思想体系时不限于易学,甚至不关注易学。"政治儒学"以《春秋公羊传》为基础,"即用见体""现象学儒学""生活儒学""经济儒学""制度儒学"均没有用易学建构思想体系的痕迹。

其次,当代新儒学与现代新儒家所建构的新儒学形态也不同。

当代新儒学群体显然不认为形而上的存在者或哲学性是儒学的"体",而是寻找更为本源的"体",用这个本体来建构新儒学,才更适合儒学的发展。他们一开始就抛弃了现代新儒家的哲学化儒学形态,认为哲学化儒学不是儒学发展的必然之路。"以牟宗三等人为代表的新儒家'可能是为了让儒家现代化,让西方人能听得懂,使儒家能在全球传播,但是为此而失去了儒家的最根本的东西',这样的传播是没有意义的,'新儒家织就的这张网是有漏洞的。'"③在当代新儒学的视野中,比"体"更为本源的是"用",是儒学的当下存在。他们意欲建构的新儒学从某种程度上抛开了现代新儒家的哲学化建构,而是热衷于儒学"外王"层面的政治化建构。蒋庆提出了让儒教"进入到政治权力中心"的"上行路线"和"在民间社会中建立儒教团体法人"(即成立类似于中国佛教协会的"中国儒教协会")的

① 黄玉顺:《爱与思——生活儒学的观念》,四川大学出版社,2006年版,第3页。

② 黄玉顺:《爱与思——生活儒学的观念》,第193页。

③ 崔罡主编:《新世纪大陆新儒家研究》,第143页。

"生活儒学"研究

"下行路线"。①张祥龙提出的"儒家文化保护区"等都想借助于政治力量的支持,主张儒学的复兴要有国家行政权力的参与。黄玉顺则是从儒学的本源——仁爱情感出发,建构一种"生活儒学"。显然,当代新儒学建构的新儒学形态不像现代新儒家那样单一,而是多元化的。相对来说,黄玉顺的"生活儒学"、陈明的"即用见体"等更接近于现代新儒家的哲学形态的儒学建构,尽管他们追寻一种比哲学性的"体"或"形而上存在者"更为本源的"用"或"存在";而蒋庆的"政治儒学"、盛洪的"经济儒学"、干春松的"制度儒学",其建构的形态完全不是哲学形态,而是现实层面的思想。相对于现代新儒家来说,当代新儒学所建构的儒学本体论是"用"强而体"弱"。从这一角度来看,当代新儒学更像是现代新儒家的超越,或者说两个群体的关联并不大。

　　现代新儒家所开拓的儒家思想哲学化的路径并没有解决儒家思想在现代社会中如何存在和发展的问题,甚至现代新儒家所开创的儒家思想哲学化的路径也受到多方的质疑,许多学者试图超越现代新儒家,建立一种新形态的儒学,解决儒家思想在现代社会中存在和发展的问题。当代新儒学群体就是这样一群学人,他们试图超越现代新儒家,在更本源层面上建立一种新的儒家思想。有感于现代新儒家由形而上("内圣")开出形而下("外王")的困惑,当代新儒学群体几乎抛弃了现代新儒家对于儒学的形而上与形而下之分,而是寻求一种更本源的本体(如"生活儒学")或直接从现实层面复兴儒学(如"政治儒学"、"制度儒学")。诚然,当代新儒学对现代新儒家的超越也受到了学者质疑,他们复兴儒学的思路也没有得到学界的广泛认可,他们自身的理论建构中有诸多的困惑需要消化和解决。

---

　　① 　参见蒋庆:《关于重建中国儒教的构想》,《中国儒教研究通讯》2005 年第 1 期。

从蒙培元的普遍情感论
到黄玉顺的纯粹情感论*

蔡祥元

当代儒家学者已经开始尝试以一种更加理性化的方式来重构儒家道统,实体论与情感论是其中两种典型思路。实体论的主要代表是陈来的仁学本体思想,情感论则包括李泽厚的原始情感论、蒙培元的普遍情感论与黄玉顺的纯粹情感论等不同主张。下面的考察将表明,这两种思路都难以真正跨越康德给形而上学思辨划下的界限。实体论失于概念思辨,而沦为抽象的形而上实体,情感论虽然反对实体建构,意欲返回情感本源,但却无法走出经验论的困境。

与陈来主张的实体论建构不同,还有不少学者从情感角度重建仁学的形而上学传统。他们都对实体论建构提出了批评,认为仁爱情感才是儒家思想哲理的立足点。他们对情感有不同的理解视角,大致有如下几种典型观点,分别是李泽厚的原始情感论、蒙培元的普遍情感论与黄玉顺的纯

* 节选自蔡祥元:《感通本体引论——兼论当代儒学的实体论与情感论》,《文史哲》2018 年第 5 期;另见《当代儒学》第 11 辑,广西师范大学出版社 2017 年 8 月版。此处标题为编者所拟。

粹情感论。

一、普遍情感论

　　蒙培元同样立足情感本体的立场对实体论提出批评。他认为,中国哲学本体的立足点在人的作用心上,本体离不开此本心之大用,而熊十力的体用论与牟宗三的心体、性体都走上了实体论,没有真正立足"作用心"来开显本体。"中国哲学讲'本体心'或'心本体',但这并不是实体意义上的本体,而是指本体存在或存在本体,它是本源性的,但又是潜在的,没有实现出来,它要实现出来,则必须通过'作用心',或呈现为'作用心'。由作用而显其本体,或由功能而显其本体,本体必然表现为作用或功能,这就是中国哲学的'本体论'。对此,熊十力显示曾有过精辟的论述,但他没有同实体论划清界限。后来,牟宗三先生也大讲'心体'与'性体',却完全走上了实体论。"①此作用心的立足点就是人的情感。当然,作者也注意到,个人的情感体验不可避免地具有相对性、主观性,因此能够为本体奠基的情感不只是个体的仁爱之情,而是对它有一个超越,从而成为某种具有普遍意义的情感体验。

　　　仁作为心灵境界,是人的生命价值和意义的最高标志。它虽以心理情感为基础,但又必须超越情感,成为普遍的存在方式,这样,就同个别的心理现象、个人的情感欲望有了区别。只有从超越的层面看,仁才是境界,否则,便只是一些个别具体的情感活动,没有普遍意义。②

---

①　蒙培元:《心灵超越与境界》,人民出版社,1998 年版,第 11 页。
②　蒙培元:《心灵超越与境界》,第 139 页。

那么如何超出情感的个人性而成为具有普遍意义的仁爱情感呢?

蒙培元指出,仁的根源不在对象之中,而在人的心中,它的基础就是同情心与爱这种道德情感。虽然这种道德情感源自个人的内心,人会设身处地为他人考虑,我认为痛苦的事情,别人也会认为是痛苦的,从而我不愿意的事,也不会施加于别人,这是人之常情。这种推己及人的人之常情就是仁,这样它就已经不单是个人的情感体验,而是包含了某种"理性",从而成为一种普遍化的情感。①

这种普遍化的情感不仅可以超出个人达乎他人,还可以进一步达乎天地万物。但是这种意义上的普遍化和超越,在我看来,并没有真正超出经验。作者的所谓普遍化,只不过是一种基于同情心的推己及人。这就表明,此普遍化的基础是"同情心",这依然是一种情感。其次,虽然同情心可以帮助我们超出个人化情感,将对自己的爱投射到他人甚至一般的事物上去,从而将"私爱"转变为具有普遍化的"仁德",但是我们也很容易注意到,这不过是转移并增加了爱的对象,从爱个人转变为爱他人、爱万物,这里的"爱"始终还是同一个层面的东西,都是经验情感层面的爱,只不过是把它的对象作了"数量上"的推广。根据这一思路,仁者与物同体,就会失落为对天地万物的"关怀"或"情怀"。"前面说过,仁的境界不仅是普遍的人间关怀(如'四海之内皆兄弟也'),而且是一种宇宙关怀,比如'知者乐水,仁者乐山;知者动,仁者静,知者乐,仁者寿',就表现了这样的情怀。"②

因此,这种普遍关怀并未真正实现对仁爱情感的超越,因为只不过扩大了关爱对象,关爱本身依然是情感经验的,依然是个体性的情感。此种意义上的普遍情感论,将宋明理学开启出来的儒家思想的天地精神收回

---

① 参见蒙培元:《情感与理性》,中国人民大学出版社版,2009 年版,第 57 页。

② 蒙培元:《心灵超越与境界》,第 144 页。

到人的情感中。

二、纯粹情感论

黄玉顺的生活儒学是围绕仁爱的三个层级的区分展开的，它们分别是本源之仁、形而下之仁与形而上之仁。本源之仁是作者自身的思想立足点，形而下之仁与形而上仁则是他对以往乃至当代种种仁爱观的总结与批评。

简言之，形而下之仁指的是日常经验层面有关仁爱的道德情感及相关的行为规范。这与笔者开头提出的经验层面的仁爱大致相当。这是仁爱思想的出发点。当我们从哲学上反思仁爱情感及相应行为规范来源的时候，就走向了形而上之仁。形而上之仁是针对所有仁爱观念的形而上学建构。在黄玉顺看来，无论是形上实体，还是形上主体（包括"心体""性体"），都是形而上的设定。他认为，这些设定的根源都是未明的，还需要得到进一步的追问，由此导向作为生活儒学思想核心的"本源之仁"。"本源之仁"不仅是形而下之仁（包括经验层面相关道德情感与道德规范）的根源，还是一切形而上层面绝对本体或实体（形而上之仁）的根源。

儒家所说的"仁爱"也在观念的三个层级中显现为截然不同的三种样态：(1)本源之仁，乃是原初的真切的生活情感的存在，这是存在的直接显现，是前存在者化、前对象化、前概念化的事情；仁爱之为所有一切的"大本大源"，乃是这个层级上而言的；(2)形而下之仁，则是被理解为道德情感、甚至道德原则的那种形而下者的存在，是某种相对主体性的事情；(3) 形上之仁，又是更进一步被理解为本体之

"性"、甚或类似"上帝之爱"的那种形而上者的存在,是某种绝对主体性的事情。惟其如此,"仁"是不可定义的(形而上者不可定义),乃至于是不可对象化地、有'所指'地加以言说的(本源存在不可如此言说)。①

为了更好理解本源的仁爱,作者还区分了道德情感与本源情感。人的情感发动起来以后,情感有善有恶,这种与善恶相伴随的情感就是道德情感。但是本源情感不同,它指涉的是情感的原初发动本身。在情感的发动之初,还无善恶,见孺子入井发动怵惕恻隐之心,这种情感是先于善恶的,这是仁之端,是本源层面的情感。当我们随后把这个扩而充之,把它作为人心之大者确立以后,然后它才成为道德情感。"它本身犹如'火之始燃,泉之始达',只是一个开端,是一切事情的开端;我们把它'扩而充之'以后,就可以把它确立为我们心性的本体,这就叫作'先立乎其大者'。然后才是现在这个道德情感,'则其小者不能夺也'即你面对任何外物,它都不能引诱你、诱惑你。"②

作者通过"生""存""在"等关键语词的训诂进一步指出,它们都指向一种"本源情境",此本源情境是前对象化、前概念化的,是一切思想观念的根源。③生活儒学中的"生活"与"存在"都是就此本源情境而言,在这个意义上,生活与存在是一回事。"这样的作为生活的存在,或者作为存在的生活,那是先在于、先行于任何存在者的,所以,这样的生活,我把它叫做'本源情境'。"④这里作为大本大源的生活或存在就是仁爱。本源之仁就是

① 黄玉顺:《儒教问题研究》,人民出版社,2012 年版,第 87 页。
② 黄玉顺:《生活儒学讲录》,安徽人民出版社,2012 年版,第 31 页。
③ 参见黄玉顺:《生活儒学讲录》,第 24~26 页。
④ 黄玉顺:《生活儒学讲录》,第 24 页。

这个意义上的本源。

因此,作为本源的仁爱,指的是原初的仁爱情感,它刚刚发动,一切思想观念还未介入。这种纯粹的原初情感乃是后来的形而上学建构的根源。在这个意义上,我把他的生活儒学称为纯粹情感论。所谓的本源,只不过未经形而上学概念加工过的情感:"所谓'最高'境界,就是自觉地回到最初的真切的仁爱情感,此乃是对形而上学的超越。"①与原始情感不同,纯粹情感不必回溯到原始社会才能得到理解,它就在我们生活的当下运作着。在这个意义上,它比李泽厚的原始情感具有更本源的意谓,也比蒙培元的普遍情感更加纯粹。

但是纯粹情感虽然克服了观念化的困境,它由此却可能走向观念的对立面,也即走向经验,因为这种"真切的仁爱情感"很容易被看作一种仁爱的"纯粹经验"。詹姆士就把这种未经任何观念加工过的生活之流称作"纯粹经验"。

> 我把直接的生活之流叫作'纯粹经验',这种直接的生活之流供给我们后来的反思与其概念性的范畴以物质质料。②

如果不能表明这种真切情感与纯粹经验之间的区别,那么纯粹情感论也就同样无法克服经验论本身可能导向的怀疑论困境。因为人的情感不只有仁爱,七情六欲都是情感,它们在发动之初都可以是真切的、原初的,不夹杂任何思想观念。何以仁爱这种情感在发动之初相比其他情感具有更多的本源性地位,并能够为其他一切情感乃至为万事万物的存在奠

---

① 黄玉顺:《儒教问题研究》,第88页。
② [美]詹姆士:《彻底的经验主义》,庞景仁译,上海人民出版社,1987年版,第49~50页。

基？在经验论的思想框架中,这个问题是很难解决的。

因此,与实体论不同,情感论强调儒家哲理的立足点是人的情感。虽然他们都看到了传统经验论的困境,但无论是原始情感论、普遍情感论,还是纯粹情感论,都无法说明情感相对经验本身的超出,从而也就无法恰当地说明儒学传统中的那个"超越"维度,也就无法说明儒家的天人一贯的超越传统。在这个意义上,陈来对情感论的批评是恰当的,他认为只有爱的情感,不足以挺立仁学传统。"西方哲学是爱智慧,中国儒学是爱的智慧。爱的智慧就是仁学,就是仁学本体论,没有仁学本体论,即使有仁爱,也还不是爱的智慧,不是仁的哲学。"①但是既然仁学是爱的智慧,这就意味着它也不能脱离仁爱情感。如果说实体论之蔽在于将本体脱离了仁者之仁,从而失落为抽象实体,那么情感论之蔽则在于从根子处抹去了形而上之本体,将其还原为情感之用。

通过上述与实体论和情感论的对话可以发现,以仁为本体的儒家形而上学传统应当既立足仁爱情感,又能超出情感经验的主体性限制,这才是仁道之所依。陈来也注意到了此"超越"的重要性,"仁是最后实在,故能超越经验,但又不能脱离经验。仁是本体、生机、本性,故不是情感,情感只是用,但仁学本体论立体而不遗用,但不能以用为体"②。但是这样一个"既超越……又不离……"的思想精神,在其仁学本体的建构中并未得到进一步的贯彻与展开。

……

---

① 陈来:《仁学本体论》,第11页。
② 陈来:《仁学本体论》,第39页。

存在即生活，生活即存在
——"生活儒学"之形而上学的建构*

程志华

　　公允地讲，尽管"制度化儒学"解体已百年有余，但儒学之精神与理念早已"积淀"为国人的国民性格和民族心理，早已"渗透"进人们的观念形态和生活方式中。然而，在看待"儒学复兴"时，不能因为这种早已"积淀"和早已"渗透"而沾沾自喜，因此而盲目地、一味地肯定儒学的生命力，因为 20 世纪初"制度化儒学"的解体已经表明，传统儒学已经整体上不适应现代社会的需要，更不要说提供"价值之源"、引导社会发展了。因此，"儒学复兴"实乃一个非常"沉重"的话题，若对此没有充分的认识和警觉，"儒学复兴"不可能真正实现。就此而言，要真正实现"儒学复兴"，不仅需要传承儒学的精华，而且更需要应对时代课题创新儒学理论。令人欣慰的是，学界许多同仁已认识到此，并致力于理论建构。其中，山东大学黄玉顺教授的"生活儒学"是这些理论建构成果中的一种。

---

* 原载《河北大学学报》2018 年第 2 期。

一、儒学复兴与形而上学

近年来,在多种机缘的共同促进下,"儒学复兴"似乎有"王者归来"的态势,呈现出群众化、普遍化、多元化的走向。例如,各种"儒学院""国学院""书院""儒研会"等机构纷纷建立,相应的"读经运动""私塾""蒙学班""女德班"等教学活动纷纷出现。对此,黄玉顺认为,儒学表面上已走上全面"复兴"的轨道,但实际上却是"虚假繁荣"。一个方面,就内容来讲,有的在弘扬儒学精华,有的则在传播儒学糟粕;有的合乎理性而为进步的,有的则悖于理性而为倒退的。另一个方面,就目的来讲,尽管出于理性而弘扬儒学者有之,但相当多的属于各种"实用主义"的目的。因此,有些活动根本无助于"儒学复兴",甚至会加害于"儒学复兴"。总之,绵延了几千年的"儒家""儒学"概念从未如此混乱、模糊,以至于让人们眼花缭乱,无所适从。黄玉顺的意思是,"儒学复兴"基本上还停留在肤浅的层面,真正的儒学研究、理论创新则被忽略、被边缘化了,而儒学研究、理论创新不仅可以克服上述肤浅,而且可以解决上述问题,真正推进"儒学复兴"。[1]他说:

> 然而,这种"道德主义"却试图将古代的、前现代的、封建的和专制的伦理道德规范一股脑儿地搬到今天来。……今天我们所见到的许多读经活动,宣扬封建主义和专制主义的伦理道德,使我们的空气中弥漫着一股腐朽的、令人窒息的气息,这是很令人忧虑的。如今,自封为"儒家"竟成了一种时髦。但假如儒家就是那样的"原教旨"的东

---

[1] 参见张清俐:《"文化复兴"声中的警醒——黄玉顺谈"国学热"现象》,见杨永明主编,《当代儒学》第七辑,广西师范大学出版社 2015 年版,第 234~235 页。

"生活儒学"研究

西,我宁愿在此声明"我不是儒家"。①

在黄玉顺看来,传承儒学精神和理念固然重要,但犹如一件衣服不可能永远合身一样,儒学要想真正实现"复兴",非得不断制作"新衣服"即进行理论创新不可。历史地看,儒学的历次"复兴"端赖于"新衣服",即端赖于理论创新。宋明理学之所以促生了"儒学复兴",就在于"理学"和"心学"形成了儒学的理论创新。不过,需要注意的是,理论创新包括政治、经济、文化等多个层面,但其核心是"哲学",因为"哲学"不仅是所有理论的最初根源,而且是所有理论的最后根据。因此,对于当前的"儒学复兴"来说,迫切需要解决的问题是"哲学"的"登场"。即对于正在发生的"儒学复兴"运动,应该以"重建"儒家哲学为首要任务。黄玉顺说:"这是我所持有的一个基本的信念:'儒学'的复兴,虽然并不等于、但无疑首先是儒家'哲学'的重建。"②而且,"形而上学"乃"哲学"的核心,故"哲学"的"登场"即是"形而上学"的"登场"。他说:"在形上的层级上,当代儒学必须重建形上学,而非墨守传统形上学,否则必定'内圣开不出新外王',无法导出现代政治文明,反而孕育出某种现代政治怪胎。"③他还说:

> 我的工作意图就在于:破解旧的儒家形而上学,建构新的儒家形而上学。这是因为:旧形而上学源于旧的生活样式,新形而上学源于

---

① 张清俐:《"文化复兴"声中的警醒——黄玉顺谈"国学热"现象》,见杨永明主编,《当代儒学》第七辑,第236~237页。

② 黄玉顺:《面向生活本身的儒学——黄玉顺"生活儒学"自选集》,四川大学出版社2006年版,第54页。

③ 黄玉顺:《也论"大陆新儒家"——回应李明辉先生》,《探索与争鸣》2016年第4期。

新的生活样式。其实，在历史上，儒学本来就是这样变动着的。①

　　然而"重建"儒家"形而上学"所面临的问题是，"哲学"及作为核心的"形而上学"正经历空前的"危机"。一个方面，就西方哲学来看，"形而上学"面临着被"拒斥"的危险。例如，自从孔德以实证主义"拒斥形而上学"以来，维特根斯坦的语言哲学、罗蒂的"后哲学文化"、德里达的"解构哲学"等，都对传统"形而上学"形成巨大"冲击"。另一个方面，就中国哲学来看，很多学者认为，中国始终就不存在"形而上学"，"形而上学"是西方哲学的核心术语。②因此，要实现"儒学复兴"，不能走"哲学"即"形而上学"的路子，而只能走传统"国学"甚至"经学"的路子。就前一个方面来讲，黄玉顺认为，其只是对传统"形而上学"的"修正"，故并未形成对"形而上学"的"颠覆"。就后一个方面来讲，其在形式上和内容上均否定中国存在"形而上学"，但这种否定与事实和学理均不相符。他说："假如说中国没有形而上学，那就意味着中国人从来不思考世界、人类、上帝，不思考某种终极存在者、作为所有存在者的最后'根据'的那种存在者。"③实际上，"（即）便在儒家，这种终极思考也是中国哲学史上的常识"④。因此，"'中国哲学'原是既成事实。因此，所谓'中国有没有哲学'的问题完全是个伪问题"⑤。基于前述两个方面，黄玉顺说：

---

① 黄玉顺：《爱与思——生活儒学的观念（增补本）》，四川人民出版社 2017 年版，第 55 页。
② 参见黄玉顺：《面向生活本身的儒学——黄玉顺"生活儒学"自选集》，第 126~128 页。
③ 黄玉顺：《面向生活本身的儒学——黄玉顺"生活儒学"自选集》，第 128 页。
④ 黄玉顺：《面向生活本身的儒学——黄玉顺"生活儒学"自选集》，第 128 页。
⑤ 黄玉顺：《面向生活本身的儒学——黄玉顺"生活儒学"自选集》，第 315 页。

"生活儒学"研究

> 我提出"重建儒家形而上学",意味着我肯定儒家向来有其形而上学。①

质言之,在黄玉顺,问题不是要不要"形而上学",而是需要什么样的"形而上学"。因此,他所要建构的"儒家形而上学",并非传统"形而上学",而是他所理解的"哲学""形而上学"。在他看来,人类理性本身对于天地万物之真妄和本末特别关切,故"哲学"通常以"存在""存在者"以及二者关系为研究对象。他说:"形而上的存在者,以及所有的'万物'那样的形而下的存在者,究竟是如何由此而被给出的?这是我们今天哲学要思考的一个核心问题。"②正因为如此,孟子为了确立"此天之所与我者"的"先验人性",主张"先立乎其大者",以作为一切存在者的最初根源、最后根据。③朱熹在被问及"天地会坏否"时,以"不会坏"即天地之永恒回答。他说:"不会坏。只是相将人无道极了,便一齐打合,混沌一番,人物都尽,又重新起。"④基于前述,黄玉顺赞同海德格尔的哲学观。海德格尔说:"哲学即形而上学。形而上学着眼于存在,着眼于存在中的存在者之共属一体,来思考存在者整体——世界、人类和上帝。"⑤进而,黄玉顺认为,所谓"哲学",指研究存在、存在者及二者关系的学问。他说:

---

① 黄玉顺:《面向生活本身的儒学——黄玉顺"生活儒学"自选集》,第126页。

② 黄玉顺:《爱与思——生活儒学的观念(增补本)》,第3页。

③ 参见赵岐注、孙奭疏、廖名春等整理、钱逊审定:《孟子注疏》,北京大学出版社,1999年版,第314页。

④ 黎靖德编、王星贤点校:《朱子语类》第一册,中华书局,1986年版,第7页。

⑤ [德]海德格尔《面向思的事情》,陈小文等译,商务印书馆,1999年版,第68页。

简而言之，思考存在者整体、存在者之为存在者、或者所有存在者的终极根据的东西，即是哲学。①

二、"生活儒学"的发生及方法论

在黄玉顺，"重建""儒家形而上学"的理论成果名为"生活儒学"，而"生活儒学"的思想视域是"现代性"。在此，所谓"视域"，"是指的某种思想观念的平台"②。为了强调"现代性"，他特意凸显了"当代性"的概念。他说："生活儒学的思想视域不是'现代性'，当然更不是'前现代性'，甚至也不是'后现代性'，而是'当代性'，或者叫做'当下性'。所以，我把自己的思想方法叫做'当代主义'。"③说到"现代性"，许多人尤其是一些儒者常引证"后现代主义"对"现代性"的反思和批判。不过，在黄玉顺看来，不能以"后现代主义"为证否定"现代性"。其理由有三：第一，"后现代主义"站在"后现代"的立场反思"现代性"，而这些儒者却站在"前现代"的立场反对"现代性"；站在"前现代"的立场反对"现代性"，其结论必然不具有说服力。第二，"后现代主义"其实并未超越"现代性"，因为他们反思、批判"现代性"的目的是推进"现代性"的"兑现"。第三，走向"现代性"是任何民族都无法抗拒的世界潮流、历史趋势和文明走向。④总之，"现代性"的问题是发展过

---

① 黄玉顺：《面向生活本身的儒学——黄玉顺"生活儒学"自选集》，第312页。

② 黄玉顺：《儒学与生活——"生活儒学"论稿》，四川大学出版社2009年（下同），第219页。

③ 黄玉顺、杨虎：《儒学与生活——黄玉顺教授访谈录》，见杨永明主编：《当代儒学》第八辑，广西师范大学出版社2015年版，第302页。

④ 参见黄玉顺、杨虎：《儒学与生活——黄玉顺教授访谈录》，见杨永明主编：《当代儒学》第八辑，第301页。

"生活儒学"研究

程中的问题,"现代性"本身并没有"致命"问题,而否定"现代性"则可能带来"致命"问题。黄玉顺说:

> 一个简明的逻辑就是:你如果坚持将儒学与前现代的宗法制度、家族制度甚至专制制度之类的东西捆绑在一起,那就无异于宣告儒学必定灭亡。①

进而,黄玉顺认为,"生活儒学"不是"基于""现代性"的,而是"阐明""现代性"的。或者说,"生活儒学"不仅"解释""现代性",而且"建构""现代性"。他说:"生活儒学意在阐明这个问题:现代性是何以可能的?而现今的许多儒学,却是基于现代性、现代主义的,甚至是基于前现代性、前现代主义的。"②在他看来,20世纪"现代新儒学"的思想视域亦是"现代性",然而,尽管"现代新儒学"比"虚假繁荣"的"儒学复兴"要深刻得多,但它未能阐明"现代性何以可能"这个问题。因此,应该就此问题进行反思和重新建构。他说:"现代新儒家的思维方式也不足以阐明'现代性何以可能'这样的问题,更不用说目前的一些反现代性的儒学了。"③黄玉顺认为,中国社会正处于第二次"大转型"之中,即由"前现代"的生活方式转向"现代性"的生活方式。中国社会第一次"大转型"是春秋战国时期从"王权社会"转向"皇权社会",而这一次社会"大转型"则是近代以来从"皇权社会"转向

---

① 黄玉顺、杨虎:《儒学与生活——黄玉顺教授访谈录》,见杨永明主编:《当代儒学》第八辑,第301页。

② 黄玉顺、杨虎:《儒学与生活——黄玉顺教授访谈录》,杨永明主编:《当代儒学》第八辑,第302页。

③ 黄玉顺、杨虎:《儒学与生活——黄玉顺教授访谈录》,杨永明主编:《当代儒学》第八辑,第302页。

"民权社会"，基本方向是要建构一个基于民权的现代性的民族国家。①在黄玉顺看来，面对这次"大转型"，"儒学复兴"的主要任务不是传承，而是创新；通过创新，不仅实现"救国"，而且实现"自救"。他说：

> 这就需要中国式的"启蒙运动"。为此，儒家必须自觉地自我变革，然后积极投身于启蒙。对于儒家来说，这种自我启蒙既是"救国"，也是"自救"。②

在黄玉顺，所谓"生活儒学"，指面向生活本身的儒学。他说："'生活儒学'就是面向生活本身的儒学。所谓'面向生活'，就是我们的一切的一切，无不源于生活、归于生活。"③具体来讲，"生活儒学"的建构基于两方面的"语境"：一方面是"观念语境"。即"生活儒学"必须要正视当代哲学，否则难以实现自我变革，实现儒学的当代复兴，而当代哲学主要指"后现代主义"和海德格尔的"存在论"。另一方面是"现实语境"。即"生活儒学"必须要基于中华民族的"当下生活"样式。他说："在我看来，我们的出发点始终是我们当下的现实生活。用儒家的话语讲，唯有生活，才是我们的'大本大源''源头活水'。"④在黄玉顺看来，面向生活、以生活为本源的儒学，"是孔子当初创建儒学的夫子之道，也是我们今日重建儒学的必由之路"⑤。概言

---

① 参见黄玉顺、杨虎：《儒学与生活——黄玉顺教授访谈录》，见杨永明主编：《当代儒学》第八辑，第302页。
② 黄玉顺、杨虎：《儒学与生活——黄玉顺教授访谈录》，见杨永明主编：《当代儒学》第八辑，第302页。
③ 黄玉顺：《面向生活本身的儒学——黄玉顺"生活儒学"自选集》，第55页。
④ 黄玉顺：《面向生活本身的儒学——黄玉顺"生活儒学"自选集》，第54页。
⑤ 黄玉顺：《面向生活本身的儒学——黄玉顺"生活儒学"自选集》，第55页。

"生活儒学"研究

之,"生活儒学"的基本理路是,以"生活"为基底,上承原始儒家学说,援引西方现代哲学,以重构"儒家形而上学"。因此,"生活儒学"可谓"现代性诉求"的"民族性表达"。他说:

> 生活儒学就是"现代性诉求的民族性表达"。……生活儒学是一种"现代性思想建构",或者更准确地说,生活儒学是关于现代性的生活方式的一种儒家思想建构。①

在此,必须要指出的是,"生活儒学"是以海德格尔的"存在论区分"为方法论的。黄玉顺说:"至于方法论……'生活儒学'……最主要的是海德格尔(Martin Heidegger)的此在现象学。最重要的是两个观念:一是'存在论区分'(der ontologische Unterschied);二是'存在'(sein)与'生存'(Existenz)的关系。"②所谓"存在论区分",一个方面,指"存在"与"存在者"被严格区分;另一个方面,指所有"存在者"都由"存在"给出,"存在"不断地生成新的"存在者"。然而,以往的哲学多只用一个"形而上存在者"说明所有"形而下存在者"之可能,从而形成一种"形而上-形而下"的观念架构。很明显,这种观念架构"遗忘"了作为本源的"存在"。对此,海德格尔提出,"此在"即"人"可与"存在"发生"交涉",故可避免"存在"的"被遗忘"。他说:"对存在的领悟本身就是此在的存在规定。此在作为存在者的与众不

---

① 黄玉顺、杨虎:《儒学与生活——黄玉顺教授访谈录》,见杨永明主编:《当代儒学》第八辑,第300页。

② 黄玉顺、赵立庆:《生活儒学与"古今中西"问题——山东大学儒学高等研究院博士生导师黄玉顺先生访谈》,《社会科学家》2017年第1期(下同),第4页。

同之处在于：它存在论地存在。"①对于海德格尔的理论，一个方面，黄玉顺赞同海德格尔"存在论"之"生存论→存在论→科学"的观念层级。他说："海德格尔实际上提出了人类观念的这样一种层级：存在观念（生存领会）→形而上存在者观念（哲学）→形而上存在者观念（科学）。"②另一个方面，黄玉顺不赞同海德格尔通过"此在"避免"存在""被遗忘"的理路，因为"此在"作为"存在者"成了"存在"的先决条件，这与"存在"先行于"存在者"相矛盾。他说："海德格尔陷入了一种自相矛盾而不自知，在他看来：一方面，存在不是存在者，并且为一切存在者奠基；但另一方面，唯有通过'此在'（Dasein）的生存才能通达存在，然而'此在'却是一种存在者。"③因此，在进行"儒家形而上学"建构时，黄玉顺主张，要借鉴海德格尔思想的成败，既须超越传统"形而上–形而下"的观念架构，又须回到孔孟原典儒学固有而"被遮蔽"的"存在"。他说：

> 两千多年来的形而上学观念，本身是有层级的，有"形而上"与"形而下"这么一个区分，不管是在东方还是在西方，都是如此，而且，这样的区分今后还会继续下去。到了20世纪呢，仅仅有形而上、形而下这么一种区分就是不够的了，按照海德格尔的说法，就是遗忘了存在本身。因此，到了20世纪，应该深入到一个更深的观念层次上，那就是关于存在本身的观念。④

① ［德］海德格尔：《存在与时间》，陈嘉映等译、熊伟校，生活·读书·新知三联书店，1987年版，第16页。
② 黄玉顺：《爱与思——生活儒学的观念（增补本）》，第12页。
③ 黄玉顺、赵立庆：《生活儒学与"古今中西"问题——山东大学儒学高等研究院博士生导师黄玉顺先生访谈》，第4页。
④ 黄玉顺：《爱与思——生活儒学的观念（增补本）》，第50页。

三、"生活儒学"的架构及开展

具体来讲,"生活儒学"的理论建构分为三大步骤:其一,"破解",即"开解",指"拆除"已有"儒家形而上学"的"理论大厦",揭示"形而上学"构造之初的"生活本源",为儒学重建"清理场地"。他说:"生活儒学的破解工作,不过就是从传统形而上学向生活本身的探本溯源,从而说明形而上学,包括儒家形而上学何以可能。破解乃是一种'开解'——开塞解蔽。"①其二,"回归",指通过"破解",回归"生活本身",回归人们的真正"家园",阐明"生活本身"的"本源结构"。黄玉顺说:"生活儒学之所谓回归,则是通过破解,回到生活这个本源。而此生活本身既非经验主义的经验生活,也非理性主义的先验生活,甚至也不是海德格尔生存论分析那样的'此在'的生存。"②其三,"构造",指以对"生活本源"的"生活感悟"为基础,重新建构"形而上学"本身,进而建构诸如逻辑学、知识论、日常人伦等"形而下学"。他说:"生活儒学在破解传统那种'无本的'(孟子语)和'无家可归的'(海德格尔语)形而上学的同时,拒绝'后现代主义'的'反形而上学'倾向,主张积极的形而上学重建,并自始至终把这种重建工作建立在生活感悟的地基上。"③质言之,"生活儒学"的基本理路是探本溯源,揭示原始儒家的理论基础,并在此基础上重建"儒家形而上学"。黄玉顺说:

生活儒学……通过破解传统儒学,而回归作为大本大源的生活

---

① 黄玉顺:《面向生活本身的儒学——黄玉顺"生活儒学"自选集》,第34页。
② 黄玉顺:《面向生活本身的儒学——黄玉顺"生活儒学"自选集》,第37页。
③ 黄玉顺:《面向生活本身的儒学——黄玉顺"生活儒学"自选集》,第41页。

本身；并在作为源头活水的生活感悟的地基上，重新构造儒家形而上学。①

关于"儒家形而上学"的建构，黄玉顺认为，一个方面，它包括由"本源"到"形而上学"再到"形而下学"这样三个"观念层级"。他说："任何形而上学都是这样的层级构造，分为三个基本的构造层级：形而上学的本源；在这种本源地基上的形而上学构造本身；在这种形而上学基石上的'形而下学'的构造。"②在黄玉顺，这样三个构造层级打破了传统"形而上学"的二级建构，乃"生活儒学"之"最大""最根本"的"突破"。他说："'生活儒学'最大、最根本的突破，就是打破了两千年来古今中外的哲学的'形而上学→形而下学'的二级建构，提出了观念的三级建构：生活存在→形而上存在者→形而下存在者。"③另一个方面，它包括由"形而下学"到"形而上学"到"本源"的三个"境界层级"。在黄玉顺看来，因为人作为"形而下存在者"，还有一个从"形而下"回到"形而上"即"下学而上达"的问题，此问题便是"境界追求"的问题，而"境界追求"表现为三个层级。黄玉顺说："境界的问题实际上是这么一个问题：我们怎么回去？……就是说：我们怎么回过头来，重新走这条路。但是，这是一条回溯的路，就是重新从形而下而回到形而上，也就是'下学而上达'，并且一直回到本源上去。"④进而，"观念层级"又分为"生成关系"和"奠基关系"。关于"观念层级"与"境界层级"以及"生成""奠基""境界"的相互关系，黄玉顺说：

① 黄玉顺：《面向生活本身的儒学——黄玉顺"生活儒学"自选集》，第31页。
② 黄玉顺：《面向生活本身的儒学——黄玉顺"生活儒学"自选集》，第41页。
③ 黄玉顺、赵立庆：《生活儒学与"古今中西"问题——山东大学儒学高等研究院博士生导师黄玉顺先生访谈》，第4~5页。
④ 黄玉顺：《爱与思——生活儒学的观念(增补本)》，第4页。

"生活儒学"研究

　　要透彻地理解境界问题，我们必须首先分辨清楚观念层级之间的"生成关系"和"奠基关系"；只有这样，我们才能真正理解境界层级之间的关系。这样三种关系，对照如下：

　　生成：①生活感悟→②相对存在者→③绝对存在者；

　　奠基：①生活本源→③形而上学→②形而下学；

　　境界：①生活感悟→②相对存在者→③绝对存在者→①生活本源。①

　　就"生活儒学"来讲，"生活"是一个核心概念。那么什么是"生活"呢？在黄玉顺看来，"生活"就是"存在"。他说："存在即生活，生活即存在；生活之外，别无存在。"②而且，"存在"是"无"，因为"存在""不是存在者"。他说："存在是什么？存在不是'什么'：存在不是存在者。而当你采取'存在是什么'这样的问法时，你已经预先把它当作一个存在者了；但它不是存在者，而是存在本身。"③既然"存在"是"无"，而"生活"就是"存在"，故"生活"就是"无"。他说："'生活即是存在'意味着：存在本身不是任何物的存在，生活本身不是任何人的生活。"④也就是说，假如"生活"是"有"，那么它就必然是"存在者"，而不是"存在"本身。他说："'生活是无。'我本来的意思是想说：不论'生活'还是'无'，都不是说的存在者，而是存在本身。"⑤进而，

---

　　①　黄玉顺：《爱与思——生活儒学的观念（增补本）》，第 168 页。

　　②　黄玉顺：《爱与思——生活儒学的观念（增补本）》，增补本序第 4 页。

　　③　黄玉顺：《生活与爱——生活儒学简论》，《郑州航空工业管理学院学报（社会科学版）》（下同），2006 年第 4 期，第 54 页。

　　④　黄玉顺：《爱与思——生活儒学的观念（增补本）》，第 220 页。

　　⑤　黄玉顺：《爱与思——生活儒学的观念（增补本）》，增补本序第 30 页。

"生活"的"本源结构"是"在生活并且去生活"。他说："生活生成主体性存在者，谓之'在生活'（being in life），即所谓'被抛'；主体改变自己的生活，谓之'去生活'（going to live），即所谓'自由'：此即生活的本源结构。"①而且一切"存在者"都是"生活"给出的。他说："这种视域不仅追问'形而下学何以可能'，而且追问'形而上学何以可能'；这种视域追问'主体性何以可能'、'存在者何以可能'；这种视域之所思，是存在本身、生存本身、生活本身。如此这般的生活–存在，是一切物与人的大本大源所在，是一切存在者与主体性的源头活水所在。"②正因为如此，"生活儒学"非常强调"生活"概念，以其作为重建"儒家形而上学"的基石。黄玉顺说：

> 自从原创时期以后、秦汉以来，儒学已经长久地遗忘了生活本身；这就正如轴心时期以后、雅典哲学以来，西方哲学已经长久地遗忘了存在本身。今日儒者的使命就在于：回归生活，重建儒学。这就是生活儒学的使命。③

进而，以"存在即生活，生活即存在"为基本命题，黄玉顺开展了"生活儒学"之"生成""奠基"和"境界"三个方面的架构。

关于"生成"，指"形而上存在者"观念的"生成"。即基于"生活感悟"，首先形成相对的"形而下存在者"即"万物"的观念，然后去寻求所有"形而下存在者"背后的"最终根源""最后根据"，即绝对的"形而上存在者"。在黄玉顺看来，"生活"显示为"生活情感"，而"生活情感"的核心是"爱"。他

---

① 黄玉顺：《爱与思——生活儒学的观念（增补本）》，增补本序第5页。
② 黄玉顺：《儒学与生活——"生活儒学"论稿》，第220页。
③ 黄玉顺：《爱与思——生活儒学的观念（增补本）》，叙说第3页。

说："生活本身作为存在本身，首先显示为生活情感，尤其是爱的情感。"①
而且，按照"存在"与"存在者"的关系，既然所有"存在者"均由"生活"给
出，而"生活情感"的核心是"爱"，那么所有"存在者"均由"爱"给出。当然，
"爱"不是"物"，而是"无"，因为"爱"不是"存在者"，而是"存在"。他说：
"爱，所以在。这就意味着：一切存在者，包括人，都是由爱给出的。而爱本
身却不是存在者，而是存在本身。就其是存在而不是存在者而言，爱就是
'无物'，也就是'无'。"②具体来讲，"爱"就是"诚"，"诚"就是本源性的爱；
"诚"不仅可以"成己"，而且可以"成物"。因此，《中庸》说："诚者非自成己
而已也，所以成物也。"③关此，黄玉顺说："'生活儒学'给出这样一种本源
情境：第一、存在、生活先行于任何存在者，爱先行于任何物；第二、爱生成
人与物，生成存在者。这就是儒家的最基本的观念。"④关于"生成"，黄玉顺
还说：

> 一切存在者皆由存在给出，即皆由生活生成，亦即一切皆源于生
> 活、而归于生活；生活显现为生活感悟——生活情感与生活领悟；
> ……生活情感尽管"复杂"，但说到底就是爱的情感，或者叫作本源性
> 的仁爱情感，在这个意义上，爱即存在、存在即爱。⑤

关于"奠基"，它分为两层：一层指"形而上学"的"奠基"；另一层指"形

---

① 黄玉顺：《爱与思——生活儒学的观念（增补本）》，第51页。
② 黄玉顺：《爱与思——生活儒学的观念（增补本）》，第49页。
③ 郑玄注、孔颖达疏、龚抗云整理、王文锦审定：《礼记正义》，北京大学出版社，1999年版，
第1450页。
④ 黄玉顺：《生活与爱——生活儒学简论》，第56页。
⑤ 黄玉顺：《爱与思——生活儒学的观念（增补本）》，增补本序第4页。

而下学"的"奠基"。关于前者，指"生活儒学"在真正的本源上重建"形而上学"，从而为"形而上学""奠基"。黄玉顺说："生活儒学是要在一种崭新的地基上——从真正的本源上——重建儒家形而上学。"①关于后者，指虽然在"生成关系"中，"形而上学"源于"形而下学"，但在"奠基关系"中，"形而上学"为"形而下学""奠基"。他说："形而上的唯一绝对物是作为形而下的众多相对物的根据出现的，因此，在所谓'奠基关系'中，形而上与形而下之间的原来那种生成关系被颠倒了：形而上学反倒成了为形而下学奠基的东西。"②具体来讲，以"生活"为本源重建"形而上学"即是"形而下学"的"奠基"，而"形而上学"以"主体化""对象化"形成"主客架构""时空观念"则为"形而下学"的"奠基"。他说："生活感悟的存在者化——主体化、对象化，这是'无中生有'，形成主客架构、时空观念，这是一切形而下存在者的基本架构，存在者、物的观念由此成为可能，科学与伦理亦由此成为可能。"③而且，两层"奠基"是统一的，其统一于"形而上学"的"奠基"。具体来讲，无论是"形而上学"，还是"形而下学"，最初根源和最终根据均是"生活本源"。黄玉顺说：

> 在本真情境中，形而上者和形而下者、主体和对象都消溶为生活感悟，复归于存在或生活，即"有归于无"，亦即"复归于无物"；如此等等。④

---

① 黄玉顺：《面向生活本身的儒学——黄玉顺"生活儒学"自选集》，第31页。
② 黄玉顺：《爱与思——生活儒学的观念（增补本）》，第169页。
③ 黄玉顺：《爱与思——生活儒学的观念（增补本）》，增补本序第4页。
④ 黄玉顺：《爱与思——生活儒学的观念（增补本）》，增补本序第5页。

"生活儒学"研究

关于"境界",指"个体人格"在观念层面向"生活本源"的"回归"。黄玉顺说:"境界问题的实质,在于个体人格的回归。首先,一般来说,境界总是说的某个人、某个个体的境界;其次,这个人的境界,是说的他在观念层级上的回归。"①也就是说,"境界层级"与"观念层级"是对应的,只不过二者的逻辑顺序恰好相反,而且"境界层级"更为彻底,最终直达"生活本源"。他说:"当我们这样来看的时候(生活本源→形而上→形而下→生活),这是观念的奠基关系;而反过来看的时候(生活→形而下→形而上→生活本源),则是境界论的问题。观念的生成和境界的提升是两个正好截然相反的过程。"②他还说:"境界层级之间的关系是跟观念层级之间的生成关系一致的。区别仅仅在于:观念的生成关系到形而上的绝对存在者为止不再推进,而只是就此回过头来解释形而下的相对存在者,……唯其如此,人们才会'遗忘存在本身',或者'遗忘生活本身';而境界的追求则继续可以推进,由形而上学而重新回归生活本源。"③进而,黄玉顺将境界分为"自发境界""自为境界"和"自如境界"三个层级,三个层级的特征分别为"无觉解""觉解""大彻大悟"。他说:"我们首先在生活,我们一向就在'无意识'、'无觉解'地生活着,也就是说,我们自发地生活着;然后我们去生活,我们获得了'觉解''自我意识',我们成为一个形而下的存在者,追寻形而上的存在者,也就是说,我们自为地生活着(不过,通常,一般人的自为的"去生活",只是作为形而下的存在者的生活,达不到形而上的境界);最终,我们大彻大悟,回归生活本身,回归纯真的生活情感,也就是说,我们终于自如

---

① 黄玉顺:《爱与思——生活儒学的观念(增补本)》,第169页。
② 黄玉顺:《儒学与生活——"生活儒学"论稿》,第279页。
③ 黄玉顺:《爱与思——生活儒学的观念(增补本)》,第169页。

地生活着。"①在三个层级的境中，"自如境界"为最高境界。关于"自如境界"，黄玉顺还说：

> 最高的境界就是：自觉地回归生活本身，自觉地回归生活情感尤其是爱的情感，自觉地在生活并且去生活。②

四、结　语

综上所述，在黄玉顺看来，在"制度化儒学"已经解体的今天，要真正实现"儒学复兴"，不能停留于当前"肤浅"的层面，而应"哲学地"创新儒学之义理；通过"哲学地"创新，不仅实现儒学之自我发展，而且为现代化提供价值之源。在这样一种动机之下，黄玉顺提出了"生活儒学"的概念，并进行了形而上学的理论建构。大致来讲，这样一种理论架构受启发于海德格尔的存在论，立基于原始儒学作为大本大源的"生活"概念，借鉴于形而上学的理论框架，从而为"形而上学"也为"形而下学""奠基"，最终引导人们在观念层面向"生活本源""回归"。具体来讲，他以"存在即生活，生活即存在"为基本命题，通过"破解""回归""构造"三大步骤，在"生成""奠基""境界"三个方面，完成了由"生活本源"到"形而上"再到"形而下"的"观念奠基"和由"形而下"到"形而上"再到"生活本源"的"境界提升"，从而实现了"生活儒学"的理论架构。很明显，"生活儒学"既非传统的"形而下学"，亦非传统的"形而上学"，而是"本源层级"的"形而上学"，即作为"形而上学"和"形而下学""本源"的"形而上学"。也就是说，"生活儒学"抛弃了海

---

① 黄玉顺：《爱与思——生活儒学的观念（增补本）》，第171页。
② 黄玉顺：《爱与思——生活儒学的观念（增补本）》，第186页。

"生活儒学"研究

德格尔的"此在"观念,突破了以"主体性"建构"形而上学"的理路,以超越"主体性"并为"主体性"本源的"生活"来奠基。就此来讲,传统"形而上学"是"无根"的,而"生活儒学"是"有根"的。黄玉顺说:"生活儒学之区别于传统形而上学之处仅仅在于:生活儒学的形而上学构造意识到它自己的生活本源,并在形而上学构造的每个环节上,首先对这种本源加以阐明。这就是说,生活儒学的形而上学构造工作,就是:在生活本源的地基上,重建主体性,重建实体性,重建本体论,重建范畴表。"①亦很明显的是,"生活儒学"是一个自我圆洽的创新性的理论体系,它已超越前述"儒学复兴"之诸种现象的肤浅。当然,仅靠一种理论建构可能难以完成"儒学复兴",但如果每位学者都致力于理论创新,"儒学复兴"的目标便是可以实现的。

---

① 黄玉顺:《面向生活本身的儒学——黄玉顺"生活儒学"自选集》,第47页。

儒学的启蒙:关于制度正义的思考

——与吴兴明教授和黄玉顺教授商榷*

郭　萍

偶然读到吴兴明教授的论文《海德格尔将我们引向何方——海德格尔"热"与国内美学》①,文章"对中国当代语境中由海德格尔'热'所导致的思想走向提出质疑",认为海德格尔热"导致(中国学术)……远离了启蒙现代性的思想方向";"面对中国极其严重的制度缺失、社会分化扭曲和生活世界混乱无度的危机,海德格尔'热'导致了一种强大的理性虚无主义思潮:不仅将一切规范作为主客关系的'座架'产物而加以排除,而且将所有可能形成规范的思维乃至思想领域的分化本身视为'对象性之思'和'形而上学'"。该文特别谈道,"对海德格尔现代性批判的阐释几乎为当前国内所有带有后现代倾向的思潮提供了支持:其原始哲学及其对理性的形而上学批判为传统儒学的复兴提供了支持……";并注明:"参见黄玉顺《爱

---

* 原载《当代儒学》第 14 辑,四川人民出版社 2018 年版。

① 吴兴明:《海德格尔将我们引向何方?——海德格尔"热"与国内美学》,《文艺研究》2010 年 5 期。以下引文,均见此文。吴兴明:四川大学文学与新闻学院教授、博士生导师。

与思》，四川大学出版社 2006 年版"①，即把黄教授"生活儒学"列为源于海德格尔后现代主义、反对启蒙现代性、拒绝积极制度建构的虚无主义思潮。

我对吴教授这种深切的现实关怀表示敬意，并同意他这样的判断：黄教授"生活儒学"的代表作《爱与思——生活儒学的观念》是致力于"儒学的复兴"的。但我也不得不指出，吴教授至少在以下三点上误解了"生活儒学"思想：第一，"生活儒学"虽然与海德格尔之间确有密切关系，但对海氏却是在根本上持批判态度的，反复多次指出海氏思想的自相矛盾性和不彻底性；第二，"生活儒学"并非站在后现代立场上反对"启蒙现代性"，恰恰相反，其在形下层级上的思想立场正是主张中国人"走向现代性"；第三，面对"中国极其严重的制度缺失"、社会"规范"问题，作为"生活儒学"形下学层级的一种展开，黄教授的"中国正义论"建构正是要解决"社会规范建构及其制度安排"的问题。

吴教授之所以有上述误解，可能是因为他没有仔细读过黄教授的著述，故未能理解"生活儒学"的思想视域及其观念层级的展开方式。为此，本文对黄教授"生活儒学"思想加以述评、并有所商榷，以此与吴教授商榷。

一、海德格尔将我们引向了虚无主义吗

笔者首先要提出的质疑是，海德格尔"热"果真"导致（中国学术）……远离了启蒙现代性的思想方向"，"导致了一种强大的理性虚无主义思潮"吗？

---

① 黄玉顺：《爱与思——生活儒学的观念》，四川大学出版社 2006 年版。

在笔者看来，吴教授始终有一种难以割舍的传统形而上学（本体论）情结，这使他没有意识到海德格尔思想的真正价值。吴教授认为，中国 20 世纪 80 年代的"存在论"（ontology）"从根本上抛弃以工具活动的主客体关系为根据，而从本体论的角度来论证人的权利、价值和尊严"，推进深化了中国的现代化；而 90 年代以后被广泛认同的海德格尔思想，则是一种背离启蒙现代性的存在论。"海德格尔的存在之思……我认为它恰当的领域是美学冥思的本体论解释"；"把满足心灵渴求的原始诗性上升为本真性，上升为存在的尺度本身，并以此为根据去要求存在总体，摧毁理性和生活世界诸领域的现代性分化。不管这种思想的表述多么曲折、幽深，它都是一种深入骨髓的审美主义和非理性主义的形而上学。"这表明吴教授未能把握住海德格尔思想的根本意义。

海德格尔最大的贡献是其"存在论区分"，即首次明确地区分了"存在"（Sein）与"存在者"（Seiendes / Das Seiende），由此开启了本源性的思想视域，为解构和重建形而下学乃至形而上学提供了可能。他指出，不仅科学，而且哲学形而上学都只是在思考"存在者"，而遗忘了"存在"本身。他批判了传统存在论的形而上学："形而上学……思考存在者整体——世界、人类、上帝"①；"（虽然）与实证科学的存在者层次上的发问相比，存在论上的发问要更加源始。但存在论在研究存在者的存在时，任存在的一般意义不经讨论，那么存在论发问本身就还是幼稚而浑噩的"②。因此，有必要进一步思考：作为本体的绝对存在者是何以可能的？这就需要回到存在本身，"重提存在的意义问题"，从而开启新的思想视域。而吴教授所认同

---

① ［德］海德格尔：《哲学的终结和思的任务》，收入海德格尔：《面向思的事情》，陈小文、孙周兴译，商务印书馆，1999 年第 2 版，第 68 页。

② ［德］海德格尔：《存在与时间》，生活·读书·新知三联书店 2012 年第 4 版，第 13 页。

的存在论，其实就是海德格尔所批判的那种遗忘了"存在"的传统存在论。

海德格尔突出强调了存在问题的优先性，并进行了实质性的开创工作：以思考存在本身的基础存在论为传统存在论奠基。他指出，"任何存在论，如果它不曾首先充分澄清存在的意义并把澄清存在的意义理解为自己的基本任务，那么，无论它具有多么丰富多么紧凑的范畴体系，归根到底它仍然是盲目的，并背离了它最本己的意图"；"存在问题的目标不仅在于保障一种使科学成为可能的先天条件，而且也在于保障那使先于任何研究存在者的科学且奠定这种科学的基础的存在论本身成为可能的条件"。①如此一来，正如黄教授所指出，海德格尔实际上将人类的观念区分为三个基本的层级，并揭示出其间的奠基关系：基础存在论（生存论）→传统存在论（形而上学）→ 科学与伦理学。②

海德格尔的生存论是 20 世纪整个思想界基于对现代社会问题的反思而转向生活世界的一种理论表达。"许多哲学家或哲学流派都不约而同地从不同视角将注意力聚集到生活世界上，提出了关于生活世界的构想和批判理论。我们可以从胡塞尔的现象学、维特根斯坦的语言哲学、海德格尔的存在主义、……等重要哲学流派的观点中，看到 20 世纪哲学向生活世界回归的这一重要转向。"③这就意味着对传统哲学、传统形而上学、传统存在论的解构，因为两千多年来形上学化的哲学早已成为无本无源的抽象概念游戏，而生活本身或存在本身则被当作"非哲学的"和"非真理的"东西而排斥在哲学的视野之外。面对吴教授所说的"中国极其严重的

---

① ［德］海德格尔：《存在与时间》，第 13 页。

② 参见黄玉顺：《复归生活、重建儒学——儒学与现象学比较研究纲领》，《人文杂志》2005年第 6 期；人大复印资料《中国哲学》2006 年第 1 期全文转载。

③ 衣俊卿：《理性向生活世界的回归——20 世纪哲学的一个重要转向》，《中国社会科学》1994 年 2 期。

制度缺失、社会分化扭曲和生活世界混乱无度的危机"，学术界之所以无法提供实质有效的理论参考，观念上的最根本原因正是其局限于形而上化的思维，脱离当下生活。但事实上，任何思想观念无不源于生活，生活本身是超越一切对立与分化的最本源的事情，因此，只有解构传统存在论，回归生活，才有可能重建存在论，从而有效地回应现实社会的问题。

由此可见，解构是为了积极的建构，而不是吴教授所说的虚无主义。海德格尔所开启的新的思想视域，不仅使思想界回归生活，也启发了当代中国的理论创新。黄教授的"生活儒学"就是与海德格尔思想有着密切关联的一个理论典型：海氏的"基础存在论"启发黄教授提出了"生活—存在"的本源性思想视域；同时，黄教授将海氏所揭示的奠基关系加以改造，表达为生活儒学的话语——"生活本源形而上学形而下学"，以此作为人类全部观念的基本层级的展开方式。

二、生活儒学对海德格尔思想的批判

生活儒学显然绝非儒家思想的海德格尔化，恰恰相反，黄教授多次指出海氏思想的自相矛盾性和不彻底性，其生活儒学也正是首先通过对海德格尔的批判而展开的。

(一)生活儒学对海德格尔通达存在的进路的批判

黄教授指出，海德格尔前期的"此在—生存"进路是认为：存在只有通过此在(Dasein)的生存领会才可能绽出，这恰恰暴露出"生存"并不是"存在"本身，而只是"此在的存在"，即一种存在者的存在。"假如说生存乃是此在的事情，那就意味着，我们走向存在，必须有一个先行的观念，有一个先行的东西：此在。①然而"此在是一种存在者"②，即便是特殊的在者，也是存在者，而非存在本身，于是"存在者便成为了存在的先行观念。这跟他的存在论观念自相矛盾，而重新落入了传统形而上学的窠臼中"③。

至于海德格尔后期的进路，即试图通过诗性的言说"更其源始地去构成《存在与时间》的课题"④，黄教授认为不必理会，其理由是：如果不通过对"此在特加阐释"就可以"突入存在概念"，即撇开此在的生存而直接诉诸存在本身，就意味着存在本身是可以与生存无关的事情；然而"生活儒学根本就不承认那种在'生存'之外的所谓'存在本身'"⑤。"生活就是存在；生活之外，我们不能设想还有什么'存在本身'。生活之外的存在本身，完全不可思议！"⑥

因此，"生活儒学只讲生活"⑦。黄教授刻意回避使用"生存"这个词，旨在强调"生活儒学的'生活'观念绝非海德格尔的'生存'概念"⑧；"生活即是存在，生活之外别无所谓存在"⑨。相较于海德格尔的"此在-生存"，生活儒学的"生活-存在"观念有三点根本不同：

第一，"生活"是无任何前设的观念。"生活本源之为本源，就是这样的真正彻底的'无前设性'（Voraussetzungslosigkeit）：既没有先验的'纯粹意

---

① 黄玉顺：《爱与思——生活儒学的观念》，四川大学出版社，2006年版，第21页。
② 海德格尔：《存在与时间》，第14页。
③ 黄玉顺：《面向生活本身的儒学》，四川大学出版社，2006年版，第100页。
④ 海德格尔：《存在与时间》，第68页。
⑤ 黄玉顺：《面向生活本身的儒学》，第135页。
⑥ 黄玉顺：《爱与思——生活儒学的观念》，第22页。
⑦ 黄玉顺：《面向生活本身的儒学》，第100页。
⑧ 黄玉顺：《面向生活本身的儒学》，第120页。
⑨ 黄玉顺：《面向生活本身的儒学》，第100页。

识领域'的前设,也没有生活之外的'存在本身'的前设。"①黄教授反复阐明,他所说的"生活"不是任何现成在手的东西,而是非现成化的衍流;"生活本身不是任何人的生活"②,是"人与草木共同生活着"③,即是没有任何存在者领域划分的、前存在者的存在,也就是比任何主体性存在者(人)、特殊存在者(此在)更先行的存在。

第二,作为主体的"人"是由"生活"给出的。"生活首先并不是人的生活,人倒首先是生活着的人。这意思就是说,人之所以为人,首先是因为他生活着。有怎样的生活,就有怎样的人。"④海氏的"此在"先行的观点蕴含着"有怎样的人就有怎样的生活"的逻辑,因而导致了其理论的矛盾性和不彻底性;生活儒学对这一逻辑的翻转,无疑是对海德格尔理论缺陷的克服。

第三,"生活"首先显现为"爱"的生活情感。黄教授特别强调这一点,认为这是儒家的基本观念,也是与海德格尔的消极悲观的"现身情态"(情绪)根本不同之处。"儒家形上学的奠基不同于康德的理性,是以情感来奠基;也不同于海德格尔的'烦'的情绪,而是以爱的情感来奠基。"⑤表明生活儒学是以儒家的本源性仁爱情感为大本大源的;而海德格尔的思想则如吴教授所说,"始终是以孤立主体面对世界的视野来展开的"。

(二)生活儒学对海德格尔哲学终结论的批判

虽然黄教授自身也拒斥形而上学,但他强调:"我所拒绝的是'传统'的形而上学,而不是一切形而上学。其实,我的主张是'重建形而上学'。这

---

① 黄玉顺:《爱与思——生活儒学的观念》,第 194 页。
② 黄玉顺:《爱与思——生活儒学的观念》,第 194 页。
③ 黄玉顺:《爱与思——生活儒学的观念》,第 187 页。
④ 黄玉顺:《面向生活本身的儒学》,第 121 页。
⑤ 黄玉顺:《面向生活本身的儒学》,第 215 页。

是跟后现代主义根本不同的地方。"①因此,对于海氏的哲学终结论,黄教授批判其是陷入矛盾而不自知:海氏一方面揭示出"基础存在论→传统存在论→科学"这样的奠基关系,但另一方面却又悲观地认为"哲学进入其终极阶段了",未来哲学最终的可能性就是"消解于被技术化了的诸科学"之中。②

与海氏的观点不同,黄教授认为,"形而上学乃是不可逃逸的";"假如我们自行放弃了形而上学的企图,那么科学仍会不予理会地自行发展,但却会是一匹脱缰的野马;伦理生活仍会进行,但却会是一种动物的 '伦理'"③;因此,"我们今天的任务不是彻底拒绝形而上学,而是重建儒家形而上学,并且在这个基础上重建形而下学"④。与传统形而上学的建构不同,黄教授认为,"我们今天需要一种新的思想视域,去超越那种传统的形上学、形下学。我们必须回到儒家的一种真正的、比形上学和形下学更原初的思想视域,回到那样一种作为真正的大本大源的观念之中,然后再来重新建构形上学、形下学"⑤。

由生活儒学对海氏思想的批判可以看出,生活儒学并非吴教授所认为的受海德格尔影响而"否定主体哲学、启蒙理性","告别启蒙"的后现代理论;相反,生活儒学是通过对传统形而上学的解构,复归到当下现代性的生活方式中,建构适应现代社会的形而上学和形而下学,以此引导中国更好地"走向现代性",这恰恰彰显了生活儒学的现代启蒙特质。

---

① 黄玉顺:《儒学复兴的两条路线及其超越》,《西南民族大学学报》200年第1期。

② 参见[德]海德格尔:《面向思的事情》,第70页。

③ 黄玉顺:《复归生活、重建儒学——儒学与现象学比较研究纲领》。

④ 黄玉顺:《儒学复兴的两条路线及其超越》。

⑤ 黄玉顺:《儒学复兴的两条路线及其超越》。

三、走向现代性的生活儒学

黄教授清醒地意识到,现代意义的"中国"与古代意义的"中国"不同,这种观念的转变"乃渊源于我们的这样一种当下的生活显现样式,被把握为当今中国人的现代性的生活方式。因此,当代中国的政治哲学的根据,只能是作为一种当代观念建构的形而上学与形而下学;而其本源,则只能是当代的生活显现样式"①。这就决定了当今中国走向现代性是不可逆转的历史大趋势。今天的"中国"是一个现代民族国家(nation),"它的崛起——和平崛起,这两个方面是缺一不可的:一个是现代性的诉求,一个是民族性的表达"②。

因此,黄教授将自己的思考方向确立为"超越前现代主义(亦即超越原教旨主义);超越现代主义;还要超越后现代主义"③。

对于前现代主义和后现代主义的反现代性倾向,黄教授都进行了明确的批判:"'前现代主义',……表现为一部分儒家学者、儒家人士的一种原教旨主义倾向。这么一种倾向,可能是很危险的"④,"它不可能实现"⑤。而后现代主义同样很危险,他指出,对于当今的儒学重建来说,"后现代主义的做法尤其地不可取"⑥,因为,在学理上,一切形下学的建构(包括科学与伦理)都回避不了本体论的承诺;拒斥所有的形上学,意味着一切知识

---

① 黄玉顺:《爱与思——生活儒学的观念》,第248页。
② 黄玉顺:《生活儒学:黄玉顺说儒》,孔学堂书局2014年版,第11页。
③ 黄玉顺:《儒学复兴的两条路线及其超越》。
④ 黄玉顺:《生活儒学:黄玉顺说儒》,第16页。
⑤ 黄玉顺:《儒学复兴的两条路线及其超越》。
⑥ 黄玉顺:《生活儒学:黄玉顺说儒》,第17页。

与伦理失去根基,显然不利于中国的现代化发展。

黄教授更进一步认为,在"走向现代性"的过程中,所谓的现代主义也是亟待超越的:现代新儒家一厢情愿地希望现代的个体精神及自由、民主"能从我们的文化传统中自然生长出来、逻辑地推演出来,而西化派则寄希望于将个体精神简单地从西方文化中移植过来。所以,在我看来,我们今天必须超越这种两派对峙、二元对立的格局"①。

"生活儒学"强调以当下现代性的生活为大本大源,重建形上学和形下学。那么何为现代性的根本呢? 黄教授认为:"可以一言以蔽之:现代性的根本是'第一实体'(Primary Substance)观念,亦即个体精神(Individual Spirits)。"②这也是中国现代化的首要观念和核心所在,"中国的现代化,首先是观念的现代化;而观念的现代化,核心在于重建第一实体"③;这当然"并非回到那种神学的个体精神,而是建立人文的个体精神"④。黄教授在多篇文章中论及个体性问题:一方面,通过历时性的梳理中国传统的个体精神的产生与失落, 为在现代确立个体的主体性地位找到最宝贵的思想资源,而且认为自阳明心学将个体"良知"作为最高本体,已经显露出现代性观念的端倪, 而此后从明清启蒙思潮到现代新儒学中儒家的现代性个体观念越发明显;另一方面,通过与现代西方原子化、单子化、孤立存在的个体观念的比较,彰显儒家所持有的与草木"共在"的个体观念;而且与西方以理性或意志等确证个体的主体价值不同, 儒家是以个体性的良知来

---

① 黄玉顺:《中西之间:轴心时代文化转型的比较——以〈周易〉为透视文本》,《四川大学学报》2003 年第 3 期;人大复印资料《中国哲学》2003 年第 9 期全文转载。

② 黄玉顺:《中西之间:轴心时代文化转型的比较——以〈周易〉为透视文本》。

③ 黄玉顺:《中西之间:轴心时代文化转型的比较——以〈周易〉为透视文本》。

④ 黄玉顺:《重建"第一实体"——中西比较视野下的中国文化的历时解读》,《泉州师院学报》2003 年第 3 期。

确证自身的主体性，此个体良知不同于传统心学派或现代新儒家所讲的作为先验预设的"良知"，而是源发于本源的生活情境中，以本真的"仁爱"生活情感来确立个体作为主体性的存在。

黄教授以现代个体精神为现代性之根本，并强调现代个体的主体地位，由此建构起现代的主体性，这实质上已经揭开了"生活儒学"重建形而上学的帷幕，因为哲学就是形而上学，而"什么是哲学研究的事情呢？……这个事情就是意识的主体性"[①]，所以，重建形而上学的实质就是重建主体性。黄教授本人对海德格尔的这一观点是很认同的，而且明确地说："'生活儒学'是致力于重建儒家形而上学的"[②]。

但是生活儒学并没有就此展开对形而上学的正面建构和阐释，致使其理论体系中本体论的部分一直是缺失的。对此，黄教授解释道："儒学不仅仅是一个生活本源的问题，还有形而上学、形而下学的问题。……一则因为时间的关系；再则，我目前对这个问题的思考，还不是很缜密、周全。当然，我已经有了一个通盘的考虑，但目前我的主要注意力还是放在本源的层级上的。"[③]这一解释难免有些牵强，既然黄教授认为"从学理上来看，形而上学不仅是科学建构的基础，也是伦理建构的基础"[④]，那么生活儒学在本体论层面上的展开就是极其必要和紧迫的，因为生活儒学在形而下学层面的建构业已展开，其最具代表性的成果就是其关于制度正义的思考——"中国正义论"，而只有兑现生活儒学的本体论承诺，才能使中国正义论的理论根基更加稳固。

---

① 海德格尔：《哲学的终结与思的任务》，见《面向思的事情》，第76页。

② 黄玉顺：《爱与思——生活儒学的观念》，第49页。

③ 黄玉顺：《爱与思——生活儒学的观念》，第120页。

④ 黄玉顺：《复归生活、重建儒学——儒学与现象学比较研究纲领》。

四、中国正义论：关于制度正义的思考

面对"中国极其严重的制度缺失"、社会"规范"问题，黄教授的态度绝非是"虚无主义"的，恰恰相反，作为其"生活儒学"中的形下学的一种展开，其"中国正义论"的建构正是要解决"社会规范建构及其制度安排"的问题。他以孔子的"诸夏无君论"为典范，阐明了这样一个基本观点："社会政治秩序的稳定与否，并不取决于领导者的善否，而是取决于社会制度的善否。换言之，制度文明才是社会稳定的保障：在正义的制度下，即便领导者无德无才、甚至缺位，社会也是稳定的；而在不正义的制度下，即便领导者在位、甚至德才兼备，社会也缺乏稳定性。"①因此，"惟有制度文明才是社会稳定的保障"②。这也正是黄教授提出"中国正义论"的现实意义。

从其"生活儒学"观念层级构成的学术形态来看，中国正义论是"生活儒学"的形而下学层面中伦理学方面的理论。"作为儒家的制度伦理学的一种当代诠释，中国正义论其实是生活儒学的一个观念层级中一个方面的展开而已。"③但中国正义论又不同于其他的伦理学，而是"可称之为'基础伦理学'（fundamental ethics）"的"一般正义论"；中国正义论基于"生活儒学"的"特定视角"，通过对罗尔斯正义论的批判，显示了自身作为"基础伦理学"的理论特质，其批判并非针对罗尔斯的正义论中所体现的那些现代价值，而是针对其学理本身，如"正义论之论域的狭隘""正义原则的空

---

① 黄玉顺：《制度文明是社会稳定的保障——孔子的"诸夏无君"论》，《学术界》2014 年第 9 期。

② 黄玉顺：《制度文明是社会稳定的保障——孔子的"诸夏无君"论》。

③ 黄玉顺：《中国正义论的重建——儒家制度伦理学的当代阐释》，安徽人民出版社 2013 年版，第 15~16 页。

白""正义概念的偏狭"等问题。①黄教授认为,罗尔斯所提出的只是一种"现代社会正义论",而并不是作为"基础伦理学"的"一般正义论"。那么"一般正义论"是怎样的一种正义理论呢? 对此,黄教授阐明:

> 我们所理解的真正的一般正义论及其正义原则,是那种能够解释古今中外所有一切社会制度何以可能的理论。中国正义论就是这样一种正义论,它不仅通过正当性原则来要求制度规范的建构出于仁爱(超越差等之爱、追求一体之仁)的动机,而且通过适宜性原则来充分考虑制度规范的建构在不同生活方式中的效果。这样一来,古今中外所有一切社会规范及其制度都可以由此而加以评判、得以解释。②

为了能给"古今中外所有一切社会规范及其制度"进行"评判"和"解释",黄教授首先在理论上明确区分了"行为正义"与"制度正义",并在儒学的视域下,以"克己复礼"与"礼有损益"为核心命题作了具体阐释。

> 一是依据于现行制度规范的正义:遵循性的正义行为。一种行为符合某种现行的制度规范,我们可以说它是正义的,孔子所说的"克己复礼"就是在这种意义上来讲的。但这种依据于制度规范的行为的正义,并不是说的正义原则,而是"正义行为"……。二是超越于现行规范的正义: 变革性的正义原则。正义论的核心课题并不是正义行为,而是正义原则,这种正义原则所要解决的问题乃是判定某种规范

---

① 参见黄玉顺:《作为基础伦理学的正义论——罗尔斯正义论批判》,《社会科学战线》2013年第8期。

② 黄玉顺:《作为基础伦理学的正义论——罗尔斯正义论批判》。

的正义性、建构一种正义性的制度规范。……"礼有损益"就是在这种意义上来讲的。①

因此，中国正义论的主题是"礼的'损益'根据问题，即是赖以进行规范建构及其制度安排的正义原则问题"②。这是因为，如果"所有一切不同文明的社会规范（包括儒家既有的伦理规范）都必须接受'损益'，那么，我们根据什么来进行社会规范的损益呢？那就是作为伦理原则的正义原则"③。故"礼有损益"所对应的"制度正义"比"克己复礼"所对应的"行为正义"更具有基础性和优先性。这表明，我们并不能直接用中国正义论的正义原则来判定一项行为是否正义，但这种原则为一切正义制度和正义行为的判定提供了最根本的伦理依据，其逻辑关系为：正义的原则→正义的制度→正义的行为。

那么"正义原则"源自哪里？它与其他伦理观念之间有何关系？黄教授基于生活儒学的一贯思考，作了进一步深入系统的考察，分析论证了"正义"问题产生的本源、"正义原则"提出的必要性和可能性。生活儒学认为，本源性的生活首先显现为"爱"的生活情感，"爱"是一切的大本大源；然而"爱"既导致正义原则（"义"）的产生，也导致利益冲突（"利"）。"我们爱一个人，自然就希望他或她好，就会为他或她谋利。爱亲则欲利亲，爱民则欲利民，爱人则欲利人，爱物则欲利物。"④此即荀子"爱而利之"的思想，因有"爱人之心"，遂行"利人之事"。然而同时，"爱有差等"，这必然导致利益冲

① 黄玉顺：《中国正义论的重建——儒家制度伦理学的当代阐释》，第24~25页。
② 黄玉顺：《中国正义论的重建——儒家制度伦理学的当代阐释》，第40页。
③ 黄玉顺：《中国正义论的重建——儒家制度伦理学的当代阐释》，第295页。
④ 黄玉顺：《中国正义论的重建——儒家制度伦理学的当代阐释》，第29页。

突。这才需要制定各种制度规范，正义地实现利益；因此才有必要提出"正义原则"，解决利益冲突的问题。除"差等之爱"外，儒家还讲"一体之仁"，意味着人皆有"良知"这种源于共同生活情境、不虑而知的"共同的正义感"，或者说"共通的道德感"，由此正义原则的提出才成为可能。在此基础上，人们才运用理性、理智，制定出各种具体的制度规范。由此，黄教授得出中国正义论的一个基本的观念序列：仁（仁爱）利（利益）智（良知）义（正义）知（理智）礼（规范）乐（和谐）。

黄教授指出，"正义原则"就是由当下生活情境而产生的"共同的正义感"的自觉的理论表达，其中涵盖着正当性原则（包括公正性准则和公平性准则）和适宜性原则（包括地宜性原则和时宜性原则）。①正当性原则体现在公、私两个方面：公利主要依靠公正性准则得以保障和实现，而与公利相关的私利主要是靠公平性准则得到保障和实现。"正是由于仁爱情感固有的两个方面的作用——差等之爱中的'推扩'作用、'一体之仁'中的'溥博'作用，才保证了对他者私利、群体公利的尊重，从而保证了制度规范的正当性的实现。"②而适宜性原则涉及的则是"某种制度规范本身是否符合人们当下的生活情境"问题。③时宜性准则表明，每一个时代或时期各有与其相适宜的制度规范体系，只要我们承认历史是发展的，就必然承认这一点。中国社会的王权制度、皇权制度都曾经是适宜的，那么民权制度也将会是适宜的，同时也意味着过去的王权制度和皇权制度不再适用于当今中国，因此复古、效仿古代具体的礼法制度的做法就是不适宜、不正义的。地宜性准则是指空间性的适宜，黄教授指出："对于现代社会的基本

---

① 参见黄玉顺：《中国正义论的重建——儒家制度伦理学的当代阐释》，第33页。

② 黄玉顺：《中国正义论的重建——儒家制度伦理学的当代阐释》，第36页。

③ 参见黄玉顺：《中国正义论的重建——儒家制度伦理学的当代阐释》，第37页。

的制度规范的建构来说,最重要的显然是'民族国家'的问题,……即使全球化所展示的未来生活方式的'趋同'图景,也不可能完全泯灭地宜的差异。"①这一准则表明,在制度建构中,不同的民族、不同的文化传统需要作为一个基本的"地宜"条件加以考虑,而一味照搬西方制度实施于中国,显然是非正义的。这两条正义原则共同保障了制度的正义性:制度正义与否,取决于它的正当性;而这种正当性,必须落实于它的适宜性。其意在指明"义"与"礼"的这样一种关系:"'义'或正义原则的绝对性,就存在于'礼'或制度规范的相对性之中。"②

中国正义论的提出和阐释,无疑对当前中国的制度建构有现实的参考价值;但中国正义论作为基础伦理学,毕竟只是提供了基本原则,并不能对具体的制度建构直接起到指导作用。黄教授也声明,他所阐释的正义论乃是普适的正义论,这就是说,当今中国具体应当建构什么样的正义制度以及制度的具体内容和设计等问题都不是他所要讨论的。然而,作为一种政治哲学的思考,仅仅有一个"空"的正义原则显然是不够的,在由"义"落实为具体的"礼"之间的理性考量上,中国正义论有必要进一步思考。事实上,当代儒学中有不少学者正在从事这方面的建构工作,相对于中国正义论,他们的思考显得更具有直接现实性。

此外,由于生活儒学在本体论上没有进行正面的建构,这不免使中国正义论缺少形上层面的观念支撑,显得根基不牢。对于这一点,生活儒学虽然可以从"观念的生成"序列上加以解释,即本源生活生成形而下者,形而下者再追溯到形而上者;但对于一个完备而圆融的理论形态来说,这毕竟是一个缺憾。笔者期待黄教授能早日兑现"重建儒家形而上学"的承诺。

---

① 黄玉顺:《中国正义论的重建——儒家制度伦理学的当代阐释》,第38页。
② 黄玉顺:《中国正义论的重建——儒家制度伦理学的当代阐释》,第39页。

论生活情感与社会正义
——评"生活儒学"及其"中国正义论"建构*

杨生照

本书是学界关于黄玉顺先生"生活儒学"思想的研究文章与评论文章的结集。

黄玉顺先生1957年8月3日(夏历丁酉年七月初八)出生于四川省成都市。1975年下乡插队。1977年考入成都大学中文系,即"77级"大学生。1981年至1989年在中学教授语文。1989年至1992年在四川省社会科学院攻读硕士学位。获得文学硕士学位后,1992年进入四川大学文学院(后来与新闻学院合并为文学与新闻学院),历任助教、讲师、副教授。1997年考入中国社会科学院研究生院哲学系中国哲学专业,师从蒙培元先生,研究方向为儒家哲学。2000年获得哲学博士学位,回到四川大学哲

---

* 原载《当代儒学》第14辑,四川人民出版社2018年版。此文为杨生照主编《生活·情感·思想——评黄玉顺"生活儒学"》的"编者前言",四川人民出版社2018年5月版。

学系,任教授。2010 年调入山东大学儒学高等研究院。①

　　黄先生于 2004 年正式提出"生活儒学",迄今已发表相关论文 100 多篇,出版相关专著两部、文集 6 本,建构了完整的"生活儒学"思想理论体系。

一

　　黄玉顺先生"生活儒学"一提出,便受到了学界的广泛关注;②随着其理论建构的进一步发展和完善,在学界的影响也不断扩大,对其加以研究和评论的文章亦日渐增多（甚至出现了研究专著）。③这些文章散见于报刊、网络等,本书是关于"生活儒学"思想研究和评论的第三次结集出版。

　　第一次结集出版是崔发展、杜霞主编的《生活·仁爱·境界——评"生活儒学"》④。该书收录了 32 篇学术文章、4 篇附录文章;作者有知名学者李幼蒸、吴光、鞠曦、张志伟、干春松、郭沂、任文利、李广良、宋大琦、周剑铭等。⑤

　　第二次结集出版是杨永明、郭萍主编的集刊《当代儒学》第 11 辑（黄

---

①　关于黄玉顺先生的更详尽情况,还可参见刘宏的文章《生活的儒者·儒者的生活——"生活儒学"创始人黄玉顺先生略记》。

②　黄玉顺先生于 2004 年 5 月的一次网上讨论中正式提出"生活儒学";紧接着 2004 年 7 月至 9 月,撰写了《〈生活儒学〉导论》,该文是黄先生第一篇较为全面地正式阐述自己"生活儒学"思想的文章,具有"宣言"的性质。当年 12 月 11 日,当时北京地区一些活跃的中青年学者举办的"青年儒学论坛"就黄先生的这篇文章进行了专场研讨。

③　参见孙铁骑:《生活儒学与宋明理学比较研究》,安徽人民出版社 2014 年 4 月版。

④　崔发展、杜霞主编:《生活·仁爱·境界——评"生活儒学"》,安徽人民出版社 2011 年 4 月版。

⑤　参见本书附录《〈仁爱·情感·境界——评"生活儒学"〉目录》。

玉顺生活儒学全国学术研讨会特辑)）[1]。该书共收录学术文章 56 篇(包括 21 篇参会论文、35 篇与会发言)，以及媒体报道 5 篇；作者有知名学者王学典、任剑涛、王庆节、傅有德、傅永军、程志华、罗传芳、涂可国、沈顺福、林存光、杨海文、赵法生、胡波、任文利、徐国利、谢爱华、宋大琦、孙铁骑等。[2]

第三次结集出版即本书《生活·情感·思想——评黄玉顺"生活儒学"》。本书收录学术文章 32 篇(其中《"中国正义论——中国古典制度伦理学"系列研究启动仪式专家发言》其实包含 16 篇发言)、附录两篇；作者有知名学者蒙培元、李幼蒸、安乐哲(Roger Ames)、李存山、傅有德、安靖如(Stephen Angle)、傅永军、李翔海、干春松、田辰山、颜炳罡、郭沂、白彤东、罗传芳、丁耘、孙春晨、宋大琦、杨万江、孙铁骑等。

本书收录的文章，截至 2017 年；进入 2018 年以来，又陆续出现了一些文章，未及收录。[3]

---

① 杨永明、郭萍主编：《当代儒学》第 11 辑(黄玉顺生活儒学全国学术研讨会特辑)，广西师范大学出版社 2017 年 8 月版。"黄玉顺生活儒学全国学术研讨会"由山东社会科学院文化研究所、中国孔子基金会《孔子研究》编辑部、山东大学儒学高等研究院、山东大学哲学与社会发展学院、西南石油大学马克思主义学院、四川思想家研究中心等 6 家单位联合主办，于 2016 年 8 月 20 日至 21 日在山东济南举行。另见涂可国主编《黄玉顺生活儒学研究》(黄玉顺生活儒学全国学术研讨会论文集)，齐鲁书社 2017 年 6 月版。

② 参见本书附录《〈当代儒学〉第 11 辑目录》。

③ 例如《社会科学家》2018 年第 1 期刊发的一组 6 篇文章：姚新中教授的《爱、思与存在——对生活儒学基本概念的商榷》，董平教授的《儒学与生活："转俗成真"与"回真向俗"》，余治平教授的《黄玉顺"生活儒学"的理论勇气与关键问题》，赵法生教授的《存在、性情与工夫——生活儒学之性情理论的贡献与局限》，方旭东教授的《正义的中国面孔——评"生活儒学"的"中国正义论"》和刘梁剑教授的《生活儒学与观念问题》。另有程志华的《存在即生活，生活即存在——"生活儒学"之形而上学的建构》，《河北大学学报》2018 年第 2 期。

二

本书编者曾有幸追随黄先生研习哲学和儒学尤其是"生活儒学"多年,所以今编集本书,不只是作为一种资料的搜集整理而已,而是意在通过这种编集工作,引起关于"生活儒学",乃至关于儒学和哲学一般问题的更多更深入的探讨和研究。因此,编者亦欲在此略陈自己关于"生活儒学"的些许浅陋之见,以就正于各位读者方家。

作为当代儒学中的一个极具代表性的理论体系,黄玉顺先生之"生活儒学"思想的研究和建构的全部工作可以概括为八个字:"复归生活,重建儒学"。其中"重建儒学"说的是黄先生之哲学和儒学研究的目的指向,即黄先生意图通过重建一种新的现代性的儒学理论,以使作为传统文化之主体的儒学能够有效地切入当下中国人的生活之中;而"复归生活"说的是黄先生"重建儒学"的思想视域和致思路径,即只有复归至作为存在本身并显现为仁爱情感的生活本源,才能实现儒学的当代重建。以下便从这两个方面简要介绍黄先生的"生活儒学"思想。

(一)"生活儒学"研究的目的指向:"现代性诉求的民族性表达"

黄先生一直强调,"儒学"不是"为人之学",即"为别人而研究别人"(它包括两层意义:一是为了得到别人的某种认可或体制的好处而进行的研究;二是研究那种无关乎当下生活的东西,比如关于哲学史、思想史的那种对象化、知识化的"客观"研究),而是"为己之学",即应当"研究自己的问题——关乎当下生活的问题"①。因此，他的"生活儒学"思想研究也并非是出于某种"思古之幽情"而进行的对历史上的某种儒学理论的对象化、知识化的"客观"研究，而是直接面向我们当下的生活，为解决我们当下生活中最切要的问题而进行的一种儒学重建研究。

这里所谓"当下生活中最切要的问题"，便是"中国的现代化"，或曰"走向（以个体精神为核心的）现代性"，因为"这是谁也无法抗拒的世界潮流、历史大趋势、人类文明的走向"②。这既是黄先生"生活儒学"所要致力解决的问题，也是近代以来无数有着现实关怀的中国知识分子一直在思考的问题。对此，黄先生认为："现代性乃是民族性的事情。……民族性乃是现代性的一个涵项，一个基本涵项，一个本质的涵项。离开了民族性，你就无法理解现代性。"③这是说，尽管就现代性社会的基本精神和核心价值来说，它是唯一的，但是走向现代性的过程却是各个民族或国家自己的事情，是各个民族或国家立足于自己本民族的历史文化传统，从而开创属于自己本民族的现代化之路的历史过程，就此现代化过程的民族性来看，它乃是多样的。因此，就中国的现代化事业来说，虽然早已有西方世界作为先例和典范走在前面，并且西方现代化的道路和模式也的确构成了中国现代化之思的必要参考，但是这并不意味着我们因此就完全效仿和照搬西方道路和模式；④相反，我们应当立足于以儒学为主体的中国文化这一

---

① 黄玉顺：《生活儒学与中国正义论——从我研究儒学说起》，《深圳大学学报》2014 年第 1 期。

② 黄玉顺、杨虎：《儒学与生活——黄玉顺教授访谈录》，《当代儒学》第 8 辑，广西师范大学出版社 2015 年版。

③ 黄玉顺：《儒学与生活：民族性与现代性问题——作为儒学复兴的一种探索的"生活儒学"》，《人文杂志》2007 年第 4 期。

④ 事实上，所谓"西方模式"这一概念也只能是在一个非常有限和相对的范围内才成立，即它只能是相对于"非西方"国家而言的。因为就所谓的西方世界来说，英、法、德、美等各个国家的现代化道路和模式也是各不相同的。甚至，有些西方国家之间的差异不小于它们与非西方国家的差异。

民族精神根基,走属于我们中国自己的现代化道路。①黄先生将此称为"现代性诉求的民族性表达"②。

因此,他的"生活儒学"就是"关于现代性的生活方式的一种儒家思想建构"③,亦即是从传统儒学(尤其是孔孟等原创时期的儒学)思想中发掘具有现代性精神的观念并对之展开一种当代的阐释,以重新构建一种新的现代性的儒学理论,从而为中国的现代化提供某种可能的参考。而儒学乃至中国文化的复兴,也只有在其从传统形态向现代形态的转换中才是可能的。那么黄先生是如何展开其儒学的诠释和重建工作的呢?这就与其"生活儒学"的核心观念——"生活-存在"的观念有关了。

(二)"生活儒学"的核心观念及其理论架构:"生活-存在"与仁爱情感

黄玉顺先生的"生活儒学"思想在内容上涉及、涵盖的学术领域非常广泛:从范围上看,涉及中西古今各种哲学思想;从论题上说,有纯粹形而上学、诠释学、政治哲学、伦理学、历史哲学,甚至还有科学哲学、艺术哲学,等等。但是编者以为,整个"生活儒学"中对于哲学和儒学研究最大最重要的突破和创新,同时也是其"生活儒学"思想体系中最为核心的观念,就是黄先生一直强调的"生活-存在"的观念。此"生活-存在"的观念既是

---

① 值得说明的是,尽管"现代性的诉求"离不开各个民族自己的表达方式(即"民族性表达"),但是在当代中国的儒学界,却也有不少学者在强调"民族性表达"的时候又有意无意地忽视了更为重要的"现代性"诉求这一根本的前提和准绳。丢却了"现代性"精神这根准绳,当前的儒学研究和复兴就很容易陷入一种复古的原教旨主义的危险境地。这也是我们必须予以警惕的,黄先生亦已在多篇文章中对之做出提醒。

② 黄玉顺:《儒学与生活:民族性与现代性问题——作为儒学复兴的一种探索的"生活儒学"》,《人文杂志》2007 年第 4 期。

③ 黄玉顺:《儒学与生活》,《当代儒学》第 8 辑,广西师范大学出版社 2015 年版。

我们理解"生活儒学"思想的关键切入点,也是最易被误解(也是被误解最多)的概念。那么这个"生活-存在"的观念究竟意指为何呢?简而言之就是:"生活即是存在。"①

当然,仅仅停留于"生活即是存在"这句话,无论是对于理解"生活-存在"这一表达,还是对于理解"生活儒学"思想来说,都还是非常晦暗不明且无甚助益的,甚至还可能增加我们误解的可能性。因为就"生活"一词而言,它在今天的日常使用中往往被意指形而下的具体的社会实践活动;就"存在"一词来说,它在历史上的许多学术或哲学文本中也经常被意指为"一个对象性的东西,或者用中国话语来说,一个'物',一个'东西'"。而这种将"存在"看作一个"物"、一个"东西"的理解,黄先生特别指出,其实这不是"存在",而是"存在者"。②如果从形而下的具体的社会实践活动,或者从某种"存在者"的意义上去理解"生活即是存在",恰恰导向的是对黄先生"生活-存在"观念的误解。因此,编者以为,黄先生说"生活即是存在"其实并不是将"生活"径直规定为"存在"这么简单,而是要在"生活"与"存在"之间展开一种互释,即一方面,可以从"存在"的观念来理解"生活"(黄先生称之为"作为存在的生活");另一方面,也可以以"生活"的观念理解"存在"(黄先生称之为"作为生活的存在")。

首先,从"存在"的观念来理解"生活"(即作为存在的生活),这是与黄先生对现象学,尤其是对海德格尔前期的存在论现象学的研究和吸取(或者用黄先生自己的话说,是他"与现象学——胡塞尔、舍勒、尤其是海德格

---

① 黄玉顺:《生活儒学讲录》,安徽人民出版社 2012 年版,第 23 页。
② 黄玉顺:《生活儒学讲录》,第 21 页。

尔的平等对话"①)直接相关。②黄先生认为,海德格尔一生的哲学思想中最
重要的内容,就是他所提出的著名的"存在论区分"(der Ontologische Un-
terschied),亦即是"存在者"(das Seiende)与"存在"(Sein)的区分。这一区分
有两层意义:第一,存在者是有(某物),存在本身则是无(或者说是"无物"),
所以存在不等于存在者,这意味着我们不能把存在者当作存在来追问,否
则就会像苏格拉底之后的两千多年西方形而上学一样"遗忘存在",从而
错失"存在"的真意;第二,存在与存在者之间存在着一种奠基关系,即存
在先行于存在者,并使存在者得以为存在者,这就意味着,只有回到存在
本身才能真切地理解和把握存在者。黄先生说"生活即是存在",首先指的
就是海德格尔所谓的这种与"存在者"相区别,且使"存在者"得以为"存在
者"的"存在"本身的观念,或者也可以说,黄先生就是把海德格尔的这个"存
在"易名为"生活"。也正是在此意义上,黄先生经常强调,我们不能问"什
么是生活"或"生活是什么"这样的问题,"这样的问法是不恰当的",因为:

> 当我们问"什么是生活"或者"生活是什么"之际,生活就已经被看
> 成了一个存在者、一个物,而不再是存在本身、生活本身了。这是因为,
> 但凡"什么"总是意味着一个东西,一个对象,一个在形而上学"主-
> 客"架构中的客体。但生活并不是"什么"——生活不是一个东西。③

---

① 黄玉顺:《"生活儒学"导论》,《面向生活本身的儒学——黄玉顺"生活儒学"自选集》,四
川大学出版社 2006 年版,第 29 页。

② 可能正因为与海德格尔现象学的这种"对话",黄先生的"生活儒学"在其创立之初的许
多著作中几乎言必称"海德格尔",从而使其"生活儒学"呈现出非常"严重"的海德格尔化,渗透着
非常浓厚的海德格尔味。

③ 黄玉顺:《面向生活本身的儒学——"生活儒学"问答》,《面向生活本身的儒学——黄玉顺
"生活儒学"自选集》,第 55 页。

因此，从"存在"的观念来理解"生活"，就是在强调不能把"生活"理解为具有某种规定性的存在者（即"某物"），而应理解为使得一切存在者得以为存在者的"存在"本身，其中"无物存在"，所以黄先生亦常讲"生活是无"。

其次，以"生活"的观念理解"存在"（即作为生活的存在），这主要体现在黄先生在其论释过程中常采用古典语文学（即文字学、音韵学、训诂学等）的方式对"生""活""存""在"等汉字之原初意义的考证和揭示。因此，它其实并不是说我们先有了某种"生活"的观念，然后以此"生活"的观念去把握"存在"，毋宁说"生活"与"存在"的意义都在他的考证工作中被揭示和敞开。通过考证，黄先生发现，从文字的最初构造来说，"生"（上中下土）、"在"（左才右土）都是意指草木初生于大地之上，"活"乃是水流声，意指水的川流不息（水也是万物得以生长之源），"存"（左才右子）则表达了草木与人的共同初生。不难看出，这四个字——"生""活""存""在"的原初意义都共同表达了中国远古先民的一种重要观念，即（包括草木、人、大地在内的）万物并非相互独立、各不相干的既成不变的现成存在者，相反，它们一体共存、息息相关，且始终处于生生不止的创化流行之中，亦即是《周易》中所谓的"生生之谓易"。①这就是中国古人关于"生活"和"存在"的思想，同时也是黄先生所谓的"生活–存在"的观念。

要言之，黄先生所谓"生活–存在"并非任何形式的存在者，即既非某种形而下的相对存在者（如草木、人等），亦非某个形而上的绝对存在者（如上帝、绝对精神等），而是指先于一切存在者并使存在者得以为存在者的存在本身，亦是万物的一体共存和生生不息的存在状态。也正是在此意

---

① 参见黄玉顺：《生活本源论》，《爱与思——生活儒学的观念》，附论二，第185~199页；或参见黄玉顺：《生活儒学讲录》，第24~26页。

义上，黄先生不仅把此"生活-存在"看作一切存在者得以存在的"大本大源""源头活水"，并且还把关于此"生活-存在"的领会或观念(海德格尔称之为"生存领会"，黄先生称之为"生活感悟")看作关于存在者之学说(包括关于形而下的相对存在者的形而下学和关于形而上绝对存在者的形而上学)得以建立的"大本大源""源头活水"。故而黄先生亦有"生活本源"之说。

另外，黄先生之所谓"生活-存在"尽管不是任何形式的存在者，却不断地显现自身。那么存在是如何显现自身的呢? 在此，黄先生亮出了他的儒家立场，他说:"在儒家的思想观念当中，这种作为大本大源的生活本身、存在本身，就是仁爱;或者说，生活本身、存在本身，对儒家来讲，它首先显现为仁爱这样的情感"①。在此，黄先生从儒家的观念和立场出发指出，作为"大本大源"的"生活-存在"并不显现为什么"烦""畏"情绪或上帝之"爱"，而是显现为从"恻隐之心""孝悌亲亲"直至"民胞物与""万物一体"的仁爱情感。黄先生的这一看法既是对本源性的"生活-存在"之显现方式的儒家式理解和回答，也是对儒家仁爱观念的一种全新的存在论诠释。这种对"仁爱"的存在论新诠释不仅有别于把"仁爱"看作一种形而下的伦理规范、道德原则(如与诚信、勇敢等并列)或是形而下的"个体在经验生活当中面对对象性存在者所发生的一种情感"(与喜、怒、哀、乐、恶、欲等情感并列)②，而且也有别于把"仁爱"看作一种形而上的作为宇宙万物得以存在之终极根据的心性本体。在黄先生看来，无论是把"仁爱"看作形而下的道德规范或心理情感，还是看作形而上的心性本体，都还是在传

---

① 黄玉顺:《生活儒学讲录》，第27页。在"生活儒学"思想体系中，本源性的"生活-存在"除了(首先)显现为仁爱情感之外，它还有一种显现样式，黄先生称之为"生活方式":它处在不断地流变之中，构成了形而下的制度规范不断损益重构的"生活"渊源。

② 黄玉顺:《生活儒学讲录》，第30页。

统哲学的"形上–形下"的形而上学架构范围内思考和打转，而没有进入本源的"生活–存在"的观念和视域。而其"生活儒学"最大、最根本的突破，就是"打破了两千年来古今中外的哲学的'形而上学→形而下学'的二级架构"，"追溯作为存在的生活及其情感显现"，①并将此仁爱生活情感的显现看作先于一切存在者（包括形而下的相对存在者和形而上的绝对存在者）并使一切存在者得以生成变化和一体共存的终极根源；而对于此仁爱生活情感之领会，即"生活感悟"，则构成了关于形而下存在者的形而下学及关于形而上存在者的形而上学之建构得以可能的 "大本大源""源头活水"。这就为当代的形而下学和形而上学的重构奠定了儒家的根基，打上了儒家的印记。

在"重新发现"②先秦儒家固有的这种作为存在本身的"生活"及其仁爱情感显现的观念后，黄先生提出了一个关于人类全部思想观念及其相互关系的三层架构理论系统，它展开为观念的生成关系和观念的奠基关系两个向度：

观念的生成关系：生活存在→形而下者→形而上者

（或 仁爱情感→相对存在者→绝对存在者）

观念的奠基关系：生活感悟→形而上学→形而下学③

---

① 黄玉顺、赵立庆：《生活儒学与"古今中西"问题——山东大学儒学高等研究院博士生导师黄玉顺教授访谈》，《社会科学家》2017 年第 1 期。

② 黄先生认为，作为存在本身的"生活"的观念，并非他自己的"发明"，而是他对"先秦儒家和道家固有的思想视域的重新发现而已"（参见黄玉顺、赵立庆：《生活儒学与"古今中西"问题——山东大学儒学高等研究院博士生导师黄玉顺教授访谈》）。这种"生活–存在"在儒家观念中表达为仁爱情感的显现，而在道家观念中则表达为"无"或"无物"。

③ 黄玉顺：《生活儒学讲录》，第 35~42 页。

以此三个层级的观念为基本架构,黄先生的"生活儒学"思想体系建构的全部工作就体现为:以作为存在本身的生活及其仁爱情感显现为"大本大源",重建新的具有现代性精神的儒家形而上学和形而下学(包括知识论与伦理学)。从已有的成果来看,黄先生的儒家形而上学建构工作主要体现在他通过对作为"群经之首"的《周易》中的"阴阳"和"变易"思想的阐释而提出了一种以"变易本体论"为核心的"易道形而上学",而他的形而下学建构工作则主要体现为一种当代的儒家制度伦理学,即"中国正义论"的建构。①鉴于篇幅所限,他的"变易本体论"思想不在此处作展开论述,他的"中国正义论"思想则放在下文作简要阐述。

不过黄先生也强调指出,尽管他的"生活儒学"思想是以现代性诉求为指向的,但是他所提出的这个三层架构的思想系统也"并不是仅仅专门针对现代性问题的,而是关乎'人'及其全部观念与全部历史的一套'儒学原理'"②。就此而言,黄先生的"生活儒学"思想又不只是作为一种学派意义上的儒家的哲学理论,而且也展现出了其更为深沉和普遍的哲学之思。此种哲学之思突破了许多人都有的那种把儒学与中国历史上某个特定时代的政治制度或生产方式捆绑起来的思维方式,进而也赋予了儒家仁爱思想以更为普遍的思想意义。

(三)"生活儒学"的言说方式问题

一种思想观念的表达呈现总是离不开某种特定而相应的言说方式。黄玉顺先生的"生活儒学"理论建构以"面向生活本身",即以揭示或敞开

---

① 参见杨生照:《诗情、易道与正义——论黄玉顺"生活儒学"中的易学思想》,《当代儒学》第 11 辑,广西师范大学出版社 2017 年版,第 175 页。

② 黄玉顺、赵立庆:《生活儒学与"古今中西"问题——山东大学儒学高等研究院博士生导师黄玉顺教授访谈》,《社会科学家》2017 年第 1 期。

本源性的"生活-存在"观念及其情感显现为基础与核心，这种"揭示和敞开"活动要求的是对"生活-存在"本身的领会与诠释，同时也本质性地关联着一种本源或本真的言说和表达方式，"这种存在之领会与诠释是与本真的言说同在的"①。如前所述，关于本源性的"生活-存在"观念的理解领会，黄先生称之为"生活感悟"，而与此"生活感悟"的敞开相应的言说和表达方式就是诗歌。

> 我所谓"生活感悟"，包含本真的生活情感和原初的生活领悟，这些都是先于理性、先于科学、先于伦理、先于哲学的事情。这种本真的生活感悟、尤其情感，往往都是由诗歌来传达的，即陆机《文赋》所说的"诗缘情"。②

"生活感悟"与诗歌之间的这种本质关联，在黄先生关于"生活本源"的论释阐述中体现得尤为明显，即他特别喜欢引用诗歌并在对诗歌的赏析中展现其"生活-存在"的思想观念。这是因为，在黄先生看来，作为存在的"生活"首先就显现为情感，而"诗歌这样的言说方式，是情感性的言说方式，实际上所表现的就是情感之思"③。

在阐明"生活感悟"与"诗歌"之间的关联之际，黄先生根据人类全部思想观念的三层架构，将人类全部的言说方式划分为两种：一种是"言之无物"，一种是"言之有物"。其中，"科学、哲学、形而上学都是'言之有物'

---

① 黄玉顺：《易经古歌考释·修订再版后记》，上海古籍出版社2014年版，第442页。

② 黄玉顺：《易经古歌考释·修订再版后记》，第441页。

③ 黄玉顺：《爱与思——生活儒学的观念》，第105页。

的,而诗歌、艺术、本源性的言说是'言之无物'的"。①这里的"科学"就是一种形而下学,它与"哲学"(也就是"形而上学")一道,都是对某种存在者(物)的思考与追问,只不过形而下学是对"众多相对存在者",亦即个别具体事物的研究,而"形而上学"是对"存在者整体"("宇宙万物")或者说是对"唯一绝对存在者"的探究。科学、哲学、形而上学的研究,因其总是与某种形式的存在者("物")相关,所以其相应的言说方式亦表现为"言之有物"。而在"生活-存在"及其仁爱情感的显现中,无物存在,或者用黄先生常用的表达来说,"生活"是"无",所以与此本源性的"生活-存在"观念相应的言说方式就必定是"言之无物"的。黄先生曾这样论述诗的这种"言之无物"的本源性:

> 当你读诗的时候,你去品味,就能发现:诗诚然是想象-形象的,但是诗却又是"言之无物"的。这里所谓"言之无物"是说:这里没有物,没有存在者。诗中显现的想象是形象,不是存在者,不是物,不是我们的认识对象。本源性的言说是"言之无物"的,意思是说,在本源性的言说当中,在一首好诗的言说当中,诚然出现了很多想象的形象,但这不是你所"看到"的形象。你所看到的,只是情感本身的流淌,情感本身的显现。假如你"看到"了这些形象,那就是把它们作为一种对象来打量,那就完了! ②

质言之,在黄先生看来,本源性的"生活-存在"及其情感显现的表达,只能通过诗歌、艺术等"言之无物"的方式;而"言之有物"的言说方式,则

---

① 黄玉顺:《爱与思——生活儒学的观念》,第106页。
② 黄玉顺:《爱与思——生活儒学的观念》,第105页。

是属于科学、形而上学的,也是非本源的。

　　不过,这里还有这样一个问题值得我们去追问与思考,即是否只有诗歌或艺术是通达(言说和表达)本源性的"生活-存在"观念及其情感显现的唯一可能方式或路径? 如果是,那么是否意味着,要想领会通达此"生活-存在"的观念,我们就必须放弃所有的科学和形而上学的概念语言?之所以提出此问题,是因为在黄先生的"生活儒学"理论创构开始之后,"尽管学界对生活儒学颇为关注",但是黄先生却多次表示说"真正理解的人并不多"。这种不理解,一方面固然应当有"思想视域"方面的原因,即很多人依然是从传统的形而上学视域来理解"生活儒学";但是另一方面,是否也与黄先生自己对"生活-存在"观念的论释表达方式有关呢? 如前所述,黄先生不仅强调本源性的"生活-存在"观念的言说表达须通过一种本源性的言说方式,即诗歌、艺术等形式,而且他在论释其"生活-存在"观念时的确亦常借助于诗歌的引用与赏析,但是同时我们也看到,在黄先生关于"生活-存在"观念的许多论释阐述中,其实还依然保留着许多传统形而上学的概念语言,如"存在""无"等,它们都曾是传统形而上学中长期沿用的概念。甚至于像"生活即是存在""生活是无"等这样一些阐释"生活"观念的重要表达,其所蕴含的"A 是 B"这样的句法结构也是极易被作存在者化理解的:如果说此结构中的"是"的意义主要与黄先生所力图阐发的"存在"本身的观念有关,那么其中的"A""B"则往往更多被作为某种存在者来理解。以这样一种存在者化的句法结构来阐释非存在者化的"生活-存在"观念,其中的误解或许在所难免。因此,在编者看来,黄先生的身上呈现着诗人气质,其思中亦寄托着诗人情怀,但是其哲思的表达,尤其是其"生活-存在"观念的论释,似乎并没有完全摆脱传统形而上学的概念语言的牢笼,而其思想之所以总被误解,或许亦与其沿用了许多传统形而上学的概念语言不无关系。①因此，这里的问题是：我们是否能够完全摆脱或放弃传统形而上学的那种概念语言，而完全诉诸一种诗化的艺术性表达？编者以为，当一种哲思完全诉诸诗化的艺术性表达之时，这种思想本身亦将陷入某种"只可意会，不可言传"的神秘玄虚之境。

三

本书所收录的文章有几篇并非直接讨论"生活儒学"，而是讨论"中国正义论"，它们是《"中国正义论——中国古典制度伦理学"系列研究启动仪式专家发言》《公义语境下的儒家社会正义原则——与黄玉顺教授商榷》《中国当代正义理论的一种建构——黄玉顺"中国正义论"述评》《关于正义问题的中国理论——评黄玉顺〈中国正义论的重建〉》和《评〈东方之声：中国正义论〉》。之所以将这些文章也收入本书，是因为"中国正义论"其实是隶属于"生活儒学"理论体系之下的，是"生活儒学"三大层级之中的形下层级的伦理学方面的展开。以下略陈编者关于黄先生"中国正义论"思想的一些粗浅理解。

如前所述，黄玉顺先生的"生活儒学"建构致力于在复归"生活本源"的基础上，重构一种新的现代性的儒家形而上学（即本体论）与形而下学（包括知识论与伦理学）。而在其形上学与形下学的具体重构工作中，黄先生首先进行的（事实上同时也是其用力和形成成果最多的）就是作为形而下学之一部分的儒家伦理学部分，或者更为全面的表达，是作为一种"儒

---

① 就这一问题来说，同样深受海德格尔现象学影响的当代儒家学者张祥龙先生就表现出了另一番气象，即在张先生的著作中，为了真正展现出"存在"本身的意蕴，他试图基本弃绝传统的形而上学概念语言，而采用一种其特有的极富诗意的语言表达。

家制度伦理学"的"中国正义论"(Chinese Theory of Justice)的建构。①

（一）"中国正义论"的普遍性与特殊性：一般正义问题与中国式方案

首先需要注意的是，黄先生曾特别强调，他所建构的"中国正义论""并不是关于'中国正义'的一种理论，而是关于一般'正义'问题的中国理论"，"是对于正义问题的中国式的提出方式、叙述方式和解决方式"，是对"中国文化传统中的正义思想"的一种当代阐释。②这就是说，一方面，黄先生的"中国正义论"建构所指向的问题并不只是局限于当代中国这样一个特定历史时空中的问题，而是古今中外一切人类社会都存在、都会面对的具有普遍性的"一般'正义'问题"，或者毋宁说，"正义"问题本身就是一般性的、普遍性的，所以黄先生的"中国正义论"就绝不是要建构某种"地域性"的正义理论，恰恰相反，它乃是基于一种"普世性的正义诉求"，从而成就一种"普遍正义论"或"一般正义论"。③另一方面，黄先生也发现，尽管长期以来中国学界对正义问题的关注和讨论并不少，但是基本充斥的都是西方的正义论，传达的都是西方的正义话语，转达的都是西方的正义观念，甚至表达的也都是西方的正义立场，而对我们中国自己的文化传统中的正义思想的关注和研究则完全被遗忘。④因此，黄先生的"中国正义论"

---

① 在敞开了最本源性的"生活–存在"的观念之后，黄先生之所以首先进行的是形而下的制度伦理学的重建，是因为在黄先生看来，就当代中国人的生活状况来说，相较于形而上学的本体论建构和形而下的知识论建构，如何实现制度规范的现代转换与重构才是最为首要而紧迫的问题，它将直接决定和影响着当代中国现代化的方向和进程。

②③ 参见黄玉顺：《中国正义论纲要》，《四川大学学报》2009 年第 5 期。

④ 参见黄玉顺：《中国正义论纲要》，《四川大学学报》2009 年第 5 期。

"生活儒学"研究

正是要让正义论摆脱西方话语和观念体系的垄断而说中国话，亦即是从我们中国自己的文化传统中发掘有关一般"正义"问题的思想，从而对此一般"正义"问题给出一种中国式的回答和解决。又，如所周知，在中国文化传统中，对于"正义"问题关注和讨论最多的显然主要是儒家，所以他的"中国正义论"建构工作又主要体现为"儒家的'义'或者'正义'观念……在当代语境中的阐释"，即从儒家的立场和方式对一般"正义"问题做出回答和解决。如果说，对一般"正义"问题的关注展现了黄先生"中国正义论"的一种普遍的哲学之思，那么其所追求的"中国式"（或者说是儒家式）的解答方案则又一次体现了前面（介绍其"生活儒学"研究的目的指向时）所指出的"现代性诉求"的"民族性表达"。同时，也正因为其"中国正义论"研究所指向的是普遍性的一般"正义"问题，他的"中国正义论"建构对于儒家"正义"思想来说所揭示和阐明的也便主要是其普遍性的一面，这就与那些总是强调儒家与其他思想之间的差异性进而好讲"儒家特殊性""中国特殊性"的所谓儒家学者划清了界限。

那么黄先生所谓的一般"正义"问题究竟是什么呢？他的"中国正义论"又是如何以中国、儒家的方式来做出解答的呢？简而言之，所谓一般"正义"问题，就是社会规范建构及其制度安排问题，亦即"群体生活的秩序安排或组织形式"问题。当然，与一般的政治学乃至具体的政治实践活动（它们更多是要提供某种具体的秩序建构方案或行动策略）不同，以一般"正义"问题为指向的正义论研究是要探究制度规范建构所依据的基本原则或价值根据。用中国或儒家的话语来表达，社会中的制度规范即是"礼"，而其建构所依据的基本原则或价值根据即是"义"。因此，一般"正义"问题也就可以以"义→礼"结构来表示。而黄先生提出的中国式方案则体现在他依然是以儒家的仁爱观念为核心和根基来解释和回答制度规范建构的问题,并提出了一套非常完整而系统的理论结构(或曰观念序列),即仁→利→知→义→智→礼→乐;或曰仁爱情感→利益问题→良知智慧或正义感→正义原则→理智或工具理性→社会规范及其制度→社会和谐。①这个理论结构还可进一步精炼成最核心的环节与结构就是"仁→利→义→礼"。此理论结构不仅从儒家的视域解释了"正义"问题何以是必然和必要的,而且也从儒家的立场回答了"正义"何以可能的问题。以下即从"正义"的必要性与可能性两个方面对此核心结构作简要阐析。

(二)"中国正义论"核心结构的阐析:"仁→利→义→礼"

1."正义"何以必然——从"仁爱情感"到"利益问题"

首先,人类为什么要建构制度规范呢? 也就是说,"正义"问题何以是必然的? 对此,黄先生指出:

> 对于制度规范的建构来说,正义原则之所以是必要的,是由于群体生活中的利益冲突问题。这是古今中外一切正义论所共有的论域。……正义问题乃是利益问题。……
>
> 正义问题是与利益问题密切相关的,人们之所以提出正义原则,并由此来建立制度规范,就是为了解决利益冲突问题。②

这就是说,就其直接目的而言,制度规范的建构就是为了解决群体生活中的利益冲突问题。正是利益冲突这一人类社会群体生活的共同问题,

---

① 参见黄玉顺:《中国正义论的形成——周孔孟荀的制度伦理学传统》,东方出版社 2015 年版,第 60 页。

② 黄玉顺:《中国正义论纲要》,《四川大学学报》2009 年第 5 期。

把西方的"正义论"与中国的"义利之辨"及"礼"之建构纳入了同一论域，进而一方面使得它们之间有了可资比较与对话的可能，另一方面也使中国"正义论"①的当代建构得以可能。可以说，社会群体生活中的利益冲突问题不仅是一个在当代实然存在的现实问题，而且在相当程度上也是贯穿人类社会始终的问题（不管人类社会是否真的有终点）。

又，当我们试图要解决某个问题的时候，一个必要的工作就是追问该问题得以产生的根源，因为往往在问题产生的根源处也蕴藏着问题的解决之道。因此，我们要想解决群体生活中的利益冲突问题，就得首先追问：社会群体生活中的利益冲突究竟是何以可能的？黄先生"中国正义论"的首要创见可以说就是从儒家的视域对此问题做出了回答："在儒家思想中，仁爱既然是所有一切事物的本源所在，那么仁爱必定也同样是利益冲突的本源所在。"②这就是说，利益冲突乃是导源于仁爱情感，或者说，正是本源的仁爱情感导致了利益冲突。这一思想乍听起来很多人都可能会觉得"惊世骇俗"，尤其会让某些儒家原教旨主义者完全无法接受，会认为这是在给儒家"仁爱"思想抹黑。然而，这却是"生活"本身的"实情"。

作为"生活-存在"的首要的、原初的显现样式，首先，仁爱情感给出或生成了施爱者（爱的主体）与被爱者（爱的对象）这两个彼此相异的形而下的实体性存在者（即"己"与"非己"），又由于仁爱情感的显现呈现差等性（即所谓"差等之爱"），故而作为爱的对象的被爱者（"非己"）也被同时赋予了各自的差异性，即亲人、人民、万物。此即孟子所谓"亲亲而仁民，仁民

---

① 注意：是中国"正义论"，而不是"中国正义论"。如果我们承认应当建构中国的"正义论"，那么，黄玉顺先生的"中国正义论"则可以看作中国的"正义论"建构的一种率先的尝试与展开。

② 黄玉顺：《中国正义论纲要》，《四川大学学报》2009年第5期。

而爱物"①,这就出现了"己"-"亲"-"民"(或"人")-"物"这样的差等序列。这个序列还可以推而极之到整个宇宙万物,它反映的就是形而下的众多相对存在者之间的差异性,他们都是作为某个独立的实体性存在者而存在。其次,仁爱情感的显现必然要展开并落实为施爱者与被爱者(即主客体)之间的"利欲"行为关系,即"我们爱一个人,自然就希望他或她好,就会为他或她谋利。爱亲则欲利亲,爱民则欲利民;爱人则欲利人,爱物则欲利物"②。这就是所谓"爱而利之",亦即荀子所谓"爱利"。而社会中的利益冲突的发生正是源于仁爱情感显现的这两个方面,即"爱有差等"与"爱而利之"的行为诉求。这就是黄先生"中国正义论"核心理论结构中的"仁→利"("仁爱情感→利益问题")这两个起始环节。

当社会中出现利益冲突,人们为了不至于相争,或者为了缓解斗争冲突,这就必然要制定一定的社会规范及其制度,以保障和实现社会中每个人的正当利益。而唯当社会中每个人的正当利益都得到了保障和实现,不同的个体之间才能进入一种和谐的状态(即"乐"),与此同时,由个体组成的群体的存在也才能得到维持。

2."正义"何以可能——从"生活情感"到"正义原则"

在以仁爱情感导致利益冲突这样的儒家方式阐明了利益冲突产生的根源与"正义"问题产生的必然性之后,我们再回到"正义"论的核心问题:用以解决利益冲突,从而实现社会和谐("乐")的制度规范之"礼"的建构何以可能? 对此,黄先生依然从儒家的仁爱立场出发做出了解答,为群体生活中的社会规范建构及其制度安排提出了"两条基本的正义原则":"正

---

① 《孟子·尽心上》。

② 黄玉顺:《中国正义论纲要》,《四川大学学报》2009 年第 5 期。

当性原则"与"适宜性原则"。①

首先,就"正当性原则"来说,黄先生指出:"正当性原则要求社会规范建构及其制度安排是正当的",它并不是指"依据某种现存既有的制度规范来判定行为是否正当",而是指"这种制度规范本身是否正当"。②进而言之,"正当性原则"又具体体现在"公正性准则"与"公平性准则"两个准则,前者强调的是对群体公利的尊重,后者强调的是对他者私利的尊重。而能够保障群体公利和他者私利得到尊重,从而保证制度规范的正当性得到实现的,亦正是本源性的仁爱情感。这是因为,作为"生活–存在"之显现样式的仁爱情感事实上同时蕴含了两个方面的作用,一个是差等之爱,另一个是从差等之爱"推扩"出去而有的"一体之仁",此即孔子所说的"泛爱众"、张载曾说的"民胞物与"等。如果说,差等之爱是导致利益冲突问题的情感渊源,那么一体之仁则是解决利益冲突的情感保障。③

其次,就"适宜性原则"来说,黄先生指出:"适宜性原则要求社会规范建构及其制度安排是适宜的",也就是说,它也不是指"某种行为是否符合现存既有的制度规范",而是指"这种制度规范本身是否符合人们当下的生活情境"。这是因为,"仁爱的'推扩''溥博'只是建构正义的制度规范的必要条件,但并不是充分条件"④;"一种正当的制度规范,未必就是适宜的"⑤。与前面的"正当性原则"类似,这里的"适宜性原则"也体现在两个方面,即"地宜性准则"和"时宜性准则"。这两个准则意味着,制度规范的建

---

① 黄玉顺:《中国正义论纲要》,《四川大学学报》2009 年第 5 期。

② 黄玉顺:《中国正义论纲要》,《四川大学学报》2009 年第 5 期。

③ 参见黄玉顺:《中国正义论纲要》,《四川大学学报》2009 年第 5 期。

④ 黄玉顺:《中国正义论纲要》,《四川大学学报》2009 年第 5 期。

⑤ 黄玉顺:《制度规范之正当性与适宜性——〈周易〉正义思想研究》,见《中国正义论的重建——儒家制度伦理学的当代阐释》,安徽人民出版社 2013 年版,第 211 页。

构必须考虑到特定时空条件下的生活方式的变化，从而做到因时制宜、因地制宜，随时随地地"变易"，这也就是孔子所说的"礼有损益"。而此所谓"生活方式"的变化，也是前述的本源性的"生活–存在"的另一种显现样式。

从作为本源性的"生活–存在"之显现样式的"仁爱情感"与"生活方式"，到"正当性"与"适宜性"两条正义原则，并依据这两条正义原则来建构社会规范与制度，以解决社会生活中的利益冲突问题，这就是黄先生的"中国正义论"从儒家的立场对"正义"问题做出的解答。

以上略陈编者对于黄玉顺先生"生活儒学"思想体系及作为其中一个层级展开的"中国正义论"思想的一些浅见，以就正于各位专家。同时，也真诚希望本书的编集出版，能够对学界在"生活儒学"和"中国正义论"的研究，乃至一般的儒学与哲学问题研究方面有一定的推动和助益。

生活儒学"追问根源"的思维方式*

程志华

海德格尔通过区分"存在"与"存在者"建构起"存在本体论",凸显出"追问根源"思维方式的意义。他说:"这种属于此在的对存在的领悟就同样源始地关涉到对诸如'世界'这样的东西的领会以及对在世界之内可通达的存在者的存在的领会了。"①

上述绍述表明,海德格尔揭示"存在者"背后的"存在",所借鉴的是"现象学还原法"。概言之,"现象学还原法"有重要的方法论意义,即通过反向思维,透过现象,追问根源。换言之,哲学关注的重点不应是现象,而应是现象背后的根源。实际上,现象学这样一种"追问根源"的理路在哲学史上已有存在;尽管它们所追问的根源并不相同,但是这些内容比现象学的出现要久远得多。例如,中国之道家、佛教等均以反向思维追问根源。

正是在上述思维方式的"滋润"下,一些现代中国哲学家进行了哲学建构,这些哲学建构虽与海德格尔的哲学建构不同,但却有"异曲同工"之

---

* 节选自程志华:《"追问根源"与"哲学困难"》,《社会科学研究》2018 年第 3 期。
① [德]海德格尔:《存在与时间》,陈嘉映等译,生活·读书·新知三联书店,2006 年,第 17 页。

妙,因为他们所遵循的均是通过反向思维、透过现象"追问根源"的思维方式。当然,这些建构不仅有助于衡断"哲学困难",而且有助于化解"哲学困难"。大致来讲,这种建构由熊十力开其端,林安梧、黄玉顺随其后,在"追问根源"的基础上建立起相应的哲学体系。

熊十力以"体用不二"立宗,凸显了根源性总体。在他看来,"本体"与"现象"的关系是哲学的根本问题。然而,对于这样一个重要问题,西方哲学和佛教哲学均将本体与现象割裂开来,以至于"蔽于用而不见体"①或"谈体而遗用"②。实际上,真实情况乃"体用不二"。所谓"体用不二",一个方面,"即体而言用在体"③。即本体非顽空死寂,"体"自然要发而为"用"。另一个方面,"即用而言体在用"④。即"用"非无"体"之"用","用"即是"体"之显现。质言之,这两个方面乃体用之"不一""不异";而体用"不一""不异"便是"体用不二"之根本。熊十力说,《新论》全部,可说只是发挥体用不一不异意思。⑤之所以"体用不二",在于现象界乃"浑一的全体"。所谓"浑一的全体",其一,"于全中见分";其二,"于分中见全";其三,个体"互为主属"。⑥因此,熊十力以大海水和众沤来说明"浑一的全体"。他说:"这个全体并不是一合相,不妨说是无穷无尽的部分互相涵摄、互相融贯而成为浑一的全体。譬如大海水,实则只是无量的众沤,互相融摄而成浑全的大海水。我们说功能是浑一的全体,而仍于全中见分,于分中见全,并不道是一

---

① 萧萐父主编:《熊十力全集》第六卷,湖北教育出版社2001年版,第638页。
② 萧萐父主编:《熊十力全集》第三卷,第187页。
③ 萧萐父主编:《熊十力全集》第三卷,第239页。
④ 萧萐父主编:《熊十力全集》第三卷,第240页。
⑤ 参见萧萐父主编:《熊十力全集》第八卷,第201页。
⑥ 参见萧萐父主编:《熊十力全集》第七卷,第7页。

合相。此处最关紧要。"①进一步,为了凸显这个根源性总体,熊十力以"乾元"来指称之。他说:

> 《易》赞乾元曰"元者,善之长也",此善字义广,乃包含万德万理而为言。……长者,统摄义。万德万理之端皆乾元性海之所统摄(……乾者,动而健之势用,元,犹原也;乾元者,乾之原。……乾元即是本体之名。以乾元之在人而言,则名之曰性;以乾元统含万德万理之端则譬之曰海。海至深广,宝藏富故)。②

沿着熊十力的理路,林安梧以标示根源性总体的"存有"为核心,建构了"存有三态论"。在他看来,所谓"存有",并非作为所有存在物根据的最高的、超越的普遍性概念,而是天、地、人交与参赞所构成的一个总体根源。或者说,"存有"并非一个"被认识"的概念,而是"活生生"的作为"实存而有"的总体根源。因此,不能用既成的东西去论定"存有",而须以"无分别"的方式去厘清"存有"。不过,"存有"因为人的存在、人的"参赞"而"开显"。以上述为基础,林安梧展开了"存有三态论"的理论建构:其一,"存有"是"不可说"的,是超乎一切话语系统之上的,是一切存在的根源,此为"存有三态"的第一层状态——"存有的根源"。其二,"存有"不能永远处于"不可说"的状态,它必经由"可道"而"开显",此即"存有三态"之第二层状态——"存有的开显"。其三,"存有"经由"可道"开启后当落在"名"上说,由"可名"而走向"名以定形",此即"存有三态"之第三层状态——"存有的

---

① 萧萐父主编:《熊十力全集》第三卷,第249~250页。
② 萧萐父主编:《熊十力全集》第六卷,第567页。

执定"。①显而易见,"存有三态论"凸显了作为根源性总体的"存有"。关此,林安梧说:

> 这里所说的"存有"并不是一夐然绝待、离心自在的东西,而是"天地人我万有一切交融"的状态。就此源出状态而说为"存有的根源",相当于华夏文化传统所说的"道"。"道"是"人参赞于天地万物而成的一个根源性的总体",它是具有生发功能的总体之根源。②

此外,黄玉顺提出了"生活儒学"的主张,并借此重新建构"儒家形而上学"。他认为,形而上学的建构应包括由"本源"到"形而上学"再到"形而下学"这样三个"观念层级"。他说:"任何形而上学都是这样的层级构造,分为三个基本的构造层级:形而上学的本源;在这种本源地基上的形而上学构造本身;在这种形而上学基石上的'形而下学'的构造。"③在黄玉顺看来,这样三个构造层级打破了传统形而上学的二级建构,乃"生活儒学"之"最大""最根本"的"突破"。他说:"'生活儒学'最大、最根本的突破,就是打破了两千年来古今中外的哲学的'形而上学→形而下学'的二级建构,提出了观念的三级建构:生活存在→形而上存在者→形而下存在者。"④而且,他主张形而上学应是"双回向"的,即它不仅包括前述三个"观念层

---

① 参见林安梧:《"存有三态论"与"存有的治疗"之构建——道家思维的一个新向度》,台湾:《鹅湖月刊》第 26 卷第 6 期。

② 林安梧:《科技、人文与"存有三态"论纲》,《杭州师范学院学报》2002 年第 4 期,第 16 页。

③ 黄玉顺:《面向生活本身的儒学——黄玉顺"生活儒学"自选集》,成都:四川大学出版社 2006 年版,第 41 页。

④ 黄玉顺、赵立庆:《生活儒学与"古今中西"问题——山东大学儒学高等研究院博士生导师黄玉顺先生访谈》,《社会科学家》2017 年第 1 期,第 4~5 页。

级",还包括由"形而下学"到"形而上学"再到"本源"这样三个"境界层级",因为人作为"形而下存在者",还须有一个从"形而下"回到"形而上"之"境界追求"的问题,而"境界追求"表现为"自发境界""自为境界"和"自如境界"三个层级。①在黄玉顺,这样一个"双回向"的建构,均以"根源"为基础,而"根源"指"生活","生活"就是"存在"。他说:"存在即生活,生活即存在;生活之外,别无存在。"②总之,"生活儒学"非常强调作为根源的"生活"概念,以其作为重建"儒家形而上学"的基石。黄玉顺说:

> 自从原创时期以后、秦汉以来,儒学已经长久地遗忘了生活本身;这就正如轴心时期以后、雅典哲学以来,西方哲学已经长久地遗忘了存在本身。今日儒者的使命就在于:回归生活,重建儒学。这就是生活儒学的使命。③

世界是一个根源性总体,人在这个总体当中可以"参赞天地之化育"。在"参赞"过程中,人基于理性而建构起哲学这门学问。然而,由于人类理性是有限的,故哲学学问必是相对的,其在发展过程中必然会时不时地遇到"哲学困难"。历史地看,自进入 20 世纪后,由于现代性所暴露出的弊端,形而上学便开始遭遇困难,以至于出现了"拒斥形而上学"运动。在这种情形之下,海德格尔虽然也批判传统形而上学,但他主张区分"存在"与"存在者",并由"存在者"提升至"存在",从而重建形而上学。很显然,海德

---

① 参见黄玉顺:《爱与思——生活儒学的观念(增补本)》,四川人民出版社 2017 年版,第 171 页。

② 参见黄玉顺:《爱与思——生活儒学的观念》(增补本),增补本序,第 4 页。

③ 黄玉顺:《爱与思——生活儒学的观念》(增补本),叙说,第 3 页。

格尔的建构为一种"追问根源"的理路。然而,历史地看,这种理路在中国哲学已有悠久传统,而且现代中国哲学家也有不俗的理论建构。质言之,无论是海德格尔,还是熊十力等中国哲学家,他们的哲学建构之所以成功,重要原因在于通过反向思维、透过现象"追问根源"的理路。总而言之,面对现代性问题所引发的"哲学困难","追问根源"是完善哲学的有效途径。其实,不仅是面对现代性问题,面对任何"哲学困难"时,"追问根源"均是完善哲学的有效途径。因此,"追问根源"应该成为哲学的思维方式,应该成为哲学的经常课题。关此,海德格尔说:

> 重温一个开端并不是扭转回到以前的、对现在而言已是熟知的,仅仅需要模仿一下就行的东西上去,而是要更原始地重新开始这个开端。①

---

① [德]海德格尔:《形而上学导论》,第39页。

黄玉顺及其"生活儒学"*

郭 萍

回望历史,学派正是儒学生生不息,历久弥新的重要载体;放眼当下,山东大学已然组建起当前国内最大的儒学研究团队,并率先以"山大学派"崛起。

山大儒学高等研究院(以下简称"儒学院")是山大学派依托的主要实体机构,现拥有 54 位专职研究人员,包括 21 位博士生导师、29 位教授、20 位副教授、3 位美日等外籍研究人员。其中,颜炳罡、黄玉顺、曾振宇三位教授是"泰山学者"特聘专家,王学典、颜炳罡二位教授是山东省文史馆馆员,沈顺福教授是教育部"新世纪优秀人才",翟奎凤教授是青年"长江学者""泰山学者"青年专家。

当前,山大学派拥有"颜黄曾姚"四位当代中国儒学界的代表性人物,他们作为支撑山大学派的"儒门四大金刚",将有力地撬动山大整个古典学术和整个人文学科的发展。

---

* 节选自郭萍:《中国当代儒学"山大学派"的崛起》,原载《中华读书报》2019 年 4 月 10 日。

黄玉顺教授是"生活儒学"思想体系、"中国正义论"理论体系的创建者,也是山大儒学院引进的第一位儒学名家。早在四川大学任教时,黄教授就被称为儒学界的"西南王",2010年,他毅然加盟山大,此后思想也愈加精进。

黄教授构建的"生活儒学"思想体系,作为当代儒学最具原创性的理论之一,被张岱年主编《孔子百科辞典》修订版增补为专门辞条;当前学界研究和评论"生活儒学"的专著已经面世,文章已逾百篇,其中不乏李幼蒸、吴光、张志伟、董平、姚新中、干春松、程志华、余治平、赵法生、郭沂、方旭东等名家之作;黄教授因此与杜维明、李泽厚、刘述先、成中英、牟钟鉴、安乐哲、张立文、林安梧等并列为"当代儒学理论创构"十家之一,美国哲学家安靖如(Stephen Angle)将其与美国著名哲学家安乐哲(Rojer Ames)、南乐山(Robert Neville)、墨子刻(Thomas Metzger)等同归为当代儒学"综合儒学"一派。

黄教授的"生活儒学",突破了两千年来哲学"形上—形下"的二级架构,深刻地揭示了孔孟原始儒学被后世所遮蔽的前存在者、前主体性的"存在"(生活)及其"仁爱"情感显现的观念层级,并以此为"大本大源"重建儒家的形上学、形下学,开创性地形成了"生活感悟—形而上学—形而下学(伦理学、知识论)"的三级观念架构。他以独特的言说方式开启了儒学如何真正有效地切入当下生活的思想路径,由此将儒学研究的思想视域推进到了当今世界哲学思想的前沿。

在这种思想视域下,黄教授建构了作为中国式"制度伦理学"的"中国正义论"理论体系。2016年"中国正义论"的英文版在英国出版,被誉为"来自东方的声音"(Voice From The East),与以罗尔斯为代表的西方正义理论形成了鲜明对照。如今"中国正义论"不仅是国内儒学界的一个研究热点,而且成为具有一定国际影响力的当代政治哲学理论。

山大学派不仅仅是一个实体意义上的称谓,而且也代表着一种独特的儒学风格。

"本原儒":山大学派直追孔孟荀的原始儒家精神,以原始儒学为研究的重心和阐发新说的根本依据。……不难发现,黄玉顺教授的第一部儒学专著《易经古歌考释》就是对儒家思想源头的追溯,而其"生活儒学"思想体系的最大特点就是明确提出当代儒学研究不能步于秦汉以来的传统儒学,而是要回到孔孟等原始儒家,追溯儒学的大本大源……

"立新说":山大学派的儒学研究并不是为了发原儒之幽思,而是为了有源有本地创建当代儒学的新理论、新学说。……"民间儒学""生活儒学""观念儒学""政治儒学"等都不是某种传统儒学的翻版,也不是对传统儒学进行历史还原性的考察,而是基于当下社会生活创发的新学说、新理论。

"行当世":山大学派不仅在理论创发中直指现实社会生活,而且身体力行地参与现代社会建设,真正做到了以知驭行,以行证知,知行合一。……黄玉顺教授为解答现实社会中正义缺失的问题而进行中国制度伦理学的研究……

山大学派坚持以回应时代课题为导向,不仅形成了以民间儒学、生活儒学、观念儒学、政治儒学等为代表的新理论,而且还有黄玉顺教授主持的《儒家哲学现代转型研究》,曾振宇教授主持的《中华文化元典基本概念研究》,沈顺福教授主持的《中国古代天人学研究》等兼具世界性与时代性的研究课题。

儒学现代转型的情理进路*

胡骄键

传统儒家哲学的现代转型实际上主要存在两条进路。一条是熊十力开创的，由牟宗三等现代新儒家继承与发扬的道德心性进路；另一条是冯友兰的开创的，经蒙培元的推阐，再到黄玉顺"生活儒学"思想体系才完成的"情理"进路。对于前者，学术界大多并无异议。但对于后者的认识，学界还多未留意。人们大多囿于冯友兰《新理学》之"理"，而忽视了"新理学"思想体系里"情"的维度，以致没有意识到冯友兰所开创的其实并非"理性"的进路，而是"情理"（情感—理性）的进路。实际上，从冯友兰的"新理学"，经蒙培元的"情感儒学"，到黄玉顺的"生活儒学"，师徒三代一以贯之的致思中心乃是"情理"。因此，冯、蒙、黄师徒三代的传承历程也可以说是现代儒家哲学"情理学派"的发展过程。

* 原载《学习与实践》2019 年第 4 期。

一、冯友兰"新理学"的情理观

众所周知,冯友兰的"新理学"受新实在论(New Realism)的影响,自觉运用逻辑分析法,将程朱理学的核心范畴改造为一个纯粹逻辑的、形式化的"真际"世界,并将其视作"实际"("现实世界")的根据。哲学的任务是研究此"真际"世界。不过,冯友兰在完成探讨"真际"的《新理学》一书之后,发觉必须超越"真际"与"实际"对立二分的结构,才是"中国哲学",否则就是"西方哲学在中国"①。于是他又写了《新原人》《新原道》等著作。如果说了解"真际"需要的是理性的、逻辑的方法,即"正的方法",那么,贯通"真际"与"实际"、达致人生境界的"天地境界",需要的则是将"正的方法"与"负的方法"(即体验的、情感的方法)结合起来。所以,冯友兰一方面将理性的逻辑分析法带入儒家哲学,使传统儒家哲学的概念变得清晰并讲究严格的逻辑推理;另一方面又继承儒家哲学注重生活情感体验的方法,尝试弥合"真际"与"实际"的鸿沟,避免"哲学在中国"的西化路线。由是观之,新理学之所以为现代儒家哲学"情理学派"的开端,关键在于将"理性—情感"作了贯通性的思考。

学界有人批评冯友兰的新理学,认为是受维也纳学派和新实在论的影响,以致"新理学"之"理"和程朱理学之"理"相去甚远,不过是"新实在

① 郑家栋:《"中国哲学"与"哲学在中国"》,《哲学动态》2000 年第 5 期。

论在中国"而已,并不是真正的"中国哲学"。①此批评其实并未深入以"贞元六书"为整体的"新理学"思想体系内部,因而忽略了以下两点:

(一)新理学之"理"观念

"新理学"与新实在论有一根本的不同:新实在论认为逻辑事实完全和经验事实无关,而"新理学"整个逻辑分析的起点乃是对"实际"的肯定。《新理学》的第一个命题就是"事物存在"。虽然新理学的整个推导过程是"一片空灵",但其起点却是从对"实际"的肯定开始的。这正是传统儒家哲学"理不离气"的传统。朱熹就说:"天下未有无理之气,亦未有无气之理。"②王夫之也说:"言心言性,言天言理,俱必在气上说,若无气处则俱无也。"③《新理学》之"理"固然要剔除程朱之"理"所粘黏的伦理内容,还"理"以应有的洁净空阔,让每一个范畴、命题及推演之则都符合逻辑,但"新理学"之"理"毕竟是一种"理气不离"的"理"。

其实,"新理学"思想体系的中心及其思想方法并不在《新理学》一书,而在《新原人》《新原道》《新知言》等著作中。冯友兰的工作是,既要以逻辑分析的方法来改造传统儒家哲学的范畴,又不能造成新实在论那种逻辑与经验相分离的西方特征,即须保留"理气不离"的儒学风格。因此,后期冯友兰有相当的理论自觉,目的就是要突破《新理学》中"真际"与"实际"相分离的倾向。

---

① 劳思光认为,"《新理学》书中确有哲学,但不是中国哲学。……冯书中所有的哲学成分,主要只是新实在论的观点与早期柏拉图的形上学观念。"(见劳思光:《新编中国哲学史》(第一卷),生活·读书·新知三联书店,2015年版,第299页)。此外,牟宗三批评冯友兰没有能够把握传统中国哲学的核心精神,认为"新理学"体系"其言十九与中国传统学术不相应"(见牟宗三:《中国哲学的特质》,上海,上海古籍出版社,2007年版,第3页)。

② 黎靖德编:《朱子语类》(卷一),中华书局,1986年版,第2页。

③ 王夫之:《读四书大全说》(卷十),中华书局,1975年版,第718页。

"生活儒学"研究

消除《新理学》一书带来的"真际"与"实际"的鸿沟,冯友兰是以贯通《新理学》的逻辑终点"大全"与"天地境界"的方式来实现的。"大全""因其既是至大无外底,若对之有所言说,则此有所言说即似在其外"①。即是说,运用逻辑分析所得到的"大全"是外在于人之生活实际的空概念,而哲学的目的"不但是要知道它,而且是要体验它"②。对于"大全",不能只是理智地了解,还必须获得"自同于大全"的生活境界,这才是"极高明而道中庸",才是儒家哲学。因此,"自同于大全"的境界就是"天地境界"。

获得最高的"天地境界",需要最高的觉解。觉解首先是理性的认知与反省,但光有理性的认知与反省还不够。要真正步入"天地境界",需要将概念与经验结合起来。冯友兰说:

> 经验与概念联合而有了意义,此名言与经验联合而不是空底。得此种印证底人,对于此经验及名言即有一种豁然贯通底了解。……此种豁然贯通底了解,即是所谓悟。此种了解是最亲切底了解,亦可以说是真了解。③

这就是说,单有逻辑分析的方法,并不能达到哲学的顶点;要达到哲学的顶点,还需要直觉的方法,即"负的方法"。"一个完整的形上学系统,应当始于正的方法,而终于负的方法。如果它不终于负的方法,它就不能抵达哲学的最后顶点。但如果它不始于正的方法,它就缺少作为哲学的实质的清晰思想。"④而"负的方法"与情感有着密切的关系。

① 冯友兰:《贞元六书·新理学》,中华书局,2014 年版,第 38 页。
② 冯友兰:《中国哲学简史》,北京大学出版社,1996 年版,第 9 页。
③ 冯友兰:《贞元六书·新原人》,中华书局,2014 年版,第 567 页。
④ 冯友兰:《中国哲学简史》,第 295 页。

(二)新理学之"情"观念

"负的方法"既是情感的方法,也是消解主体性的方法。消解掉主体性,获得"内外合一""天人合一"的境界,冯友兰采用的正是情感的进路。冯友兰论"情"有两个层面:一种是"有我之情",一种是"有情无我"。

"有我之情""起于人对于事物底不了解"①。如小儿走路为石所绊倒,小儿必大怒于此石,但成人遇此情况则不会怒于石,因成人对石有了解。按此,"有我之情"乃是一种对事物无了解所造成的盲目情绪。"有我之情"一方面昧于对事物的了解,另一方面则是因有对"我"的执着,对我自身的觉解不够。

冯友兰认为,随着觉解程度的提升,中国哲学史上处理情感的态度有两种:一种是道家的办法,提升对事物的了解,以达到一种无情的状态。可称之为"以理化情,或以情从理"②。但是通过对事物之"理"了解的方式使自己进入"无情"状态,这是不是可欲? 事实上是否可能? 冯友兰表示极大的怀疑。即使对事物有了解,但对"我"的执着依旧,如何能使我无情呢?因此,问题的关键其实在于破除对"我"的执着。于是,冯友兰进一步提出了"新理学"所主张的"情"的观念——"有情无我"。

"有情无我"并不是消除了人的情感,而是"有情而不为情所累。……是有情而'无我'.亦可说是,虽有情而情非'我'有"③。此种情观念"最重要的一点是不要将情感与自我联系起来"④。冯氏还引证大程《定性书》:"圣人之常,以其情顺万事而无情……圣人之喜,以物之当喜;圣人之怒,以物

① 冯友兰:《贞元六书·新世训》,中华书局,2014 年版,第 498 页。
② 冯友兰:《贞元六书·新世训》,第 504 页。
③ 冯友兰:《贞元六书·新世训》,第 508 页。
④ 冯友兰:《中国哲学简史》,第 245 页。

之当怒。"①这段话说明了"有情无我"的状态,点明此种"情"由于对"我"、对主体无执着,达到了"不迁怒,不贰过"的超然洒脱状态。他还把这种"情"称为"真风流":"真正风流的人有深情,但因其亦有玄心,能超越自我,所以他虽有情而无我。……他的情与万物的情有一种共鸣。他对于万物,都有一种深厚的同情。"②这一"有情无我"就是"仁爱情感",冯友兰说:"仁,不是泛指任何一种精神境界,而是确指最高的境界——天地境界。"③从"理"的层面、逻辑的层面来说就是"大全",从境界言即是"天地境界",三者实为同一个所指,不过言说之角度方式不同而已。

可见,作为最高概念之"大全"实际表达的乃是一种无我的"仁爱情感"状态,也是"天地境界"。而要获得对此最高境界的体验,则必须运用"负的方法",即直觉得方法、情感的方法。正是由于"负的方法"的运用,剥落掉坚硬的主体,进入无私我之情累的境界,才使"正的方法"的理想能够得以真正实现。

总起来看,"新理学"之所以"新",不仅在于剥落了旧理学之"理"的伦理内涵,更在运用逻辑的方法("正的方法")撑开一个"真际"与"实际"对立二分的世界的同时,又通过情感的方法("负的方法")贯通了"真际"与"实际",开启了儒学现代转型的情理进路。

二、蒙培元"情感儒学"的情理观

蒙培元继续在其师冯友兰"情感"与"理性"并重的思路上前行。蒙培

---

① 程颢、程颐:《二程集》,中华书局,2004年版,第460~461页。

② 冯友兰:《南渡集》,东方出版社,2017年版,第94页。

③ 冯友兰:《三松堂全集》(第十三卷),河南人民出版社,2001年版,第492页。

元对中西方哲学有一个宏观判断:"西方是情理二分的,中国是情理合一的;西方是重理的,中国是重情的。"①那么问题的关键就在于:中国哲学的"情"与"理"是如何合一的?蒙培元的观点很明确:儒家哲学里的"情"并非一般的情欲,而是一种普遍的道德感情;儒家哲学的"理"也并非西方式的纯粹形式,而是以情感为具体内容的"性理",是一种"具体理性",亦可谓之"情理"。易言之,儒家哲学之"情理合一"乃是因为情中有理,理中有情。而在此"情理合一"中,儒家哲学又是偏重于情的,其特质在于以情感为起点,贯穿人之存在的各个方面,"以情感为核心而将知、意、欲和性理统一起来,这就是儒家哲学的特点"②。所以"人的情感才是人的真实存在"③。

(一)情感儒学之"情感"观念

蒙培元首先承认人的"自然情感"。这种"自然之情",一方面对于人来说具有"直接性、内在性和首要性"和"最初的原始性"④,显示了人的情感与真实存在之间的紧密性;但另一方面,"自然情感"是人与动物所共有者,没有将人的独特性标识出来,未能揭示人之所以为人者。同时,蒙培元又认为,此"自然之情"又是"人的德性的心理基础"⑤,此"自然之情"若经"推"与"扩充"之后,就能取得普遍化的效果,成为一种理性化的情感、道德情感。"自然情感"能"成为人的最高德性即'仁'的真正基础"⑥,"是道德理性的发端、端绪"⑦。

---

① 蒙培元:《情感与理性》,中国社会科学出版社,2002 年版,第 16 页。
② 蒙培元:《情感与理性》,第 14 页。
③ 蒙培元:《情感与理性》,第 5 页。
④ 蒙培元:《情感与理性》,第 24 页。
⑤ 蒙培元:《情感与理性》,第 28 页。
⑥ 蒙培元:《情感与理性》,第 27 页。
⑦ 蒙培元:《情感与理性》,第 136 页。

"生活儒学"研究

蒙培元称其所论之"情感"也可以"上下其说"："往下说，是感性情感，与欲望相联系"①，也就是人的自然之情。这个层面强调人作为情欲主体而存在的现实性维度，"往上说，是理性情感或者叫'情理'，与天道相联系"②。正是这往上说的"理性情感"，才是人之所以为人者。蒙培元"人是情感的存在"这一命题中的"情感"，指的就是这种"理性情感"或说"道德情感"；他说："儒家最关心的，正是具有'普遍有效性'的道德情感，并且形成与此相关的所谓宇宙论、本体论哲学。"③因此，儒家哲学主要就是一种"整体论的德性之学，这其中，道德情感居于重要地位，甚至可以说，居于中心地位"④。

这里，蒙氏以情感为中心建构出一个关涉天人、形上形下的庞大哲学体系，这是"情感儒学"最富有特色的地方，是对传统中国和西方既有哲学体系的最大突破。"情感儒学"突破了秦汉以来帝制时代儒学对情感的看法。帝制时代儒学主要都是把情感看作是对理性、道德的阻碍和污染而须要克制和净化的东西。"情感儒学"突破性地认为，"情感"不但不是须要克制的东西，反而是需要培育扩充的起点，是道德的根基。正如黄玉顺所评价的那样，"情感儒学"实际上"颠覆了孔孟以后出现的那种'性→情'的形而上学结构"⑤。从这个意义上说，情感儒学以一种"返本开新"的姿态重建了儒家哲学传统。

"情感儒学"也突破了整个西方哲学对情感的理解。西方哲学对待情

---

① 蒙培元：《人·理性·境界——中国哲学研究中的三个问题》，《泉州师范学院学报》2004年第 3 期。

② 蒙培元：《人·理性·境界——中国哲学研究中的三个问题》，《泉州师范学院学报》2004年第 3 期。

③ 蒙培元：《情感与理性》，第 14 页。

④ 蒙培元：《情感与理性》，第 15 页。

⑤ 黄玉顺：《存在·情感·境界——对蒙培元思想的解读》，《泉州师范学院学报》2008 年第 1 期。

感的态度,如亚当·斯密、休谟等,大多都是从情感对伦理学、政治学的意义上来谈论的,并没有依托情感建构起整个哲学思想体系。在西方,情感最多"只是作为哲学中的一个部分或一个分支来处理的"①;而"情感儒学"是以"情感"为中心范畴建构全方位的哲学体系。西方哲学的现代转型无疑主要是以理性为中心展开的,这被归纳为众所周知的"认识论转向"。在这种背景下,蒙培元以情感为中心建构的"情感儒学"思想体系,可以说是开辟了一条哲学现代转型的新的道路。

(二)情感儒学之"理性"观念

在对情感的颠覆性理解的同时,蒙培元对"理性"也有创造性理解。蒙培元在一般的"理论理性"(或"认知理性")、"实践理性"(或"道德理性")、"工具理性"等范畴之外,创造性地运用了一组概念:"具体理性""性理""情理"。这种理性之所以是具体的,乃是因为这种理性不是抽象的形式的空壳,而是以情感为其内容的,这实质上就是情感"往上说"的结果,故这种理性又称"性理""情理"。他说:"性理就是德性,也就是理性;不过不是'理论的'理性,而是'实践的'理性。但是,又不同于康德所说的'纯粹的实践理性',而是和情感联系在一起并以情感为内容的'具体理性'。这才是儒家理性学说的真正特点。"②这种理性在情感儒学里又称"良知":"良知……是具体理性,而不是抽象理性,更不是超绝的实体。"③

那么情感,特别是"自然之情",何以能够"往上说"而成为普遍的"性理"呢?在蒙培元看来,情感内蕴着一种理性能力,只是这种理性能力并非

---

① 黄玉顺:《存在·情感·境界——对蒙培元思想的解读》,《泉州师范学院学报》2008年第1期。

② 蒙培元:《情感与理性》,第10页。

③ 蒙培元:《情感与理性》,第147页。

西方的纯粹形式化的理性而已，这种情感内蕴的理性能力可以名之曰"思"。情感"通过'思'而获得了理性的形式，具有普遍性……它不必通过另外的理性形式使自己具有普遍有效性，它本身就在'思'的形式下成为普遍有效的"①。按此，"人是情感的存在"一方面肯定了人的自然情欲的正常需求，另一方面也因情感内蕴的理性力量而使人获得超越；此超越的力量并不来自于自身外，就在情感自身之内。

因此，性理之所以是性理，乃是因为理中有情。情感之所以能是普遍的道德情感（即"性"），是因为情中有"思"（"理"）。一句话，"性是不能离开情而存在的……情只能是性之情，而不是无性之情"②。这也就是蒙培元反复强调的儒家哲学的特征在于"情理合一"。因为"情"与"理"是合一的，所以"情"才有力量与可能往上走而成为"性"；"性"也就并不是一个先验的绝对者，而是"情"自身上扬的结果，并以"情"为内容。对应于牟宗三"道德的形上学"的说法，"情感儒学"亦可以说是一种"情感的形上学"。

应该说，冯友兰、蒙培元都在试图通过"情"与"理"交相融合的方式来尝试建构儒家哲学的现代形态。但在"情""理"如何交融？两者关系为何？等问题的处理上，冯、蒙二人的研究思考还有待推进，而这正是黄玉顺"生活儒学"要解决的问题。

三、黄玉顺"生活儒学"的情理观

黄玉顺在思想视域上主要通过与海德格尔哲学进行对话的形式，伸展开了一种更为彻底的思想视域。一般对"情感"与"理性"的理解总是一

---

① 蒙培元：《情感与理性》，第20页。
② 蒙培元：《情感与理性》，第112页。

种主体性的把握,即总是把握为某个存在者、某个主体的"情感"或"理性",甚至理性本身就是一个主体,如笛卡尔的"我思"、黑格尔的"绝对精神"等。而黄玉顺通过发问"主体是何以可能的?"将其"情理观"带向了一个更深的观念层级。

黄玉顺认为,作为观念奠基与生成的大本大源——作为存在本身的生活本身——就是先秦原始儒家所说的仁爱情感。他说:"生活即是存在,而首先显现为情感。"①实质上,黄玉顺正是沿着冯、蒙的"情理"进路构建了更为庞大和细密的现代儒学形态。

(一)生活儒学的"情"观念

生活儒学的"情",是对冯友兰、蒙培元情感观念的一种继承与发展。同时,也彻底颠覆了自秦汉以来帝制儒学的"性→情"结构。帝国时代的儒学认为,"情"是形上本体"性"之所发,又会对"性"有摇撼、污染,故须"以性制情",或"以理制情"。蒙培元突破性地认为"人是情感的存在",但此情感却又是一种道德情感,这就意味着,蒙培元虽然突破了以往对情感的贬抑性理解,但不过是用主体性的道德情感去取代了传统儒学以"性"为主体的地位而已,其哲学的整体形态还是一种主体性哲学。

而黄玉顺认为:"在儒家的真正本源性观念中,'情'乃是存在本身,而不是存在者的事情;'情'乃是先行于任何存在者的'事之情'。"②作为存在本身的"事之情"就是"生活本身",而这种"事之情"也是儒家所说的"仁爱情感"。因此,在"生活儒学"里,生活、存在、仁爱情感,三者不过是对"存在"的不同言说而已。可以看到,黄玉顺对情感的阐释有一个很大翻转:仁

---

① 黄玉顺:《存在·情感·境界——对蒙培元思想的解读》,《泉州师范学院学报》2008年第1期。

② 黄玉顺:《爱与思——生活儒学的观念》,四川大学出版社2006年版,第58页。

爱情感不再仅仅被视作一种主体性的情感,而是前主体性的,非存在者化的存在本身。黄玉顺实质是将存在与情感在本源层级上等同了起来,而这不是别的,正是生活本身。简言之,黄玉顺将情感、生活都作了一种非对象化、前主体性的处理,并将之带向存在而不是存在者的观念层级,且具体存在者正是在这种本源性的存在情境中获得自身的规定性的。对此,黄玉顺常引王夫之"性日生日成"①一语作说明。

进而黄玉顺阐明了:存在、形而上的存在者、形而下的存在者,三个观念层级之间的奠基与生成关系。他说:"存在的实情并非形而上者为形而下者奠基,而是我们从形而下者中抽绎出了形而上者"②;然后此形而上者才能为形而下者奠基,有了形上观念奠基的形而下存在者才能"踏实"地作为情欲、情绪主体"去生活"。这就是生活儒学所擘画出来的"情→性→情"三重观念层级。所以说,"生活儒学"颠覆了传统儒学的"性→情"架构,并突破了中西方既有的主体性哲学的框架。

在黄玉顺看来,本源性的仁爱情感又有两种显现样式:差等之爱和一体之仁。

一是差等之爱。大多数人都将仁爱情感理解为血缘宗法情感。其实这恰恰是儒家仁爱情感的现象样式之一——差等之爱。黄玉顺认为:"学界普遍地存在着对儒家思想一种严重的误解,即以为儒家所倡导的仁爱仅仅是宗法血缘观念的产物。"③诚然,西周的封建制度确实建基于宗法血缘观念,但"这种血缘宗法关系,正是生活本身的一种显现样式"④。这种差等

---

① 王夫之:《尚书引义·太甲二》,中华书局 1976 年版,第 63 页。

② 黄玉顺:《主体性的重建与心灵问题——试论当代中国哲学的形而上学重建》,《山东大学学报》2013 年第 1 期。

③ 黄玉顺:《孔子仁学的现代意义何以可能》,《理论学刊》2007 年第 10 期。

④ 黄玉顺:《孔子仁学的现代意义何以可能》,《理论学刊》2007 年第 10 期。

之爱最大的特点就是"爱则利之"。"我们爱一个人,就自然而然地想给他,或她带来利益、好处。爱己,便欲利己;爱亲,便欲利亲;爱人,便欲利人。"①克服此差等之爱造成的利益冲突不是依靠理性,而是仁爱情感的另一种显现样式——一体之仁。

西方主要是以在理性正义原则下来解决争端。在"生活儒学"里,解决因爱而争利的问题,所凭借的是超越了"差等之爱"的"一体之仁"。换言之,正义的寻求不是"以理制情",不是传统的"以性制情",而是"以情制情"。情感引发的问题还得靠情感来解决,这可以说是中西方正义理论的最大区别。对此,黄玉顺说:"我们在进行'礼'的建构的时候,我们在进行社会规范及其制度的建构的时候,必须出于仁爱的动机,出于仁爱的精神,出于仁爱的情感;而且,这种仁爱是超越了差等之爱的一体之仁。它不是差等之爱;它是一体之仁。这就是儒家正义论的第一条原则……的基本精神。"②此"一体之仁"并不是与"差等之爱"不同的另一种情感,而是"仁爱情感"的另一种显现样式,也可以说是"差等之爱"的"推扩"。

(二)生活儒学的"理"观念

"生活儒学"认为"理"(即"知""思")出于"情"。"理"对应于"思",认知性的"认知之思"。关于"思"与"情"的关系,黄玉顺说:"'思'与'爱'(或'仁')是儒家思想中两个并行的核心观念"③;"思不是爱;思源于爱;思确证爱"④。黄玉顺认为,"思首先是情感之思,是爱之思"⑤,因为有"爱"才有

---

① 黄玉顺:《中国正义论的形成》,东方出版社2015年版,第371页。
② 黄玉顺:《从"生活儒学"到"中国正义论"》,中国社会科学出版社,2017年版,第143页。
③ 黄玉顺:《爱与思——生活儒学的观念》,第89页。
④ 黄玉顺:《爱与思——生活儒学的观念》,第101页。
⑤ 黄玉顺:《爱与思——生活儒学的观念》,第98页。

"思";"思"乃是一种"想",故谓之"思→想"。①这种本源性的"情感之思"进而转为一种"意欲之思",而"正是在这种意欲之思当中,主体性被给了出来"②。进而,主体性的"想"中会有"相""象",因为主体的行为总是一种对象化的行为,总是有所指的行为,这就有了认识论的"主—客"架构。而且,当"意欲之思"发生的时候,主体对本来是"浑沌一体"的共在存在者就有了"表象";而"所谓'抽象的'思维其实就是表象式的把握"③,"形而上学的思维方式乃是表象的方式,……认知性的思维,西方哲学意义上的'思',包括神学,都是以表象的方式去把握存在者"④。这就从"意欲之思"转到了"认识之思"。至此,我们看到了从"情感之思"经"意欲之思"再到"认知之思",即认知理性的生成过程。这一思想洞见彻底解决了认知理性的来源问题,理性不再是一种先天独断的东西,而是源于生活、源于仁爱情感的东西。

"思"不但源于爱、确证爱,而且服务于爱。因此,"思"也有两种显现方式:"良知"与"理智"。

源于"爱"的"思"首先显现为对本源性存在的"一种生活感悟"⑤。此种生活领悟实质是对自身仁爱情感能力的一种直觉,故曰"良知";此"能"又是一种本源性的情感能力,故曰"良能"。这种本源性的"良知"是向"本然的'恻隐之心'、'羞恶之心义之端'的'反身而诚'"⑥。这种"良知良能""能

---

① 参见黄玉顺:《爱与思——生活儒学的观念》,第100页。
② 黄玉顺:《爱与思——生活儒学的观念》,第100页。
③ 黄玉顺:《爱与思——生活儒学的观念》,第115页。
④ 黄玉顺:《爱与思——生活儒学的观念》,第117页。
⑤ 黄玉顺:《养气:良知与正义感的培养》,《中国社会科学院研究生院学报》2014年第6期。
⑥ 黄玉顺:《中国正义论的形成》,第429页。

够直觉地、直截了当地判断是非"①而且是智之端。不过,这仅仅是"端",而还不是"智"。

其次,"思"的另一种显现方式则是工具性的理智或理性。仅有内在的是非判断能力,并不意味着就有一套正义的制度规范;将内在的是非判断转变为正义的制度安排,还必须由理智能力来达成。黄玉顺认为,这种工具性的理智能力在先秦儒家荀子处是有详细阐述,他将之称为"智虑",而"虑"乃是"由情生欲,由欲生虑"②。这就是说,明辨是非、熟知利害的智慧和理智能力仍然是源于本源的仁爱之情而非先天先验的东西。尤其"理智"是源于"仁爱情感"且服务于制度安排的一种工具理性。

要言之,生活儒学不但在"情感"方面有一种颠覆性的理论效果,而且在"理性"方面也同样具有颠覆性。在西方哲学中,理性总是在所谓"目的理性"与"工具理性"之间纠缠不清。黄玉顺明确指出:"理性只是工具,而绝非建构伦理规则的动因、根据。理性尤其是所谓纯粹形式的理性,远远不是建构伦理原则的绝对基础。"③此外,"生活儒学"阐明了理性的生活情感渊源,从而彻底克服了西方哲学之"思"("理性")的先验性与独断性。

四、为什么是情理?

就西方哲学的现代转型来看,其主要进路毫无疑问是理性的。不管是笛卡尔还是培根,两人关于知识的起源尽管不同,但对于理性的借重却是一致的,故有所谓哲学的"认识论转向"。认识论的一个基本架构是"主—

① 黄玉顺:《养气:良知与正义感的培养》,《中国社会科学院研究生院学报》2014 年第 6 期。

② 黄玉顺:《中国正义论的形成》,第 432 页。

③ 黄玉顺:《普遍伦理是先验理性的纯粹形式吗?》,《哲学动态》2002 年第 6 期。

客"二分的对立模式。此模式下的人作为一个理性主体而存在。但这种理性主体是何以可能的？现代西方哲学并没有给出满意的答案。在康德那里，理性作为"物自身"完满自足，因此是自由。但这种理性自由显然有一种自我封闭性，因为他无须且不可粘黏经验，这就是现代社会人际冷漠的形而上学根源。这种以纯粹理性为进路的哲学现代转型明显忽略了人的共同在世的维度。于是存在主义哲学又对这种理性形而上学进行批判。但存在主义还是没能彻底摆脱主体性的纠缠(早期的海德格尔就是通过"此在"的生存来通达存在)。

就最具现代性的儒学形态，牟宗三的"道德的形而上学"来看，其哲学立足于秦汉以来帝国时代儒学的道德心性立场，希冀以道德心性为起点，通过良知的坎陷转出知性主体和权利主体，实现自由、民主、科学等现代价值。对此"坎陷"，学界多有质疑。而且，德性作为主体是何以可能的？牟宗三基本也是一种独断立场。此外，德性立场有很强的目的论指引，这乃是秦汉以来儒学与专制权力关系紧密的重要原因；显然，牟宗三的这条从德性这一"老内圣"开自由、民主、科学等"新外王"的路并没有走通。

由此，儒学现代转型面对着这样一个尴尬局面：既不能照搬西方以理性为中心的西化模式，也不能步牟宗三那种以"德性"为中心的转型道路之后尘。出路何在？基于这个背景，源起于冯友兰，经蒙培元，再到黄玉顺的这样一条儒学现代转型的情理进路可以说是为儒学的现代转型打开了一条十分具有创造性的道路。

首先，冯友兰开启了让儒学理性化的大门且取得了很高的成就，并且尝试借助情感来消除因理性化造成的"真际"与"实际"对立，这实质上已经开启了"人是情感的存在"的思想源头，不过到蒙培元那里才得到了清晰有力的表达而已。冯友兰以"仁爱情感"贯穿"大全""天地境界"的思路显然给了黄玉顺以莫大的启示。因为黄玉顺最后也以"仁爱情感"消解掉主体性哲学对任何绝对存在者的执着,从而敞开了"生活"与"存在"一体性关系。

其次,如果说在冯友兰那里,"情感"与"理性"的关系还显得较为外在的话,蒙培元则是以"情理合一"这一命题贯通了"情感"与"理性"的内在关系。只是蒙培元的这种处理方式还是在一种主体性哲学的框架下来处理的,而黄玉顺以"思源于爱,思确证爱"的命题有力地回答了"情理"如何合一的问题。

黄玉顺揭示了"存在""生活""仁爱情感"的本源性关系,彻底消解了既有哲学体系对主体性的执着。但消解不是目的,消解旧主体是为了"复归生活,重建儒学"①,即重建儒家哲学的形而上学和形而下学。如果说"生活儒学"思想体系意味着现代儒学情理学派存在论层面的揭蔽工作已完成的话,黄玉顺近年提出的"变易本体论"和"中国正义论"则旨在重建现代儒学情理学派的形而上学和形而下学。沿着这条情理进路,黄玉顺的同辈学者宋大琦、任文利、余治平,以及黄玉顺的弟子崔发展、崔罡、杨生照、郭萍、李海超、杨虎、刘宏、赵立庆、张小星等都不断地拓展着现代儒学情理学派的论域。

总之,以"情理"对儒家哲学进行现代性阐释在学术界其实已有一定共识。杨国荣就指出:"在中国哲学中,合理性(rationality)……以理与情的交融为其内在特点。"②但以"情理"为中心构建了系统哲学体系的毫无疑问当属以"冯—蒙—黄"为传承中心的现代儒家哲学之"情理学派"。

---

① 黄玉顺:《孔子仁学的现代意义何以可能》,《理论学刊》2007年第10期。
② 杨国荣:《中国哲学二十讲》,中华书局2015年版,第57页。

后新儒学的"公民儒学"建构及其问题

——与生活儒学的"中国正义论"比较*

张小星

　　儒家正义论的当代重建，即致力于寻求社会制度规范建构所应遵循的价值根据，以及探索社会规范及其制度具体应如何建构等问题，是儒家哲学现代转型进程中一个值得关注的学术热点。其中影响最大的，一是作为后牟宗三时代"批判的新儒学"①代表人物的林安梧在其"后新儒学"视域下提出的"公民儒学"；二是作为新世纪大陆新儒家代表人物的黄玉顺在其"生活儒学"视领下提出的"中国正义论"②。作为两种新的政治儒学形

---

　　* 原载《东岳论丛》2019 年第 11 期。

　　① 林安梧：《"儒学革命论"——后新儒学哲学的问题向度》，台湾学生书局 1998 年版，第 29 页。

　　② 笔者以为，"中国正义论"本身属于一种一般伦理学体系，其具体演绎包含作为现代政治哲学的"国民政治儒学"，以及作为现代道德哲学的"儒家道德哲学"，故在此以"中国正义论"作为统称。参见《中国正义论的重建——儒家制度伦理学的当代阐释》，安徽人民出版社 2013 年版；《中国正义论的形成——周孔孟荀的制度伦理学传统》，东方出版社 2015 年版；《国民政治儒学——儒家政治哲学的现代转型》，《东岳论丛》2015 年第 11 期、《孔子怎样解构道德——儒家道德哲学纲要》，《学术界》2015 年第 11 期。

态,“公民儒学”与“中国正义论”虽然都是以儒家话语来表达现代性的社会正义诉求,但两家的致思方式与言说方式却存在诸多差异。本文将通过对“公民儒学”思想脉络的分析,进而展开其与“中国正义论”的比较,从而更进一步思考儒家正义论之现代性建构的若干问题。

一、以礼为义:制度规范与正义原则的错位

我们知道,作为基础伦理学的一般正义论属于制度伦理学的范畴,其基本问题在于寻求并确立行之有效的正义原则,亦即考察并追问制度规范得以建立的依据与价值尺度。在儒家哲学的话语中,这种正义原则被表述为“义”,而这种制度规范则被表述为“礼”,二者呈现为“义(正义原则)→礼(社会规范)”,即前者为后者奠基的关系,亦即孔子所言之“义以为质,礼以行之”(《论语·卫灵公》),这可以说是儒家古典伦理学体系的核心架构,包含政治哲学与道德哲学两个维度。而现时代所谓“儒家正义论的当代重建”,指的即是通过对此核心架构的重新诠释来表达现代性的正义观念、建构现代性的儒家正义理论。在此意义上,无论是“公民儒学”还是“中国正义论”,都可谓是现代正义诉求的儒家式表达。

在此,让我们先以“公民儒学”之“社会正义论”所处理的基本问题为切入点展开讨论。

作为公民时代的儒学建构[①],“公民儒学”不再纠结于20世纪现代新儒家尤其是牟宗三哲学所面对的“内圣如何开新外王”的问题,而是基于对社会转型期即承认社会形态进入现代公民社会的历史实情,转而追问

---

① 参见林安梧:《后新儒学及“公民儒学”相关问题之探讨》,《求是学刊》2008年第1期。

"公民社会下社会正义何以可能"①的问题。就此问题来说,由后新儒学突出强调作为现代性社会形态的"公民社会"可知,此"社会正义论"属于一种现代性的社会正义理论,其所确立的"社会正义"原则只适用于现代公民社会,这是其与作为一般正义论(general theory of justice)之"中国正义论"的最大区别所在,后者致力于建构一种"能够解释古今中外所有一切社会规范及其制度何以可能的理论",这种理论"应当是适用于任何时代、任何地域和任何共同体的普适的(universal)东西"②,这应是我们首先需要明确的一点;其次,就"何以可能"的发问方式而言,如果其所谓"社会正义"确实意指一般正义论所讨论的正义原则,那么这一发问本身则是难以成立的,因为"社会正义何以可能"意味着公民时代之"社会正义"业已作为事实得以建立, 但正义原则本身作为某种价值判断显然并非具有实体性意义的"事实",因而依此推定所得之结论只能是,其所谓"社会正义"意指可实体化的社会规范及其制度,而非先行于制度规范的正义原则。

然而考察后新儒学的相关论述可以发现,"社会正义论"实际上隐含着两种分属于不同观念层级的"正义"概念,而上文所论之作为社会规范及其制度的"义"即是其中之一,也就是"以礼为义",显然这属于一种"礼""义"关系的错位;其二则是真正作为价值尺度之正义原则的"义"。对于后者,我们可进一步分析林安梧的相关论述:

> "社会公义"指的是就一政治社会总体而说的"公义"。"社会"

---

① 林安梧:《儒学革命:从"新儒学"到"后新儒学"(自序)》,商务印书馆 2011 年版,第 10—12 页;《"内圣"、"外王"之辨:一个"后新儒学"的反思》,《天府新论》2013 年第 4 期。

② 黄玉顺:《中国正义论的形成——周孔孟荀的制度伦理学传统》,东方出版社 2015 年版,第 16、17 页。

(society)一般用来指的是经由"公民"以"契约"而缔结成的总体。这样的总体经由"公民"以"契约"缔结而成,故可称之为"公民社会"或"契约社会"。此与中国传统的血缘性纵贯轴所成之总体有别,它是一有别于"我与你"之外的"他在"。这样的"他在"所依循的不是"血缘亲情",而是"社会契约"。

"公民"并不是内在具着"大公无私"本质之民,而是进入"公众领域"之民。

"公民"是进入"公众领域"之民,这样的"民"不是"道德人",而是一"公约人",是由一般具有个体性的个人做基础而做成的。如是言之,先做为一个"个人",然后经由"公约",才做为一个"公民";但若从另一面来说,如此之个人当在公约所成之公民社会下,而成一个人。这样的"个人"进入到"公众领域"才发生其"公民性",才成为一公民。或者说,在公共领域下方得成就一普遍意志,即此普遍意志才有所谓的"公义"。"公义"指的是依其"普遍意志"为基础而建立之行为规准背后之形式性原则。换言之,"公义"并不是"大公无私"之义,而是"有公有私"之义。①

此可谓"社会正义论"的核心表述。针对其中所涉及的问题,我们可做如下讨论:

首先,此所谓"公民"概念是我们必须加以肯定的:①"公民"指的是进

---

① 林安梧:《从"外王"到"内圣":以"社会公义"论为核心的儒学——后新儒学的崭新思考》,《浙江社会科学》2004年第1期。

入公共领域之民,其"公民性"源自于由"公约"①所建立的"公共领域",亦即所谓"公民社会",其强调的是"公民"自身的"公共性"。②"公民"的基础是具有"个体性的个人",而且正是这种"个体性"决定了个人能够真正成为代表自身进入公共领域并参与公共事务的"公民",因此这种"个体性"与其"公共性"相比具有价值优先性,这里强调的则是"公民"自身的"个体性"。根据历史实情,社会形态由传统向现代转型的核心表征即是"个体性的个人"出现于公共领域,这意味着现代社会主体不再是前现代的宗族/家族主体而是个体主体,其表现形式也不再是前现代依附性的"臣民",而是真正作为独立个体的"公民"。基于此,我们可以说,"公民儒学"本身属于一种现代性儒学形态。

其次,由"行为准则背后之形式性原则"可知,这里所说的"社会正义"不再意指作为"礼"的社会规范及其制度,而是名副其实地作为价值尺度的正义原则。在此,作为社会规范的"行为准则"的建构须以此"形式性原则"为根据,由此二者呈现出"形式性原则"(义)为"行为规则"(礼)奠基的关系架构。在此意义上,"社会正义论"作为儒家正义论之现代性建构的一种版本得以真正成立。

再次,虽然"社会正义"在此被后新儒学视作一种"形式性原则",但其本身并非完全形式化的,而是以"有公有私"作为其内在规定。"公私"问题很容易让人想起古典儒家哲学所讨论的"义利之辨"问题,但二者并非完全一致,而此所谓"公""私"实则属于利益分配的两个领域,即"公利"与"私利",这就涉及到一般正义论的基本论域:社会规范建构及其制度安排

---

① 此"公约"类似于法国思想家卢梭所提之"社会公约"概念:"我们每一个人都把我们自身和我们的全部力量置于公意的最高指导之下,而且把共同体中的每个成员都接纳为全体不可分割的一部分。"《社会契约论》,商务印书馆 2011 年版,第 20 页。

的目的在于解决由群体生存之利益分配所引起的利益冲突问题。然而,笔者在此所关注的并非"有公有私"本身是否具有正当性,而是其能否作为正义原则的内在规定?换言之,"有公有私"能否作为价值尺度用于建构并评判社会制度规范?

后新儒学在此将"有公有私"与"大公无私"对举,显然意在承认"私利"在现代公民社会中的正当性与合理性,当然这也是我们必须应当加以肯定的,但这并不意味着其本身可以充当建构并评判规范制度的价值尺度。因为"承认"本身意味着这种"有公有私"本身是由作为社会主体的"公民"经由约定而达成的规则(用于协调共同体利益与个体利益的关系),具有类似于罗尔斯正义论所提之"原始契约"[1]的意义;然而,无论是"规则"还是"契约",其本身都属于"规范"的范畴[2],其本身之达成依然需要先行的价值根据。此外,即便是"行为准则"的建构,也并非完全以"有公有私"作为根据,这就证明"有公有私"难以充当正义原则的内在规定,而后新儒学显然在此再一次混淆了"礼"与"义"的区别,进而导致二者关系的错位。基于此,我们就可以确认,后新儒学将"社会正义"视为"形式性原则"本身是准确的,但其将"有公有私"作为其内在规定则是值得商榷的。

与此相比,黄玉顺所建构的"中国正义论"在总结自周公开启一直到荀子所形成之儒家制度伦理学传统[3]及批判罗尔斯正义论之缺失[4]的基础

---

① 约翰·罗尔斯:《正义论》,何怀宏、何包钢、廖申白译,中国社会科学出版社 2009 年版,第12 页。

② 参见黄玉顺:《中国正义论的形成——周孔孟荀的制度伦理学传统》,东方出版社 2015年版,第 9 页。

③ 参见黄玉顺:《中国正义论的形成——周孔孟荀的制度伦理学传统》,东方出版社 2015年版。

④ 参见黄玉顺:《作为基础伦理学的正义论——罗尔斯正义论批判》,《社会科学战线》2013 年第 8 期。

上,既明确区分了制度规范即"礼"与正义原则、"义"的区别又澄清了二者之间的关系,而且通过对儒家"义"观念的诠释①创造性地提出两条具有普适性的正义原则——正当性与适宜性。②前者要求社会规范建构及其制度安排是正当的,此"正当性"导源于"自爱(差等之爱)—爱人(一体之仁)"的仁爱情感结构③:既要以公平性准则保证对他者私利的保护,又要以公正性准则保证对群体公利的尊重;后者则要求社会规范建构及其制度安排适合于人们当下的生活情境,既要遵循空间性的地宜性准则(因地制宜),又要遵循时间性的时宜性准则(因时制宜)。此外,在中国正义论看来,"公利"与"私利"的区分问题本身"就不是一个非空间性、非实践性的抽象问题,而是一个存在着共时差异、历时差异的具体问题"④,而后新儒学所强调的"有公有私"即是一种具体表现形式,适合于现代性的生活方式。这也就意味着"有公有私"本身不能作为正义原则用于制度规范的建构,因此"社会正义论"本身只能算作一种现代性的正义理论。而"国民政治儒学"其实就是黄玉顺以"中国正义论"为根据,针对现代性的生活方式(中国社会的现代转型)而提出的,因而其属于"儒家政治哲学的现代形态"⑤,在这个意义上,其与"公民儒学(社会正义论)"当同属儒家正义论的现代性建构。

最后,作为社会规范的"行为准则"是基于公民个体经由"契约"所达成的"普遍意志"而建构的。此中涉及两个问题:一是"公义"即正义原则与

---

① 参见黄玉顺:《中国正义论纲要》,《四川大学学报(哲学社会科学版)》2009 年第 5 期。

② 参见黄玉顺:《中国正义论纲要》,《四川大学学报(哲学社会科学版)》2009 年第 5 期。

③ 参见黄玉顺:《中国正义论纲要》,《四川大学学报(哲学社会科学版)》2009 年第 5 期;《儒家的情感观念》,《江西社会科学》2014 年第 5 期。

④ 黄玉顺:《中国正义论纲要》,《四川大学学报(哲学社会科学版)》2009 年第 5 期。

⑤ 黄玉顺:《国民政治儒学——儒家政治哲学的现代转型》,《东岳论丛》2015 年第 11 期。

"普遍意志"的关系,二是"行为准则"应如何建构,用正义论的话语来说,就是制度规范的具体设计、实际操作问题,亦即"制礼"。在后新儒学看来,所谓"普遍意志"即等同于正义,故此"正义"又被称为"公义",而"行为准则"的建立需以此"普遍意志"作为基础。但笔者以为,从制度规范之具体建构层面来说,正义原则与"普遍意志"具有明显差别:前者属于建构制度规范的价值根据,这是毋庸置疑的;而后者则涉及制度规范的实际建构问题,这是因为"普遍意志"本身是经由作为个体的"公民"以"互动交谈"(缔结契约)的方式而形成的,其外在表现即是作为政治社会共同体的"公民社会"及其配套的作为制度规范建构的"社会契约",因而"公民社会"在此又被称为"契约社会"。对此,林安梧提出:

> 相对于这样所成的政治社会共同体,其背后的根源性依据来自于"普遍意志"。"普遍意志"是"契约"的根源,而"契约"则是普遍意志实现的途径。换言之,"公义"并不是经由内在的修养来作成,而是经由以言说的公共论域而产生的,是经由彼此的交谈而出现的。这样所成的伦理,彻底地讲不能停留在"独白的伦理",而必须走向一"交谈的伦理"。儒家是一"交融的伦理"并不是一"交谈的伦理",当然也不是以"独白的伦理"。"交融的伦理"以血缘亲情为主,而"交谈的伦理"则是以公民互动为主。前者是以家庭为本位的,而后者则是以个人为本位的;由个人而走向一契约的社会,前者则是一宗法社会。①

我们不必再去强调主体的自觉该当如何,而应当强调,当我在一个开放的、自由的言说论述空间里通过理性的思考,彼此交换意见之

① 林安梧:《从"外王"到"内圣":以"社会公义"论为核心的儒学——后新儒学的崭新思考》,《浙江社会科学》2004年第1期。

后就能够慢慢地得出新的共识;并且预期,当我们展开一个自由的交谈之后,共识就会浮现出来。我们在一个契约的社会里慢慢寻求一个恰当的制度结构,在这个制度结构里,我们可以依着自己的个性本身想说什么就说什么,在这一过程中,就会慢慢地调试出恰当的方式。①

此中有待澄清的问题颇多,在此我们只需明确的一点是,后新儒学将等同于"普遍意志"的"公义"的建构方式归结于公民个体的"互动交谈"。事实上,后新儒学在此又一次犯了上述"以礼为义"的错误,也就是说,这里所讨论的问题实质上并非正义原则如何确立,而是社会制度规范之具体建构方式的问题:经由公民之互动交谈而设计并建立具体的社会规范及其制度(比如其所提到的"社会契约")。既然如此,我们就需追问,"互动交谈"本身能否作为条件而真正实现社会规范及其制度的建构?在笔者看来,"互动交谈"只是制度规范建构的必要条件,而非充分条件。这是因为,"互动交谈"作为一种"交互主体性"行为,其得以可能的前提在于承认(预设)交谈者本身必须具备独立的理性能力,亦即认知意义上的理智(工具理性),所以"互动交谈"(寻求公共理性)本身实属一种理智运用活动,当然理智对于制度规范的建构来说确实必不可少,但其本身并不能完全保证制度规范的正义性。

对于这个问题,在黄玉顺看来,"理性只是工具,而绝非建构伦理规则的动因、根据。理性尤其是所谓纯粹形式的理性,远远不是建构伦理原则的绝对基础"②。因此,与后新儒学不同的是,其在肯定理智即"知"对于建构制度规范的重要性之外,又将儒家所讲的"良知"即"智"作为建构制度

① 林安梧:《后新儒学及"公民儒学"相关问题之探讨》,《求是学刊》2008年第1期。
② 黄玉顺:《走向生活儒学》,齐鲁书社2017年版,第355页。

规范的充分条件,二者并列为中国正义论的"要件"①。其所谓的"良知"并非传统儒学所认为的先验道德主体性,而是一种"当下生活的感悟"(孟子所谓的"不学而知"),这种生活感悟具体表现为直觉性的正义感②;而上述作为正义原则的正当性与适宜性正是导源于这种正义感:作为仁爱情感的显现,这种正义感要求制度规范的建构既要尊重群体公利又要保护他者私利(个体私利),因而能够有效地化解利益冲突,进而充分保证制度规范本身的正义性。由此,这就形成中国正义论的基本观念架构:仁(仁爱)→利(利益)→智(良知)→义(正义)→知(理智)→礼(规范)【→乐(和谐)③】。

二、逆而未转:"外王—内圣"何以可能?

笔者以为,"社会正义论"之所以产生上述诸如"礼""义"错位、忽视"良知"之重要性等缺失,原因在于后新儒学之致思路径的不彻底性,也就是其针对现代新儒家所谓"由内圣开不出新外王"的理论困境所提出之"外王—内圣"的"逆转"架构。④

"内圣外王"本出自《庄子·天下》:"是故内圣外王之道,暗而不明,郁而不发,天下之人各为其所欲焉以自为方"⑤,原指包举中国学术之全部(梁启超语),其后用于专指儒家学术:"内圣"指内在心性修养(内足以资修养),"外王"则指外在社会实践(外足以经世用),而且前者作为后者的

---

① 黄玉顺:《中国正义论纲要》,《四川大学学报(哲学社会科学版)》2009 年第 5 期。

② 参见黄玉顺:《中国正义论纲要》,《四川大学学报(哲学社会科学版)》2009 年第 5 期。

③ 因为此处不涉及"乐"的问题,故而不做讨论。

④ 参见林安梧:《从"外王"到"内圣":以"社会公义"论为核心的儒学——后新儒学的崭新思考》,《浙江社会科学》2004 年第 1 期。

⑤ 陈鼓应注译:《庄子今注今译》,中华书局 2009 年版,第 909 页。

基础。基于对此俗见的反思,林安梧试图通过揭示"内圣外王"之原型关系,进而以此为前提来建构现代性的儒学形态,即"公民儒学"。

针对现代新儒家"由内圣开出新外王"的致思路径,林安梧指出,"内圣"与"外王"并不具有必然的前者推导后者的关系,其基本原型实则呈现为一种"内外通透""身心一如"的关系样态,无论"内圣"还是"外王",二者实际上都是"修身"的外在呈现,而《大学》所谓"一是皆以修身为本"即是此意,"修身并不是孤立的内在心性修养,而是指向整个生活世界,必得迈向齐家、治国、平天下"①。这也就是说,"内圣"与"外王"并非二元割裂的关系(以"内圣"为体而"外王"为用:"由体致用"),而是由"修身"所统摄的整体("体用一源"):作为"外王"的齐家、治国、平天下等社会实践活动本身也是"内圣"(狭义),而且只有在"外王"实践中"内圣"才得以真正彰显与落实。

在后新儒学看来,这种"内外通透"之原型才是儒学之本。然而,伴随着帝国专制时代的来临,"血源性纵贯轴"②社会结构的形成,这种"内外通透"的关系形态在之后的儒学发展中被扭转为强调以"心性修养"为核心的"内圣学""良知学",从而忽视以"社会实践"为核心之"外王学",即由

---

① 林安梧:《从"外王"到"内圣":以"社会公义"论为核心的儒学——后新儒学的崭新思考》,《浙江社会科学》2004年第1期。

② 林安梧说:"血缘性纵贯轴"的基本结构是由"血缘性的自然连结、人格性的道德连结、宰制性的政治连结"三者所构成的。依儒学根本义理来说,在血缘性的自然连结下,强调的是"孝悌",在人格性道德连结下,强调的是"仁义",在宰制性的政治连结下,强调的是"忠君"。原先儒学所强调的"孝悌""仁义",是以人格性的道德连结与血缘性的自然连结为核心所展开的网络,这可以说是由家庭伦理为基底所构成的网络,恰当的"五伦"关系,是由夫妇、父子、兄弟、朋友、君臣,一步步展开的。但这样的五伦关系并未成为儒学的基本向度,反而强调"君臣有义、父子有亲、夫妇有别,长幼有序、朋友有信"为顺序的五伦,这显然第转成了以"宰制性的政治连结"为核心。甚至就直接强调"君为臣纲、父为子纲、夫为妇纲",成为一彻底异化的宰制性的、纵贯的、隶属的、顺服的伦理态度。

"内外通透"转为"由内圣推向外王",其理论表现即"三纲":君为臣纲、夫为妻纲、父为子纲。此形态一直延续到宋明时期程朱理学(朱子)将"五经传统"转为"四书传统"而达至顶峰,其在哲学上的表现就是所谓"以心控身""去欲存理"等观念的提出。在此过程中,虽然晚明王夫之以"理气合一""理欲合一""理势合一"等观念展开对程朱理学的批判,但并未从根本上扭转此思维架构。时至近代,此架构也并未随着帝制儒学的瓦解而消亡,而是继续"遗传"于现代新儒学的哲学思考中,最典型的理论形态莫过于牟宗三所建构之"两层存有论"及"良知坎陷论":"强调如何从良知的自我坎陷以开出知性主体,以知性主体涵摄民主科学"①。对此,后新儒学批判性地指出,"良知坎陷"的论证方式"只是陷溺在以心性论为核心的诠释之下才构作成的系统。因为这是一个诠释构作的系统,再由此诠释构作的系统去强调如何开出"②,所以这种模式既非"历史的发生次序",又非"实践的学习次序",而只是一种"理论的逻辑次序"③,而后者显然与前两者分属于不同的问题领域,甚至可以说是完全不相关的两回事,而"我们要问的不是儒学怎样开出民主和科学,而是要问我们在学习民主科学的发展过程中,儒学应当如何重新调试。我们应该要在这个新的境域中去思考儒学新发展的可能,我觉得这才是主要的思考方向"④。

根据历史实情,作为后发现代性的国家在向西方学习的过程中,随着

---

① 林安梧:《后新儒学及"公民儒学"相关问题之探讨》,《求是学刊》2008 年第 1 期。

② 林安梧:《后新儒学及"公民儒学"相关问题之探讨》,《求是学刊》2008 年第 1 期。

③ 林安梧认为:"历史的发生次序"指在历史的发生过程中,探讨它们是如何发生;"实践的学习次序"指我们作为后发的民主科学学习者,可以去思考哪些条件能加速我们的学习,因而处于实践学习的次序;而民主和科学在理论的脉络下如何安顿,则是"理论的逻辑次序"。参见氏著:《儒学转向:从"新儒学"到"后新儒学"的过渡》,台湾学生书局 2006 年,第 187 页。

④ 林安梧:《后新儒学及"公民儒学"相关问题之探讨》,《求是学刊》2008 年第 1 期。

"生活儒学"研究

生活方式的现代转换,社会主体由原先的"臣民"变为"现代公民",社会结构由传统的"血源性纵贯轴"转变为现代性的"人格性的互动轴"。①在此背景下,如果固守传统的以"心性论"为主的帝制儒学,那么显然不能适应现代社会,因此,对于儒学的现代重建来说,必须以"外王—内圣"之原型理解作为致思进路,而重建以"外王"为核心的儒学形态,即发展以"社会公义论(社会实践论)"为核心的"公民儒学":立足于现代的公民社会实践(此为"新外王")而调试并发展出"新内圣",即公民个体在新的制度建构中展开新的道德修养。②

在整个外王的情景已经变化的情况下,内圣修养的道德向度也必须做出调整。

内圣学不是可以孤立而说的学问,内圣学在具体的生活世界里,是在历史社会总体之下生长出来的学问,所以当整个外王学已经有了变迁,整个历史社会总体与我们生活世界的实况也有了变迁的情况下,我们的内圣学其实也是应该调整的。内圣学的理论逻辑的层次与其实际发生的层次有密切关联,并不是透过形而上的追溯,或是去建立形而上的内圣学之"体",再说明由内圣学之"体"如何开出外王之"用"来;而应该是用"体用不二"的全体观点来思考内圣学系统应

---

① "人格性的互动轴"主要包含"委托性政治连结"与"契约性社会连结"。

② 林安梧强调说:"'道德'是一不离生活世界总体本源的思考与实践,在不同的传统、不同的文化、不同的族群、不同的情境,将展现着不同的风姿。如今,进入到现代化的社会之中,契约性的社会连结是优先与血缘性的自然连结的,原先长自血缘性的自然连结的'仁爱之道',现在当长成一'社会公义'。真切地涉入到公共领域中,经由'交谈'互动,凝成共识,上契于社会之道,在这样的社会公义下,才有真正的'心性修养',才有真正的内圣"。参见林安梧:《"内圣"、"外王"之辨:一个"后新儒学"的反思》,《天府新论》2013 年第 4 期。

如何调整的问题。因此,我的提法就不再是"如何由内圣开出外王",而是"在新的外王格局下重新思考内圣如何可能"的问题。外王并不是由内圣开出的,内圣、外王本来就是一体之两面,是内外通贯的。①

以上即是后新儒学试图建构"公民儒学"的基本思路。然而,笔者在此关注的问题并非"内圣—外王"观念的历史演变过程,而是想追问:后新儒学为什么要将"内圣—外王"逆转为"外王—内圣"?(当然,这其中蕴含着后新儒学的某种历史哲学观念)这种"逆转性"思考能否实现其所致力于建构的现代性儒学?亦即能否真正建立以"社会正义论"为核心的"公民儒学"? 进而这种"逆转"本身是否成功呢? 对此,我们可作如下讨论:

首先,经由上述,我们可以明确的是,后新儒学逆转"内圣—外王"为"外王—内圣"的意图在于建立公民时代的"新内圣学":由"外王"到"内圣"的进展,"是经由'新外王'的学习,进而启其'内圣',有一新内圣之发展可能"②。因而在此意义上,"公民儒学"实质上属于一种指向道德哲学的儒学形态。而此"逆转"正是为了凸显"新外王"在建立"新内圣"过程中的重要性,因为"任何一套道德哲学、形而上学的系统并非凭空而起,它与历史发展背景、经济生产方式、政治变迁和文化传统的发展有着密切关系"③,而此"密切关系"在观念上的表现即是"外王(历史社会总体)—内圣(道德哲学/心性修养)"的架构。既然如此,那么建构"新内圣学"就首先取决于对作为社会实践结构(历史社会总体)的"新外王"的考察。由此也就不难理解,为什么后新儒学会将"公民社会下的社会正义何以可能"这一问题

---

① 林安梧:《后新儒学及"公民儒学"相关问题之探讨》,《求是学刊》2008年第1期。

② 林安梧:《"内圣"、"外王"之辨:一个"后新儒学"的反思》,《天府新论》2013年第4期。

③ 林安梧:《后新儒学及"公民儒学"相关问题之探讨》,《求是学刊》2008年第1期。

作为"公民儒学（社会正义论）"的核心问题，"社会正义"在此作为"新外王"的代名词被用以概括由社会实践所形成之制度结构，也就导致了上述"礼"与"义"的错位、"行义"与"制礼"的混淆等问题。

其次，需要承认的是，后新儒学基于对"内圣外王"之原型理解而将"内圣—外王"逆转为"外王—内圣"的方式确实不同于以往将之界定为本体论性质的"形上—形下"的关系模式，但这种"不同"及"逆转"并不意味着其本身对于后者的超越。20世纪现代新儒家之所以难以"开出新外王"，根源并不在于其理论本身的解释效力，而在于其自身之"内圣—外王"的思维模式①的困境，即以"内圣"为"新外王"奠基。从哲学存在论的角度来看，虽然"内圣"与"外王"具有不同的内涵，但其本身无疑都属于存在者层级的事情，而问题的关键在于追问存在者何以可能，亦即寻求先于存在者且为存在者及"内圣—外王"进行奠基的存在本身。现代新儒学的理论困境并非"新外王"是否需要"内圣"来奠基的问题，而是"内圣"本身何以可能？同理，我们亦可对后新儒学之"逆转"展开类似追问。在此意义上，所谓"外王—内圣"的"逆转"只能说是"逆而未转"：只是作为存在者领域的"内圣"与"外王"关系的逆向调整，即将原先"由内圣为外王奠基"转为"由外王为内圣奠基"，而未能真正转出超越"内圣—外王"思维架构的新视域，即未能回到真正作为本源的存在本身。

事实上，在林安梧建构的后新儒学体系中，与此"存在本身"具有同等

---

① 参见黄玉顺：《现代新儒学研究中的思想视域问题——〈现代新儒学的现代性哲学〉导论》，《现代新儒学的现代性哲学——现代新儒学的产生、发展与影响研究（导言）》，中央文献出版社2008年版，第1页；黄玉顺：《论儒学的现代性》，《社会科学研究》2016年第6期。

意义的观念是"存有的本源"。①所谓"存有的本源",即指中国哲学所讲的"道",但并非作为最高存在者的形而上实体,而是指天地人我万物通而为一之不可分的交融状态,在此本源状态中,外在情境与内在心灵意识交融为一而没有分别②,因此这是一个典型的存在论观念。然而,当落实于形而下学即伦理学的建构时,此"存有的本源"被称为"生活世界""历史社会总体"即所谓"新外王",并且被赋予一种哲学人类学式的内涵:"生产力、生产关系、生产工具、生产者之间的互动关系"③,其外在表现乃是一套客观的社会制度结构。④具体到"公民儒学"的建构而言,林安梧明确指出:"我们除了回到内在的心性之源上说,还必须回到整个历史社会总体之道,从道的源头上去说。我们的心性必须参与到道的源头,而这个道的源头是历史社会的总体之道"⑤,显然在此其所强调的依然是作为现代"历史社会总体"的"新外王",亦即经由"契约"而建立的"公民社会"。⑥

---

① 基于对牟宗三"两层存有论"的反思,林安梧在诠释熊十力哲学与王夫之哲学的基础上,提出了"存有三态论",即"存有的本源""存有的开显""存有的执定"。参见氏著:《儒学转向:从"新儒学"到"后新儒学"的过渡》,台湾学生书局2006年版,第324页。

② 参见林安梧:《儒学转向:从"新儒学"到"后新儒学"的过渡》,台湾学生书局2006年版,第55、56页。

③ 林安梧:《"儒学革命论"——后新儒学哲学的问题向度》,台湾学生书局1998年版,第45页。

④ 在此需指出的是,这里所隐含的后新儒学的历史哲学观念与生活儒学的历史哲学观念具有相似之处。黄玉顺写道:"那么社会转型是如何发生的?我简单讲一下我的基本的历史哲学的观念:人类的社会生活方式的转型,导致了社会形态的转型;社会形态的转型,导致了社会主体的转型;社会主体的转型,导致了整个制度安排的转型。"参见黄玉顺:《从"生活儒学"到"中国正义论"》,中国社会科学出版社2017年版,第310页;以及黄玉顺:《论儒学的现代性》,《社会科学研究》2016年第6期。

⑤ 林安梧:《后新儒学及"公民儒学"相关问题之探讨》,《求是学刊》2008年第1期。

⑥ 林安梧说:"至于那普遍的总体则是必须通过这样的交谈空间,一步步而上升到的,并不是我这个主体就跟道体连载一块,并不是我说的话就是全体、全知的观念。"参见《后新儒学及"公民儒学"相关问题之探讨》,《求是学刊》2008年第1期。

三、公民儒学的证成:"公民伦理"与"公民社会"的循环

既然"公民儒学"最终落脚于建构新的内圣学,亦即现代性的"公民伦理"①,那么此儒学形态的证成就取决于这种"公民伦理"的成功与否。由于"公民伦理"本身属于公民社会道德规范系统,故而仍可将其置于正义论的范围中进行讨论。

首先是正义原则的问题,亦即建构此"公民伦理"所依据的价值根据。其实,上文第一部分有关"正义原则"的讨论对此已有涉及,即"行为准则"与"形式性原则"的关系问题,故在此无须重复。但仍需强调的是,作为"公义"的"有公有私"难以充当建构社会道德规范的价值依据,尽管有如后新儒学所强调的那样,"有公有私"本身在现代公民社会具有道德优先性②,但其本身仍然只是某种伦理准则。

其次是公民伦理的内容。按照"公民儒学"自身的思想脉络,此所谓"公民伦理的内容"(所谓"新内圣")应指上述"行为准则"的具体内容,然而令人遗憾的是,后新儒学对此并未做出实质性的规定,而只是提出三条建构"公民伦理"的"原则",当然此"原则"并非正义原则,而只是操作性原则。为此,我们有必要分析林安梧的相关论述:

1.公民伦理重在以自我的限定为起点,并依客观的契约而构造新的连结体

2.公民伦理不是来自道德、思想、意图,而是来自权力、结构、组织

---

① 林安梧:《"内圣"、"外王"之辨:一个"后新儒学"的反思》,《天府新论》2013 年第 4 期。

② 参见林安梧:《"内圣"、"外王"之辨:一个"后新儒学"的反思》,《天府新论》2013 年第 4 期。

3.（公民伦理）不是单元的转出,而是多元的重建①

在后新儒学的论述中,"公民伦理"是相对于前现代的"天民伦理"来说的,而"天民"向"公民"的转变意味着社会主体的转变,在此意义上,"伦理"也必然由前现代基于血缘性而建构的家族伦理转为基于公民个体性而建构的"契约伦理"。而其在此所说的"自我的限定"显然意指公民自身之"个体性",因为正是这种"个体性"决定了"公民"之为"公民"而可以进入公共领域,从而经由"互动"形成一种"责任伦理"②与"交谈伦理"③,这也就是"公民"自身之"公共性"的表现,所以"自我的限定"是建构"公民伦理"的起点。此外,按照上述后新儒学"外王—内圣"的思想架构,与前现代"天民伦理"源于"天道""心性""良知"不同,"公民伦理"的建构只能基于由社会实践所形成的社会制度结构,即所谓"公民社会",亦即其在此所指出的"权力""结构""组织"。

然而这里却存在一个矛盾:如果后新儒学所说的依据客观契约而构造的"新连结体"意指"公民社会",那么"公民伦理"的建构只能以此"新连结体"作为基础,而不能将其视为"公民伦理"的目的所在,因为按照"外王—内圣"的逻辑,作为外王的"新连结体"必得先于作为内圣的"公民伦理"并为之进行奠基。而在后新儒学的论述中,此"新连结体"显然意指"公

---

① 林安梧:《从"德性治理"到"公民社会"的建立——"顺服的伦理"、"根源的伦理"与"公民的伦理"》,《江淮论坛》2016年第6期。

② 林安梧借用韦伯关于"意图伦理"与"责任伦理"的划分,试图通过诠释儒学所讲的"忠信"(忠于其事)观念而阐发一种儒家的"责任伦理"。参见林安梧:《儒学转向:从"新儒学"到"后新儒学"的过渡》,台湾学生书局2006年版,第214、310、311页。

③ 林安梧:《从"外王"到"内圣":以"社会公义"论为核心的儒学——后新儒学的崭新思考》,《浙江社会科学》2004年第1期。

民社会"。因此,后新儒学实际上在此出现了一种循环论证:"公民伦理"的目的在于建构"公民社会",而"公民社会"本身乃是建构"公民伦理"的基础。而这种循环论证则恰恰表明,后新儒学之"公民儒学"本身的证成有待进一步贯通。

　　总而言之,后新儒学所建构的"公民儒学"本身是一种极具现代性的儒学形态,我们从上文关于"社会正义"问题的论述中即可明显得见,其对于公民社会即现代生活方式的思考,以及对于儒学如何参与建构公民社会与公民个体如何在此社会中展开实践等问题的探究,都是在切实地推进儒学的现代转型。而其本身所存在的内在缺失也意味着,一种真正意义上的立足于现代生活方式的"公民儒学"有待于我们进一步的思考与推进。

正义观：参与式的，还是解构式的？
——评"中西对话中的正义概念"对谈*

尚文华

近二十年来，如何理解并阐释罗尔斯的"正义论"一直是汉语学界的一门显学。无论是如罗尔斯一样的自由主义者，还是保守主义者，抑或左派学者，或多或少地都有自己的正义原则，甚至意图以之为出发点建构自己相应的政治和国家理论。但无论如何，这些都是现代或现代性的产物。如若得不到更具历史和思想深度、广度的审视，这些探讨可能是缺乏根基的。

在这样的时代和思想背景下，2019 年 4 月 21 日，由苏州科技大学马克思主义学院主办的"中西对话中的正义概念"在苏州科技大学成功召开。本次对谈围绕中西视域下的正义原则或正义概念展开，由山东大学儒学高等研究院的黄玉顺教授和山东大学哲学与社会发展学院的谢文郁教授以对谈的方式的主讲，山东社会科学院副研究员的尚文华主持。

---

* 原载《基督教文化学刊》2020 年春季卷，总第 43 期，宗教文化出版社 2020 年版。

两位主讲者都兼具中学和西学背景,在各自主攻的方向外,对对方的问题意识和面临的问题都有较好的理解。黄玉顺教授从其儒学立场出发,提出了中国正义论的一般框架,并根据对"时"(或"历史")的理解,把由正义原则带动的制度变更放置在历史的自行发生之中, 而给出一种参与式的正义观;①谢文郁教授则从其希腊背景和基督教立场出发,把正义概念处理为一种解构式的正义。②在新旧制度变更方面,参与式的正义观和解构式的正义观形成一定程度的对峙。这种对峙能够让我们更深刻地理解生存的个体性和公共性、现实性和可能性之间的张力。接下来,让我们勾画两位主讲者的基本思路,并对其作出评述。

一、参与式的正义观

在讲座伊始,黄玉顺教授坦言自己的思考不同于罗尔斯。罗尔斯的正义理论是在现代社会制约下的有关利益分配的一套制度安排, 其面对的是美国当时的现实状况。通过区分行为正义和制度正义,黄玉顺教授则致力于探讨制度改变所依据的正义原则, 即如若重建社会规范,其尺度何在。换言之,正义原则的本质在于探讨重建规范所依据的基本原则。

在儒家社会中,规范即礼,礼的外在形式表现为礼仪;其内在形式则是礼制;而礼制背后则是"义"的原则。义者,正也,宜也。正,乃人之正路,其秉承正当性的原则;宜,适宜,秉承适宜性原则。因此,规范即礼的正义

---

① 详细的论述可参阅黄玉顺教授的论文:《中国正义论纲要》,《四川大学学报》(哲学社会科学版)2009 年第 5 期,第 32—42 页。

② 详细的论述可参阅谢文郁教授的论文:《解构性的正义概念》,《北京大学学报》(哲学社会科学版)2018 年第 4 期,第 55—64 页。

原则，就被把握为正当性原则和适宜性原则。何谓正当性，又何谓适宜性？正是在此出现了中西分殊。在儒学视野中，正当性原则和适宜性原则的根据在于"仁"这种情感。仁爱，则既是一种差等之爱，亦是一种一体之仁爱。就差等之爱言之，我们对周围人的爱有不同，此时，恩胜义，这是适宜的；就一体之仁言之，爱不分周围远近，此时，义断恩，这是正当的。"门内之治，恩掩义；门外之治，义断恩。"（《礼记·丧服四制》）说的正是"仁爱"的适宜性原则和正当性原则。

因此，在儒学视野中，（正）义的根基是"仁爱"，一体之仁是正当性原则的根据；由差等之爱所带出的适宜性原则乃是要适宜于基本的生活方式。换言之，正义原则不是抽象的理性建构，也不诉诸于任何神意，相反的，它本身乃是在历史性的生活中产生的，是逐渐生成但又无法抗拒的历史趋向所决定的。但这又不是某种相对主义，似乎每个人都可以从自己的视点出发进行建构，恰恰相反，在每一个历史时段，它都能取得（至少大部分人）共识。其中，仁爱情感起着基础性的作用，由一体之仁支持的正当性原则在不同的历史生活中表现不同，这正是适宜性，"时之"的原则。换言之，正是在"时"中，由仁爱情感支持的正义原则，即正当性原则和适宜性原则得到统一。

诉诸"时"解释正义原则表明，在黄玉顺教授的思考中，正义不是建构的产物，亦不是由人的某些努力所决定、所推行的，相反的，"时"或历史生活本身超出于人的能力之外，而有其自行的发生，只有参与进历史生活的发生中时，正义原则才是有效的，正当性和适宜性才能得到理解和领会。进一步，我们可以把"时"，或黄玉顺教授理解的生活的历史性领会为一种"天命意识"。天命不是构造的产物，亦不是由相信情感所带动的具有特定方向性的东西。它有其超出任何预期的自身的发生，只有顺应并参与这种发生,才有适宜性和正当性,否则就没有。因此,在黄玉顺教授这里,这乃是一种参与式的正义观。谢文郁教授认为,如是理解正义原则太消极,似乎人不能够赋予它真实的意义,但根据谢文郁教授的正义概念,实情又何尝不是如此呢——至少在终极问题上同样如此。

二、解构式的正义观

与儒家从公共的规范即礼出发理解正义不同,希腊人更多地从个体出发追问正义原则。通过追踪公元前7世纪赫西俄德的《工作与时日》,谢文郁教授提出,从个体出发追问正义恰恰解构了公共的规范。在希腊语境中,行为合适是指不亏欠别人,不亏欠神,但赫西俄德注意到,即使不亏欠别人,也不亏欠神,人总是还要受到虐待,此时该怎么办呢?如果完全根据公共规范,在自己与公共规范形成对峙局面的时候,这种状况无解。既然已经遵守了公共规范,但受到虐待却又是实实在在的,那么应该调整的就是公共规范,而其依据的正是个体的遭遇。于是,如何协调个体与公共的关系,并建立一种适合于所有个体生活的制度就成为困扰希腊人的核心问题。

在《理想国》中,柏拉图的核心问题就是找到大家都认可的公共生活,即一种完善的社会制度是可能的吗?通过观察现实生活,柏拉图发现,城邦中有三类人,一是追求利益或欲望满足的普通人,二是由喜欢被称赞的激情所推动的护卫者,三是致力于寻找真正的善、追求神(宙斯)意志的哲学家。只有第三类人致力于寻求这样完美的社会制度,为了避免以恶为善或以善为恶的发生,他们需要找到真正的善,只有找到真正的善,完美的社会制度才是可能的。因此,从《工作与时日》追求个体的正义到《理想国》

追求制度的正义,在思想史上,就是从 righteousness 到 justice 的转变。

于是,与儒家完全从公共规范讨论正义不同,希腊思想则是从追问个体的正义开始追问制度的正义,而其落脚点则是真正的善的问题。找不到真正的善,制度的正义就是不可能的,个体的正义也是无法保障的。但无论如何,柏拉图晚年诉诸于天命解决问题表明,凭理性追问真正的善几乎是不可能的①,而随着怀疑主义的进一步论证②,凭理性追问真正的善的道路被彻底堵死。但毫无疑问,追求真正的善乃是一种实实在在的生存冲动和生存意识,找不到它,生存就会进入善恶混淆的状态,进一步制度正义就会永恒缺席。在谢文郁教授看来,在生存中寻求真正的善是主导西方思想史后续发展的核心问题。

在这样的思想和生存处境下,《罗马书》给出另外一种追问真正的善的道路。据上,哪怕生存是在盯着真正的善或真理的过程中展开的,但由于在理性中追求真理是无望的,即使真理来到人们面前,都是无法接受的,因为真理本就不是判断和选择的产物。于是,一方面,我们确信或生存本就有着对真理或真正的善盯着看的冲动,另一方面它又不是判断和选择的产物,在保罗看来,接下来的唯一的道路就是在相信中相信真理已经来到我们面前,这便是耶稣基督的彰显者身份。换言之,如果在理性的判断中,真理是不可能的,即使真理来到我们面前,我们也只能否定和拒绝;而如果在相信的接受状态下,我们则不对真理来到面前这件事做

---

① 有关此问题请参阅谢文郁:《柏拉图真理情结中的理型和天命——兼论柏拉图的"未成文学说"》,《北京大学学报》(哲学社会科学版)2016 年第 2 期,第 39~51 页。

② Sextus Empiricus, *Outlines of Scepticism*, trans. J. Annas and J. Barnes, Cambridge:Cambridge University Press, p.72. 笔者有文讨论这个问题及其背后的真理追求问题, 请参阅尚文华:《真理情结中的人论——爱任纽〈驳异端〉的相关文本分析》,《世界宗教研究》2018 年第 2 期,第 148–159 页。

判断,甚至因对真理或真正的善的相信,我们认为,凡是来自于祂的都是好的、善的。

　　一旦在对作为真理自身的彰显者的接受中审视正义问题,我们就会获得另外一种眼光。首先,由于作为正义原则最终依据的真正的善不再是判断的产物,那么正义的基础也不在判断,换言之,我们持之为正义的原则只是具体处境下的观念的产物,它不是终极性的。其次,在对彰显者的接受中,我们相信,它会不断地把善给予我们,因而在处境中的判断的善会面临不断地更新的过程,换言之,如果说在特定处境下已经形成一套对正义理解的固定结构,那么在接受者的身份下,这套有关正义的理解结构就时时刻刻面临被更新改变的可能性。因此,与已经形成的各种各样的正义观相比,《保罗书》给出一种解构性的正义观。

　　在谢文郁教授看来,由于西方思想追问正义问题的起点是生存个体,而个体对正义的追问又不得不相关于公共生活,个体与公共规范之间就表现出一种紧绷的张力关系,即使走向一种解构性的正义观念,这个张力并没有被消除,它只是被引导进一种更新改变的状态之中。即作为观念状态的个体与规范的张力被带入一个更深的,也更新的张力之中。正是因对这种更新的张力状态的体察,谢文郁教授质问黄玉顺教授从"时"中观察制度更新是不是太消极了。

三、参与式正义观与解构式正义观的对峙局面

　　综上,在黄玉顺教授看来,正义观的两个核心原理,正当性原理和适宜性原理,都需要在"时"或历史性的生活中得到理解;也只有参与进"时"或历史性生活中,追问制度正义或重建社会制度规范的正义原则才能真

正是正当的和适宜的。在这里，个体对正义的追求似乎没有得到凸显。而根据谢文郁教授的观点，界定正义概念的关键是进入生存中理解结构的更新改变，而随着理解结构的更新改变，个体行为正义与制度规范的正义的张力能够被带入一种更深和更新的张力中，因而解构性的正义概念既关涉个体的正义观念，也关涉社会规范的正义问题，它们作为一种张力关系被解构原则带入更新的状态中。

纵观中西思想史上的这两种正义观，我们会发现，首先，它们在起点上就不同。前者从规范即礼入手，侧重于正义原则的公共规范方面，个体原则甚至都没有得到呈现。而后者则从个体正义（righteousness）出发追问社会或制度的正义（justice），最终，在解构性的正义观中，两者作为一对张力被保持着，并不断地被更新着。其次，因起点不同，在终极问题上，它们也存在着深刻的差别。前者把制度或社会正义的更新或变革置于"时"或历史性生活自身的发生中，个体只有参与进"时"的发生，其行为才能有正当性和适宜性，正如黄玉顺教授的例子显示，"当一个革命者起来时，那是疯子；而当都革命时，行为就正当适宜了"，这是"时"的改变所带来的。后者尽管在终极上亦诉诸彰显者（上帝），但解构或更新理解结构是由彰显者带来的，因而是彰显者和信仰个体共同绽开公共生活，公共规范的正义性与个体的正义就共同保持在时间和历史中。因此，在解构性的正义观中，时间和历史本身是善参与的历史（信仰本身就是对善展现的信），并且这个善的历史是由彰显者和个体共同打开的；而儒家的参与式的正义观则不能打开"时"或历史性生活的善的维度。

个体（行为）正义的缺席，"时"的善维度的缺失，是谢文郁教授质问黄玉顺教授的核心问题，尤其对于第一个问题。如果完全根据"时"理解公共生活的正义原则，那么个体对正义的追求究竟意味着什么呢？难道不被认可的"革命疯子"的对正义的追求,就因为不被认可,而否认其对正义的追求吗? 而在多数人都认可"疯子"追求的正义的时候,那岂不是证明了"疯子"的正义才是真正的正义吗? 换言之,无论"时"如何发展,个体"对正义的追求"很难被抹杀在"时"中;而根据"时"的发展,(共同接受的)"正义"可能恰恰是被少数人看到的,正义原则的改变,即"新"的问题可能恰恰是由个体的追求和理解呈现出来的。

若从第三者立场来看,黄玉顺教授的观察是对的。既然少数人追求的正义不被接受,那么"时"确实未到,而一旦等到大多数人接受了这种正义,"时"也就到了。但是他必须得处理,在少数人追求的正义待"时"到了而成为正义原则的时候,这种正义究竟意味着什么。换言之,个体对"时"的"预判"与"时"的关系是必须得到处理的,否则,即使第三者,亦无法获得对"时"更多的理解。在西方思想史上,这个问题被表达为"理性与信仰(上帝)"的张力。而从当事者立场,或是实实在在地参与正义追求的人来看,无论"时"到还是不到,从自己出发"对正义进行追问"是实实在在的生存冲动,这种冲动不能被"时"所抹杀。更进一步,即使其对正义的追问尚是"不合时宜"的,那这种不合时宜又何尝不是对"时"的一种参与呢?若个体不为"时"中的正义原则赋予一种"新"的意义,作为追问制度变更的正义原则的"变"或"新"又从何谈起呢?

或许是鉴于讲座时间问题,黄玉顺教授未曾对此进行展开,也没有获得回答这些问题的机会。但在笔者看来,谢文郁教授提供的解构性正义观回答这些问题并不难。但无论如何,我们需要看到,黄玉顺教授提出的参与式的正义观能让我们在人性面前保持足够的谦卑。它告诉我们,"时"有其自身的发生,一切自以为是的建构或改造,在它面前可能毫无意义,甚至给自己以至于整个社会带来灾难性的后果, 正义的正当性原则和适宜性原则需要符合"时",而在欲求改变的时候,它们也需要聆听"时"的发生和自行运转。换言之,中国正义论原则有其更高的发生根基,而这根基正是"时"(或"天命")的发生。在主体性理性被高举的时代,能够在"时"和"天命"的发生中体贴人类生活,并聆听它们的自行发生,是最难能可贵的。

同样的,针对解构性正义观,黄玉顺教授也做出相应的质疑。其核心问题就是真正的善是不是一个预设?若单纯从理性视角看,在个体追求正义而不得的时候,只能设想个体正义与制度正义相契合,此时,真正的善,即保障完美制度实现的正义显现为一种预设。如果真正的善只是一种预设、一种外在地追求的理想化状态,那么它就只是理性推论的产物,而无法在现实中发挥效力,从而只是空洞的理性产物。针对此,谢文郁教授认为,真正的善乃是一种实实在在的生存冲动,它关乎生存的善恶选择、关乎生存的意义所在,因此,它不是理性判断的产物,相反的,它本身刺激并引导生存不断地走向它。否则,我们无法理解,即使怀疑主义者明知真正的善不可得,但还是要保持"悬置判断,继续追求"的态度;即使保罗明知真正的善不可得,还是要"冒险"相信真正的善已经彰显出来。换言之,在西方思想史上,真正的善,即真理问题本身是生存的内在欲求,它关乎个体生存和公共性的终极意义在哪里,为历史赋予善意义的最终根据也正在此。无论在希腊世界还是罗马世界,抑或是基督教世界,其世界(个体和公共)意义都在于此,只是追问方式不同罢了。

据上对参与式正义观和解构式正义观对峙局面的分析可见,其对峙的根源在于个体对正义的追求究竟意味着什么。参与式的正义观忽视甚至抹杀了个体的正义,而个体的正义恰恰是解构式正义观追问正义的双重起点之一。由于不再重视个体的正义,"时"看起来只是一种自行的发生,历史生活本身的善也就不再是生存个体判断的产物；而对于解构式的正义观来说，因着对彰显者（上帝）的信仰，历史生活的善本身彰显在生存个体的生存中——这同样不是判断的产物，而是在自我理解结构的更新、生存本身的更新中呈现的。

在讲座最后的主持人总结和提问环节中，大家都注意到这两种正义观与现代社会论证于自由基础上的正义观的冲突问题，我们需要对此作一些评述。

四、现代生活世界中的正义问题

无疑，两位教授考虑的都是历史和思想的基本原理问题。参与式的正义观是由儒学一直以来的"天命"意识带动起来的；解构式的正义观则主要来自于基督教世界，而其面临的问题同样是希腊世界以来的整个西方历史和思想世界的关键问题。这两种正义观可以与现代世界接轨，也可以为现代世界面临的问题开出药方，但同样，它们也不是现代世界的产物，或许正因为不是现代世界的产物，它们才能够更好地看清现代世界所面临的问题。

众所周知，罗尔斯的正义论在学理上源于康德，而作为启蒙时代的思想家，康德所致力于论证的是现代个体的自由，并从现代个体的自由存在出发构建现代生活诸多领域的基本原理。因此，从正义论层面看，现代社会的正义原则建基于个体自由，因其自由，每个个体享有普遍而共同的基本权利，并承担与基本权利相匹配的基本义务或责任。这种基本权利可以被抽象为形式性的基本人权，但在形式之外，它指向基本的现实福祉，如何根据个体的自由和基本权利及其现实状况分配这些基本福祉，就是现代正义论的基本内容。这正是讲座伊始,黄玉顺教授批评罗尔斯仅仅把正义论放置在分配正义上的原因所在,换言之,由于现代个体的自由存在,在确立基本权利和义务之后,现代正义论必然要讨论究竟基于何种现实原则(公正、平等,等等)实现福祉的分配问题。这是启蒙时代的延续,也是现代社会面临的基本问题之一,漠视它,或者轻视它,在笔者看来,都不是明智之举。

但无论如何,我们也得看到现代正义论的基本局限。就其具体内容不论,从其立论的基础来看,现代个体的自由确能得到论证,但得到论证的自由是否就一定走向某种完全的主体性,则是值得怀疑的;①另一方面,主体性原则是否要走向完全的建构,并把这种基本建构推广到整个人类生活世界的方方面面,亦是值得深思的。罗尔斯未曾深究这些问题,只是根据现代社会的基本走向给出了一种正义论原则,在切中现代社会(尤其当时的美国状况)要害的同时,却也缺失了反思现代正义论之基本局限的维度。在这样的时代背景下,黄玉顺教授和谢文郁教授重提正义的参与式理解和解构式理解的意义就得到凸显。

现代正义论过分地以自由个体作为出发点,并意图以个体为原则重新建构整个人类社会,其主动性遮盖了,甚至是抹杀了历史生活的自行发生性,从而使得思考参与式的正义观成为不可能的。但是人真的能够从某种主体性出发建构一种普遍的放之四海而皆准的生活吗?这种看似崇高的正义论可能恰恰是以压制其他主体性为前提的,近年来世界范围内出现的民族主义,甚至民粹主义的复兴、中美之间的贸易大战等问题都把这一点凸显出来。在这样的世界背景中,现代正义论面临着严峻的挑战,而

①　克尔凯郭尔、尼采和海德格尔等人一系列的写作都是对这个问题的反面回答。即把自由完全主体化非但可能不能解决现实问题,反而可能会把人类带入深刻的虚无主义深渊。

看似消极的参与式正义观可能正好提醒我们不要太把某种正义论视为普世皆准的。同样的,解构式的正义观也提醒我们,一旦把某种理解视为理所当然的,它也就封闭于自身,而丧失更新的维度。于个人而言,封闭于自身会让他与他者对抗,甚至是根本性地封闭于自身的罪债之中;而于总体而言,民族的存在是既定事实,若把某种价值观念推行于其他民族,哪怕加以正义之名,所带来的可能只是对抗,甚至更深重的灾难。

在这里,笔者并非要为任何一种价值观或正义观辩护,相反地,笔者想从一个更高的立场出发审视人类的生活,而参与式的正义观和解构式的正义观正好充当了这种媒介。前者注意到人类生活有一个更高的来源,后者则在解构某种理解结构的前提下,让理解向着更深和更新的维度敞开。在标榜某种价值为普世价值、标榜某种正义观为普世正义观的时代里,黄玉顺、谢文郁两位教授从更具历史和思想深度和广度的幅度内重新审视正义问题,有着深刻的时代和思想意义。

黄玉顺教授"生活儒学"代表作在美国出版*

胡骄键

近日,我校儒学高等研究院黄玉顺教授"生活儒学"的代表作《爱与思——生活儒学的观念》英文版在美国出版发行(*Love and Thought:Life Confucianism as A New Philosophy*,Bridge 21 Publications 2019 年)。该译著为国家社科基金"中华学术外译"项目,李学宁等译,中文原版为四川大学出版社 2006 年版(另有四川人民出版社 2017 年增补本)。

此前,"生活儒学"理论系统之下的伦理学方面的代表作《中国正义论的重建》英文版已在英国出版发行(*Voice From the East:The Chinese Theory of Justice*,国家社科基金"中华学术外译"项目,侯萍萍、王克友译,Paths International Ltd 2016 年)。此次美国出版的 *Love and Thought* 则是对"生活儒学"最全面系统的论述。

作为儒学与中国哲学"山大学派"的标志性学术成就,"生活儒学"是

---

* 首发于山东大学儒学高等研究院 2020 年 4 月 1 日:www.rxgdyjy.sdu.edu.cn/info/1015/6329.htm。原题为《儒学院黄玉顺教授"生活儒学"代表作在美国出版》。

"生活儒学"研究

通过对儒学传统的现代诠释而创立的一个儒家哲学体系。它突破了传统儒学的"形上—形下"二级观念架构,由追寻"前存在者"的生活存在而形成"本源—形上—形下"三级观念系统,旨在藉此使儒学面向现代中国人的生活而成为一种"现代性诉求的民族性表达"。

"生活儒学"在海内外具有广泛影响,黄玉顺教授本人多次受邀在美国、韩国等地的国际学术会议上发表演讲。事实上"生活儒学"已成为当代儒学的一个重要学派,被学界列为"新世纪大陆新儒家"六家之一、"当代儒学创新发展"十家之一,并与其祖师冯友兰先生的"新理学"和其导师蒙培元先生的"情感儒学"一起构成了当代中国哲学的"情理学派"。学界迄今已出现专题研究和评论"生活儒学"的书籍7种、文章160多篇。已分别有多家单位联合举办了共三届"生活儒学"全国学术研讨会。

目前,儒学院正在积极申报黄玉顺教授领衔的山东大学人文社会科学创新团队项目。相信黄玉顺教授及其团队将继续推进"生活儒学"及"中国正义论"等研究,为"儒学当代阐释与中国话语体系建构"、打造"山大学派"做出更大贡献。

生活：本源、展开及其意义

——关于"生活儒学"三个问题的讨论*

郭美华

　　"生活儒学"是黄玉顺教授提出的一个具有创构性的概念："所谓'生活儒学'，是作者创构的一种儒学理论，其宗旨是回答这样一个问题：如果承认，前现代的儒家形下学（如帝国时代皇权社会的伦理学及政治哲学）及其为之奠基的形上学（如心性本体论）不能被照搬到今天的现代性的生活方式中来，即必须重建儒家的形上学和形下学，那么在逻辑上就意味着：存在着某种观念，这种观念比形上学和形下学更为本源，然而这种观念又是儒学所固有的，不过后来被遮蔽和遗忘了。因此，生活儒学在理论上的一个基本特征，就是突破两千年来传统哲学的那种'形上—形下'的观念架构，重新发现更加本源的观念层级，在这种本源上重建形上学、形下学，于是形成'本源—形上—形下'的三级观念系统。对于传统哲学来说，这是一种全新的视域：如果说，传统的形上学思考的是形而上的存在

　　*原载《东岳论丛》2020 年第 3 期。

者,形下学思考的是形而下的存在者,它们都是存在者,而不是存在;那么,生活儒学揭示的则是存在,亦即生活。"①这一简略的说明,将生活儒学的基本主旨及其展开环节都进行了提示,即以生活为本源,并由之生发出世界、人和万物。

可以很明确地说,"生活儒学"并不是一种简单而抽象的语词标签或派别符号,而是一种与胡塞尔、舍勒尤其海德格尔的具体对话,这种对话的具体性拒斥所谓中西之别:"这种对话实质上是我们自己的生活的展开,亦即生活本身的一种显示形态"②。简言之,生活儒学本身的致思,就是生活本身及其展开的一种样式。因此,进入"生活儒学"的视域,得有一个"入口",一个作为起点也作为终点的"入口"——既从之出发,又回归于它的本源:"形而上学正是以生活本身为自己的本源"③,"生活儒学所要回归的,乃是非先验性的、前主体性的本源情境,即生活本身"④。既从自身出发,又回归自身,作为本源的生活就具有"在生活并且去生活"的本源结构。⑤如此作为本源的生活之为生活当然就是动词,是一种以自身为宾语并自为内容的活动:"人们生活着(vit)他们的生活(vie)。生活(Vivre)就像及物动词一样,生活内容是它的直接宾语。而根据这一事实,生活着这些

① 黄玉顺:《走向生活儒学》,齐鲁书社,2017 年版,第 1~2 页。

② 黄玉顺:《面向生活本身的儒学——黄玉顺"生活儒学"自选集》,四川大学出版社,2006 年版,第 29 页。

③ 黄玉顺:《面向生活本身的儒学》,第 32 页。

④ 黄玉顺:《面向生活本身的儒学》,第 36 页。

⑤ 黄玉顺:《面向生活本身的儒学》,第 37 页。在《爱与思——生活儒学的观念》中,黄玉顺教授有一篇附论《生活本源论》,以相当篇幅强调了这个"在生活且去生活"的本源结构,具体参见《爱与思——生活儒学的观念》(增补本),四川人民出版社,2016 年版,第 254~272 页。后文将多次引用其中的具体论述。

内容的行为,也是生活的内容。"①生活就是生活内容与生活活动本身的统一。

因此,生活自身内在地蕴含着"去生活",或者说,生活就是生活本身的绵延:"生活的每一环节,无不处于与不同于这一环节本身的另一环节的关系之中。"②就生活儒学就在对于生活的强调而言,其基本的视野在于透悟了"出离生活的不可能性"③。因此,作为本源的生活,在其本质上就自身展开着,而本源生活的展开,也就是在生活本源中绽放出形而上学的实体、主体,认识论的客体,以及世界和世俗生活等,从浑沦的本源生活绽放出世界及其万物。浑沦的生活本身是无:"在本源的意义上,生活背后没有任何物,生活本身也无任何物,在这种意义上,生活是无","生活是无:生活本身一无所有"。④而从一无所有中,人和万物都要生成、绽放出来:"人被生活生成,人诞生于生活;物亦然,任何存在者皆然。"⑤从生活本源作为浑沦之无,到世界、人和万物的生成、绽放,黄玉顺教授称之为"无中生有":"究竟是怎样在'无'的情境中生成了存在者? 究竟怎样'无中生有'? "⑥

"无中生有"本来是道家(老子)的观念,但黄玉顺教授认为:"对于儒家来说,作为'无'的'存在'或'生活'并不是道家之所谓'道',而是儒家之'道',即儒家所说的'仁爱',亦即自然本真的情感,在儒家的观念中,仁爱情感乃是万事万物的大本大源,也是一切形而上者、形而下者的大本大源,所以也是一切形上学、形下学的大本大源。正是在这种本源上,儒家因

---

① 列维纳斯:《总体与无限:论外在性》,朱刚译,北京大学出版社,2016 年版,第 89 页。
② 列维纳斯:《总体与无限:论外在性》,第 102 页。
③ 列维纳斯:《总体与无限:论外在性》,第 127 页。
④ 黄玉顺:《爱与思:生活儒学的观念》(增补本),四川人民出版社,2016 年版,第 227 页。
⑤ 黄玉顺:《爱与思》,第 227 页。
⑥ 黄玉顺:《爱与思》,第 122 页。

"生活儒学"研究

学"①。在以生活作为本源及其展开中,黄玉顺教授又有一个价值取向,或者说意义目标、信仰归属,即生活儒学皈依于儒家。生活儒学本身以生活为本源,但是在黄玉顺教授看来,只有儒学所提倡的本真情感或仁爱或亲子之爱才是本源之本源,即最终的本源:"儒家观念的大本大源:生活情感。"②"'存在'的意义,乃渊源于本源的生活情感的意义:没有生活情感,也就没有存在。而这正是儒家思想的核心所在:没有爱的情感,就没有存在";"存在作为一种生活领悟,在本源上不过是说的生活本身的生活情感,而其源头,乃是母子之爱。这一点,对于儒学来说乃是最本源的感悟:亲子之爱乃是本源的本源。"③儒学的最终皈依,在儒学与生活和哲学的关联上,显露出生活儒学的意蕴底色。

因此,就生活儒学的整体创构而言,所谓生活之为本源,本源之展开自身而生成世界与万物(人和物),以及儒学与生活和哲学的关系,这三个方面,就成为理解生活儒学的基本方面。

一、生活之为本源:源初存在与生活感悟、本源之爱的浑融

实际上,生活之为本源,黄玉顺教授特别强调不是说"生活的本源",而是说"生活即本源":"儒学的一切的一切,都从'生活本源'说起。但须注意,所谓'生活本源',并不是说的'生活的本源'。生活没有本源,因为生活本身就是一切的一切的本源。生活本身既是形而上学的本源,更是形而下

---

① 黄玉顺:《走向生活儒学》,第 2 页。
② 黄玉顺:《爱与思》,第 205 页。
③ 黄玉顺:《爱与思》,第 226 页。

学的本源。这里,'生活'和'本源'乃是同位语。"①在哲学上,形而上学追求万物的最终根据或所谓本源,黄玉顺教授所谓本源不是这种作为思辨给出的形上根据,而是更进一步强调,"形而上学正是以生活本身为自己的本源的"②,"本源就是生活本身"③,如此作为本源的生活或生活作为本源,"本源不是一个物,不是一个存在者。本源之为本源,在于它先行于任何形而上学构造。"④因此,所谓"生活即本源",有一种更为深刻的哲学意蕴,"所谓'生活本源',就是'生活本身'。我们讨论生活本源,就是阐明生活本身",而"生活本身,就是事情本身"⑤。

事情本身,就是"生活即是存在,存在即是生活","生活之外别无所谓存在"⑥——在生活自身展开自身的"至大无外"⑦中,一切源自生活,一切归于生活。而事情本身就是存在本身,"就是生活本身,就是纯真的生活情感本身"⑧,"生活就是生活情感,首先是爱的情感"⑨。本源生活本身就是本源情感,生活与情感源始一体。

作为本源的生活或生活作为本源可以被阐明出来,根源在于生活作为本源,本身自行领悟着:"生活显现为感悟"⑩,"生活领悟并不是对存在者的认识,而是对存在本身的领悟:我们领悟着生活本身,这种领悟本身

---

① 黄玉顺:《爱与思》,第 210 页。
② 黄玉顺:《面向生活本身的儒学》,第 32 页。
③ 黄玉顺:《面向生活本身的儒学》,第 34 页。
④ 黄玉顺:《面向生活本身的儒学》,第 33 页。
⑤ 黄玉顺:《爱与思》,第 210 页。
⑥ 黄玉顺:《爱与思》,第 220 页。
⑦ 黄玉顺:《爱与思》,第 221 页。
⑧ 黄玉顺:《爱与思》,第 160 页。
⑨ 黄玉顺:《爱与思》,第 49 页。
⑩ 黄玉顺:《爱与思》"增补本序",第 4 页。

就归属于生活"①。作为本源的生活领悟着自身,领悟归属于生活本身,这就是生活与领悟的源初融合。这是作为本源之生活的一个根本性之处:"本源的事情显现着自己——生—活。"②如此自身显现的本源生活,即是生活情感与生活本身及生活领悟的统一:"我所谓'生活感悟',是说的在生活情感当中的生活领悟"③,"生活本身作为存在本身,首先显示为生活情感,尤其是爱的情感"④。领悟生活情感的生活感悟就是"本源之观":"本源之观中……我们是在领悟着生活情感,领悟着生活本身。"⑤简言之,本源生活之为本源,就是生活与情感、情感与领悟、生活与领悟的源初一体浑融。

　　这个源初一体浑融,即是爱与思的统一:"爱,所以思……思首先是情感之思,是爱之思"⑥;"'情'有两种基本用法:一是事情本身……事情本身也就是生活本身;二是情感,即本源的生活情感……两种用法是一个意思:所谓生活本身,不过就是本源的生活情感本身,因为离却了生活感悟,所谓生活本身也是子虚乌有的;而生活感悟,首先就是生活情感。"⑦一方面强调的是爱并不能自身显现自身,必须与思结合在一起;另一方面强调的是思并非单纯的自身显现,而总是对于爱的显现。模仿康德的话来说,就是"没有爱的思是空的,没有思的爱是盲的"。爱与思和生活的统一,当然是有内容的,因为这些内容的无比丰富,我的当下的存在才能被超越,

---

① 黄玉顺:《爱与思》,第 297 页。
② 黄玉顺:《爱与思》,第 213 页。
③ 黄玉顺:《爱与思》,第 45 页。
④ 黄玉顺:《爱与思》,第 51 页。
⑤ 黄玉顺:《爱与思》,第 206 页。
⑥ 黄玉顺:《爱与思》,第 110 页。
⑦ 黄玉顺:《爱与思》),第 260 页。

或者说,当下的生活才在去生活中展开:"生活是对生活之爱,是与这样一些内容的关联,这些内容并不是我的存在,而是比我的存在更珍贵:(它们是)思考、吃饭、睡觉、阅读、劳动、晒太阳等等。这些内容有别于我的实体,但又构成之;它们构成我生活的珍贵之处。"①

爱与思统一的本源生活,构成"先行于一切的本源情境":"儒学把'在生活中'理解为生活本身的本源情境","人之所以为人,首先不是根据什么'人性',而是渊源于生活情境:正是生活情境'规定'着所谓人性,并从而'塑造'了人本身。所以,情境先行于人,先行于物,先行于一切存在者","这种本源情境就是:在生活中"。②

作为本源情境的"在生活中",情境本身并没有清晰化地区分出人和万物,而只是浑沦或浑沌:"本源的生活就是'无分别相',就是'浑沌'……我称之为'生活的本源情境'。这种本源情境就是'浑沌'"③,"生活就是生活本身,就是浑沦。浑沦之为浑沦,就是浑沦的生活本身"④。本源生活内蕴着存在的源初涌动与源初领悟和源初情感:"本源情境里发生着生活感悟——生活情感、生活领悟。"⑤但情感与领悟之融而为一在生活本源之中,作为本源的无穷丰润与潜在,只能归结为浑沦或浑沌。生活或存在将自身理解为混沌一体的本源,这本身是一种"极端的清晰化"——生活本身不可能被认识论意义上的反思直观所透彻关照,而是永远持存为一切从之而出、一切复归于它的深邃与广袤之在,这才是生活作为本源或本源性生活的真正本性:"我们把这样的作为大本大源、源头活水的生活本身

① [法]列维纳斯:《总体与无限:论外在性》,第91页。
② 黄玉顺:《爱与思》,第233页。
③ 黄玉顺:《爱与思》,第43页。
④ 黄玉顺:《爱与思》,第229页。
⑤ 黄玉顺:《爱与思》,第316页。

的浑沦,称为本源;把一切归属于生活本身的事情,称为本源的。"①如此浑沦的本源情境一个突出之点在于对爱和共在整体的强调:"生活之为生活,在本源上就是共同生活"②,"'我们在生活中'意味着:作为本源情境的共同生活","共同生活是说:在本源意义上,生活从来不是'独立自主'的个人的生活、单子的生活——不是我的生活,也不是你的生活、他的生活;不是主体性的生活,更不是物的'生活'。共同生活就是无分别相的、浑沦的生活本身","对于这种意义的共同生活的领悟,儒家用'仁'字来传达"。③在此,生活之为本源就彰显为浑沦的共同整体情境,以具有情感—价值归属意义的仁的作为概括。

黄玉顺教授认为,本源的爱,根底上就是亲子之爱,在一定意义上是亲子之爱本源的本源:"存在作为一种生活领悟,在本源上不过是说的生活本身的生活情感,而其源头,乃是母子之爱。这一点,对于儒学来说乃是最本源的感悟:亲子之爱乃是本源的本源。"④如此言说,一言以蔽之,就是真正的生活本源,就是儒家所给出的亲子之爱。浑沌与亲子之爱的双重突出,给出了生活作为本源自身的不可究诘的本性。如此作为本源的浑沦整体,是不可究诘的,黄玉顺教授甚至称之为"天命":"天命,亦即生活本身。"⑤将作为本源之生活视为天命,生活儒学的本源也就走到了其终极性意义——人无可逃于生活,人"命定"处于生活之中。

值得一提的是,在某种意义上,黄玉顺教授的生活儒学以生活为本源,与马克思(主义)哲学的一个基本观念,即人只有活着,才能进行哲学、

---

① 黄玉顺:《爱与思》,第231页。
② 黄玉顺:《爱与思》,第245页。
③ 黄玉顺:《爱与思》,第238页。
④ 黄玉顺:《爱与思》,第49、226页。
⑤ 黄玉顺:《爱与思》,第257页。

文学、艺术等创作,具有一致性:"我们首先向来已经在生活,然后才有可能去饮食男女、吃喝拉撒、从事政治、经营生意、献身宗教、研究科学、摆弄艺术、玄思哲学等。"①这是恩格斯在马克思墓前的讲话中的一个基本判定:"人们首先必须吃、喝、住、穿,然后才能从事政治、科学、艺术、宗教等等。"②由此而言,生活儒学以生活本身作为大本大源,与马克思将人类生活实践及其历史展开理解为一切思想(哲学、文学、艺术、宗教等)的根源,在本质上具有相通的致思倾向。而且,就生活儒学所谓"当下本源"或真正的"当下性"而言——"生活就是当下"③——也与马克思主义哲学将人类生活实践的真正展开视为"今"或"当下"具有一致性。李大钊就说:"今是生活,今是动力,今是行为,今是创作。"④黄玉顺教授的整个"今""当下""本源"的说法,与李大钊"今"的哲学具有共同的意蕴,即生活就是内蕴着人类觉悟的活生生的、能动性的创作行动本身。

黄玉顺教授讨论"事情本身"的时候,突出情感和情实的统一,并回到孟子那里说"实情"之情。在情感与情实的统一中,本质上蕴含着"心"或心思。而蕴含着心或心思的情感与情实之统一,其间有深意。很多人在讨论阳明和孟子、讨论心学的时候,很容易忽略一个最基本的东西,就是"必有事焉"。在《孟子》原文中,"必有事焉"与"勿正"是连起来说的,即"必有事焉而勿正"。按照焦循的解释,"正"就是"止"。⑤"必有事焉而勿正",就是"必有事焉而勿止"。什么叫"必有事焉而勿止"?就是说生活永远在绵延,

---

① 黄玉顺:《爱与思》,第 255—256 页。

② 恩格斯:《在马克思墓前的讲话》,见《马克思恩格斯选集》第三卷,人民出版社 2012 年版,第 1002 页。

③ 黄玉顺:《爱与思》,第 79 页。

④ 李大钊:《时》,《李大钊全集》,第四卷,人民出版社,2006 年版,第 359 页。

⑤ 焦循:《孟子正义》(上册),中华书局,2004 年版,第 203 页。

不可能有悬滞的时候。在黄玉顺教授所强调的生活的本源结构——"在生活且去生活"中,就含蕴着生活永远绵延不息的意思。如此,如果将马克思哲学的生产实践与心学的必有事焉而勿止联系起来理解作为本源的生活,那就具有一种"具体历史性"。就此而言,当下与今的强调,也就突出了生成的意义,按照马克思的说法,自然的历史是自然向人生成的历史。①同样地,生活作为本源也就是在"去生活中"不断生成的本源;本源作为不断生成的本源,生成作为本源不断的生成,如此作为本源之生活才得以彰显其真正的深意。

二、生活的展开:无中生有

作为本源的生活,就是自我展开,黄玉顺教授称其为"打开":"生活从不幽闭自己,生活总是'打开'着的。生活就是打开","生活之为打开,这就是本身的一种本源结构。生活本身的这种本源结构就是:在生活并且去生活。"②作为本源的生活,其"在生活并且去生活"的本源结构,实质上就是自身开放、绽放、生成。

在黄玉顺教授看来,作为本源的生活之展开而生成主体(人)和客体(物),也就说无中生有的问题:"生活感悟的存在者化——主体化、对象化,这就是'无中生有'。"③无中生有的问题,也就是"存在者被存在本身给出,人和物在生活本身当中生成"④的问题。以"当下的生活"为大本大源,

---

① 马克思:《1844年经济学哲学手稿》,见《马克思恩格斯全集》第42卷,第128页。
② 黄玉顺:《爱与思》,第262页。
③ 黄玉顺:《爱与思》"增补本序",第4页。
④ 黄玉顺:《爱与思》,第3页。

而作为"大本大源"的"当下生活本身"是"无","本来是无"。生活本身一无所有,是情感(本源性情感),是爱与思的统一。这个本来一无所有的"本源",如何产生出无所不有的万物? 或者说,外物和主体是怎么建起来的? 黄玉顺教授强调:"生活儒学的一个基本观念:存在者、物(人、物)是在作为大本大源的生活情感中生成的,而不是相反。"①将生活豁显为本源,是生活儒学对于当代形而上学及形形色色的原教旨主义儒学的破解,但这只是第一步,黄玉顺教授认为从这个作为无的生活本源中生成一切(人和物)是更为重要的第二步任务:"生活儒学认为,生活才是一切的大本大源、源头活水。没有生活,便没有人,没有主体,没有实体,没有社会,没有文化,没有哲学,没有道德,如此等等。而我们的最终任务,正是要阐明:这一切究竟是怎样在生活中生成的? "②

从根本上与总体上说,自我主体和外物的建立,根源于一无所有的生活本身之本源结构,即"在生活且去生活",在此结构中,由于"思",人把自己形而上学地理解为人,就将自身设立为主体,并从而有了众多外物。黄玉顺教授说,"生活本身的本源结构就是:在生活并且去生活。形而上学建构的秘密,就隐藏在这种本源结构之中:形而上学与形而下学,都发生于'在生活'与'去生活'之间。我们'在生活'之际,发生着生活情感、获得了生活领悟;我们将生活领悟对象化、客体化,由此而获得存在者观念、主体性观念"③简单地说,黄玉顺教授认为,主体、客体及世界与万物的生成,是生活自身展开自身、实现自身的必然:"形而上学发生于本源情境被突然打破之际,然而本源情境总是要被打破的,在这个意义上,我们说形而

---

① 黄玉顺:《爱与思》,第189~190页。
② 黄玉顺:《爱与思》,第233页。
③ 黄玉顺:《爱与思》,第312页。

上学的建构是'必然的'"①;"本源情境总是不断地被打破,我们总是要成为一个存在者……我们总是要'去生活'。这完全是无可避免的事情。"②

在此必然中,大体上,本源生活自身的感悟内蕴着万物的生成可能:"在生活本身的本源情境中,生活感悟显现出来,在生活感悟中,形而下的众多相对存在者、'万物'得以生成;又在对万物的终极根据的追问中,形而上的唯一绝对存在者、'道之为物'得以生成"③。更进一步说,生活感悟中,渗透情感之思生成表象:"正是思——情感之思——生成了表象……这是从情感之思过渡到认知之思的秘密所在:认知总是表象的"④,"表象化意味着对象化:表象是观念中的一个对象。对象化就是客体化,所以同时意味着主体化,因为主体与客体是同时并存的"⑤。具体而言,即是从思到想蕴含着一个转变的枢纽,"思→想而又意欲","'思'不是在当下的,其所思者不在面前","在'思→想'中,会出现所思者的形象,这就是'想'字里的那个'相'字"⑥,"思总是意味着一种时空上的距离","'思'当中给出存在者"⑦。如此,由于思,无中生有的问题转变为本源情感如何生成表象、生成对象的问题:"当你把情感之思当中的,或者情感涌流当中的想象——形象,把握为一种存在者,对它进行对象化打量的时候,存在者就诞生了,主体和客体就给出来了,表象就生成了,物就被给出来了。"⑧如此,在一无

---

① 黄玉顺:《爱与思》,第 317 页。
② 黄玉顺:《爱与思》,第 123 页。
③ 黄玉顺:《爱与思》,第 168 页。
④ 黄玉顺:《爱与思》,第 314 页。
⑤ 黄玉顺:《爱与思》,第 315 页。
⑥ 黄玉顺:《爱与思》,第 112~113 页。
⑦ 黄玉顺:《爱与思》,第 114 页。
⑧ 黄玉顺:《爱与思》,第 122 页。

所有的本源生活中,人和物都生成了。

　　本源生活的展开,生成着一切,包括世界、人和万物。就人自身的生成而言,并非生成某种抽象而普遍的人类本质,而是生成自由的个体。当黄玉顺教授在阐述重建形而上学的主体时, 明确地强调是重建回到生活本身的个体主体性,重建自由个体作为一切的本体(第一实体):"我说重建'第一实体',就是要重建个体主体性。"①生活儒学认为群体主体性是前现代的人格精神,个体主体性才是现代人格精神,由此黄玉顺教授批评了儒家原教旨主义捍卫集体主义主体性的悖谬,强调回到本源,回到生活中,去重建主体性,这样的主体性是"个体主体性,我们必须把它确立为我们的绝对主体性、唯一的存在者, 也就是确立为本体。这意味着重建本体论。"②重建个体主体性作为第一实体,作为重建本体论的本质要义,这是生活儒学走出原教旨主义儒家的一个深刻之处。如此作为绝对主体性的唯一存在者,不是大而无当的囊括一切物理、价值、文化、宇宙乃至人自身生存的什么"宇宙本体"。囊括一切的本体,这是熊十力及其部分后学的一个迷思, 在某种意义上与近代以来世界与自身的不断分化和自由个体的趋求背道而驰。本体论的重建,指向真正的自由个体经过哲学而生成为本体的境界本体论或意义本体论。黄玉顺教授认为,真正的境界,就是个体自身自在其自身的境界:"境界问题的实质,在于个体人格的回归"③。

　　重建自由个体的本体论意义, 这是近代以来哲学自身的一个本质之一:"(平民化的)人格也体现类的本质和历史的联系,但是首先要求成为自由的个性、自由的个性就不仅是类的分子,不仅是社会联系中的细胞,

---

① 黄玉顺:《爱与思》,第 138 页。
② 黄玉顺:《爱与思》,第 138 页。
③ 黄玉顺:《爱与思》,第 169 页。

而且他有独特的一惯性、坚定性,这种独特的性质使他和同类的其他分子相区别,在纷繁的社会联系中保持着其独立性。'我'在我所创造的价值领域里或我所享受的精神境界中是一个主宰者。'我'主宰着这个领域,这些创造物、价值是我的精神的创造,是我的精神的表现。这样,'我'作为自由的个性具有本体论的意义。"①

将自身生成为本体,也就是自我成为某种独一无二的存在或具有唯一性:"自我的唯一性并不在于它仅仅作为一个唯一的例子而现身,而是在于它之实存是没有属的,在于它的实存不是作为一个概念的个体化。自我的自我性在于它处于个体与普遍的区别之外。"②不断生成为本体的自我就是自足的自我,自足的自我"置身于一个摆脱了时间之连续性的、不必接受或拒绝一个过去的瞬间之中,那么自我就并没有凭借一种从永恒中获得的优先权而受益于这种不必性。凭借诸开端,自我使时间抑扬顿挫。充满节奏,并由此打断时间;自我在时间中的真正安置就在于这种打断。这一点通过各种行动产生。连续性中的开端唯有作为行动才可能"③。在时间性之外寻求一种超越的实体,经由与如此实体的神秘合一,反过来消解时间流程中的每一瞬间,这是大多数信仰主义生存论的取向。

三、生活的意义:生活、儒学与哲学

在实质上看,生活儒学首先是哲学思考,是对生命存在意义的思考。

---

① 冯契:《人的自由与真善美》,《冯契文集》第三卷,华东师范大学出版社,1996 年版,第 320~321 页。

② [法]列维纳斯:《总体与无限:论外在性》,第 97 页。

③ [法]列维纳斯:《总体与无限:论外在性》,第 125 页。

本来,一无所有的生活本源,无所谓意义,但是生活的本源结构又使得我们去构造意义:"就在生活而言,生活本身没有任何意义;生活的意义,是我们去生活的建构:我们去生活,就是去构造意义。"①黄玉顺教授强调,哲学是一种生活,或者说是生活的可能性的一种敞开——通过建构一个可能的世界,从而获得一种可能生活:"哲学——形而上学、本体论等,绝非经院中、书斋里的概念游戏;哲学是一种生活,或者说是生活的可能性的一种敞开——通过建构一个可能的世界,从而获得一种可能生活;哲学就是由'在生活'而积极地'去生活'。更通俗地说,哲学的宗旨就是从根本观念上解决生活问题。"②哲学与生活的本源结构具有一致性,实质上,哲学本身就是生活,或者说哲学就是合于本质的生活。如果对于生活之作为大本大源的强调,仅仅作为一种哲学的思考而言,这在思想自身的范围之内,就可以获得其深邃的意义。

如果生活的意义在于"去生活"的建构,那么就不存在某种抽象的、脱离历史的超越价值,而是要在现实生活中实现或生成出来。黄玉顺教授说:"文化并不具有形而上学的地位,更不用说本源的意义了。文化是由生活方式规定的,因而是渊源于生活显现样式的……文化的真切本源乃是生活,乃是被把握为生活方式的生活显现样式。"③同时,儒学作为一种历史事物,"从来不是现成的东西,历史恰恰是被当下的生活给出的。一方面,历史的'客观存在'不过是当下的生活本身的在生活的际遇当中的一种涵摄;而另一方面,历史的'文本解释'不过是当下的生活本身的去生活的一种显现样式。历史的存在,乃渊源于当下的生活本身的显现样式;历

---

① 黄玉顺:《爱与思》,第 266 页。
② 黄玉顺:《爱与思》,都 331 页。
③ 黄玉顺:《爱与思》,第 279 页。

史的解释,乃渊源于当下的生活感悟。追根溯源,历史就是当下的生活的历史"①。生活儒学"不同于'儒家原教旨主义'的地方:我的出发点始终是我们当下的现实生活"。"唯有生活才是我们的'大本大源''源头活水'";"生活儒学就是面向生活本身的儒学。所谓'面向生活',就是:我们的一切的一切,无不源于生活、归于生活。"②如果"当下的生活"是一切文化与历史的根源,那么儒学就没有任何优先于生活的意义。生活儒学批评钱穆"民族文化生命史观",认为他将民族文化视为一种本体,忽视了"民族文化生命历史的观念,是被当下的生活感悟给出的"。③生活儒学反对文化先验主义把民族文化悬设为一个先行的根据,而是强调"民族和文化都不是本源的事情"④。就此而言,更为注重当下的生活展开本身,而不是用历史上的儒学来囚禁当下的生活本身。如此,生活的意义就与生活所展开而生成的自由个体或个体主体具有一致性。

但是生活儒学认为,作为本源的生活就是本源情感,而强调生活情感,就是儒家观念:"生活情感……或者叫作本源性的仁爱情感,在这个意义上,爱即存在、存在即爱;也是在这个意义上生活儒学乃是儒学"⑤,"儒家观念的大本大源:生活情感"⑥;"'存在'的意义,乃渊源于本源的生活情感的意义:没有生活情感,也就没有存在。而这正是儒家思想的核心所在:没有爱的情感,就没有存在";"存在作为一种生活领悟,在本源上不过是说的生活本身的生活情感,而其源头,乃是母子之爱。这一点,对于儒学来

---

① 黄玉顺:《爱与思》,第 285 页。
② 黄玉顺:《爱与思》,第 292 页。
③ 黄玉顺:《爱与思》,第 285~286 页。
④ 黄玉顺:《爱与思》,第 318 页。
⑤ 黄玉顺:《爱与思》"增补本序",第 4 页。
⑥ 黄玉顺:《爱与思》,第 205 页。

说乃是最本源的感悟：亲子之爱乃是本源的本源"。①如此言说，一言以蔽之，就是真正的生活本源，就是儒家所给出的亲子之爱。

在黄玉顺教授自己看来，生活儒学似乎首先归结为儒学："所谓'生活儒学'，是作者创构的一种儒学理论。"②自觉归属于儒学，这便是赋予生活儒学一种"意义"或"价值"属性。基于此，黄玉顺教授强调，生活儒学就是儒学，儒学就是生活儒学，"儒家的观念当然是历史地'变易'的，然而其中自有其'不易'的底蕴，这种底蕴是颇为'平易'的，在我看来，那就是'生活儒学'的观念'：'儒学'就是'生活儒学'，'生活儒学'就是'儒学'。那么，我们还有什么必要特意地标明'生活'这样的字样呢？那是因为：自从原创时期以后、秦汉以来，儒学已经长久地遗忘了生活本身"。③在儒学的自救中，似乎生活只成为了儒学的一个手段或工具："今日儒者的使命就在于：回归生活，重建儒学。这就是生活儒学的使命"④。

黄玉顺教授明确说他关于生活儒学的思考和写作是为了儒学，他自己说《爱与思》"致力于儒学的'还原'与'建构'，究中西之际，通古今之变，在儒学与现象学的比较视野中，阐明一种本土性、当代性的原创思想：面向生活本身的'生活儒学'思想"。但在黄玉顺教授的"为了儒学"中，他突出的是"儒学为了生活"。但为了生活却又体现为拯救儒学，"在目前情况下，儒学复兴的最要紧、最紧迫的任务，首先就是详尽地阐明'生活儒学'，亦即'生活本身'这个大本大源、源头活水"⑤。关注生活本身，是为了复兴儒学。或者可以这样理解，在学的层面，生活儒学注重生活；在生活的层

---

① 黄玉顺：《爱与思》，第 226 页。
② 黄玉顺：《走向生活儒学》，第 1 页。
③ 黄玉顺：《爱与思》"叙说"，第 3 页。
④ 黄玉顺：《爱与思》"叙说"，第 3 页。
⑤ 黄玉顺：《爱与思》"叙说"，第 3 页。

面,生活注重儒学。简言之,生活儒学首先意味着以儒学的方式来生活;而在儒学内部,则意味着生活儒学以回归生活本身的方式来展开儒学。

儒学价值的皈依,彰显的不再是单纯哲学与生活本身的道理,而是黄玉顺教授自己的一个情感选择和责任担当。生活儒学有明确的问题意识:"生活儒学是从这样的问题意识切入的:儒学与中国之命运乃至与当今人类之命运"[1]。基于此,黄玉顺教授自述他的个人理想是过"一个儒者的生活",他说自己有一个转变过程:"从一个中国古典文学、文献的研究者,转为一个中国哲学的研究者,最终成为一个儒者;又怎样从一个儒家、儒学的思考者,转为一个生活的思考者,最终形成自己的'生活儒学'思想";面向未来,"我不仅将继续坚持自己的'生活儒学'的思考,还将继续做一个生活的儒者,过一种儒者的生活"[2]。生活的思考者就是哲人的生活,将生活的思考者和儒者的生活统一起来的, 一方面是用哲学致思转化了儒者,另一方面也是用情感归属和责任担当转化哲学。

儒学的情感与价值皈依,与哲学的致思进路相结合,使得生活儒学对于儒学保持着批判意识。在哲学思考下,黄玉顺教授认为,生活儒学并不认为作为文化现象的儒学优先于生活本身——"文化并不具有形而上学的地位,更不用说本源的意义了。文化是由生活方式规定的,因而是渊源于生活显现样式的……文化的真切本源乃是生活, 乃是被把握为生活方式的生活显现样式。"同时,儒学作为一种历史事物,"从来不是现成的东西,历史恰恰是被当下的生活给出的。一方面,历史的'客观存在'不过是当下的生活本身的在生活的际遇当中的一种涵摄;而另一方面, 历史的'文本解释'不过是当下的生活本身的去生活的一种显现样式。历史的存

---

[1] 黄玉顺:《爱与思》,第 344 页。
[2] 黄玉顺:《爱与思》,第 338 页。

在,乃渊源于当下的生活本身的显现样式;历史的解释,乃渊源于当下的生活感悟。追根溯源,历史就是当下的生活的历史"。黄玉顺教授明确拒斥儒家原教旨主义,他认为生活儒学不同于儒家原教旨主义的地方,是其出发点始终是我们当下的现实生活,认为唯有生活才是我们的大本大源、源头活水,生活儒学就是面向生活本身的儒学。所谓"面向生活"就是强调我们的一切的一切,无不源于生活、归于生活。如果"当下的生活"是一切文化与历史的根源,那么生活就不必是儒学的。生活儒学批评钱穆"民族文化生命史观",认为他将民族文化视为一种本体,忽视了民族文化生命历史的观念,是被当下的生活感悟给出的。就此而言,生活儒学更为注重当下的生活展开本身,而不是用历史上的儒学来囚禁当下的生活本身。这一点,生活儒学有着清晰的肯认。

生活与儒学的纠缠,在哲学的视野之中,基于中西哲学交融,体现为对西化派与原教旨主义的双重拒斥,而提倡本土性与当代性的统一,追求一种形上学与形下学统一的哲学进路,"本书致力于儒学的'还原'与'建构',究中西之际,通古今之变,在儒学与现象学的比较视域中,阐明一种本土性、当代性的原创思想:面向生活本身的'生活儒学'的思想。本书的宗旨在于:既拒绝西化派的立场而坚持本土性,也拒绝儒家原教旨主义的立场而坚持当代性"①。这是哲学之路,这是对生活与儒学不可究诘关联的超越。在某种意义上,哲学就是哲学,生活必须是哲学的,儒学也必须是哲学的。但哲学不仅也不必是儒学,生活更不仅更不必是儒学。

这也就意味着,为了本源生活,生活儒学必然地突破了儒学藩篱的束缚与限制。无疑,这与生活儒学自身坚持哲学的进路具有内在关联。在当

---

① 黄玉顺:《爱与思》"叙说",第2页。

前的儒学复兴中,不少学者明确反对哲学,甚至斥之为西方话语霸权,或者至少以为儒学无所不包,而哲学则只是很狭小的领域。与之不同,生活儒学显示了不同致思进路。

这里面有着很多可能性的样式——经过哲学的儒者生活,或者儒者经过哲学洗礼的生活,或者生活经过哲学洗礼的儒者,或者儒者生活在哲学里,或者哲学地生活在儒中,等等,揭去儒者的"固定"标签,本质上就是一种哲学的生存方式——因为哲学意味着生活不断绽放新的可能。仅仅就哲学自身的本性而言,之所以不必以"儒学"作为一个终极性的价值本源,就在于生活与哲学本身就是"反自然的运动,这种运动就在于去寻找比其本原更高的本原;这种运动证明了或描述了一种被创造的自由"[1]。生活与哲学或哲学地生活,其本质之处就在于不断的自由创造,不断地将自身生成为越来越深邃的本体。如此,生命和哲学就是"一种向总是更深的深渊的下降运动"[2]。历史上的儒学或儒学的历史形态,作为既成之物,显然并不允诺向更深的深渊的沉入,在某种意义上,反而是对不断跃入更深之深渊的遏断。黄玉顺教授在其浑沦的生活本源之说中,也在避免着儒学本身对于当下生活"不断跃入更深深渊"的遏断,但是在儒学作为某种价值与情怀时,生活本身就不得不被遏断其跃入可能性。毕竟,就当今的现实性状况而言,儒学只是诸多给予世界意义的"信仰"的一种,而一种意义根本不能穷尽存在本身。

尽管存在着生活、哲学与儒学的纠结,但无论如何,对于生活自身的强调,生活儒学彰显出来一种哲学的洞见,即生活的本质在于生活自身之贞定自身,亦即"生活是享受":"当我们在它(感觉)中看到的不是客观性

---

[1] [法]列维纳斯:《总体与无限:论外在性》,第 59 页。

[2] [法]列维纳斯:《总体与无限:论外在性》,第 70 页。

质的主观对应物而是一种享受,而这种享受又是'先于'意识在主体和对象中的凝固,即我与非我,那么这时,感觉就重新找到了一种'现实性'。这种凝固并不是作为享受的最终目的而发生,而是作为意识变化的一个环节而发生,这一意识变化要根据享受加以解释。"①这就意味着,纯粹思想自身也有一个生命自身自我享受的维度——抽象的、以生命自身的牺牲为代价的理念世界,一定意味着某种特殊个体及其私人观念的僭越。思想为了生活,或思想本身成为生活,这才是思想本身的本质。生活儒学作为"学"与"生"的统一,绽出了如此本质。

如果存在的问题的是哲学的基本问题,生活儒学最终就依然是一个哲学的致思:"生活儒学的一个基本观念就是:生活即是存在,生活之外别无所谓存在。"②生活儒学的最终目标,不是作为符号的"儒学":"儒家的本源言说意味着:根本无须'儒学'这样的东西。"③生活儒学最终指向的,是实实在在生活境界:"最高的境界就是:自觉地回归生活本身,自觉地回归生活情感尤其是爱的情感,自觉地在生活并且去生活。"④

---

① [法]列维纳斯:《总体与无限:论外在性》,第172页。
② 黄玉顺:《爱与思》,第296页。
③ 黄玉顺:《爱与思》,第294页。
④ 黄玉顺:《爱与思》,第186页。

生活儒学的"新礼教"蕴涵

——中国正义论的"情义伦理"思想*

胡骄键

众所周知,儒学的核心观念是"仁",而"仁"的落脚点是"礼"。在黄玉顺的整个"生活儒学"思想体系里,也可以看到这样一个"由仁到礼"的思想延伸过程。作为一位原创力极强的哲学家,黄玉顺继承冯友兰、蒙培元以"情理"为致思中心的师门学统,完成了儒家哲学从"情理"向度追求现代转型的理论建构①,即"生活儒学"思想体系的创建,这实际是指明了"人是情理的存在"这一人的存在实情。同时,黄玉顺还是一位有着很深现实关切的儒者,他在"生活儒学"的基础上又提出了儒家制度伦理学的基本理论——"中国正义论",这实际是建构了儒家现代伦理形态:情义伦理。如果"生活儒学"侧重于"仁"的话,"中国正义论"则侧重于"礼"。从"生活儒学"到"中国正义论"正是"由仁而礼"的思想流动。这一思想流动实际是

---

　　* 原载《东岳论丛》2020 年第 3 期。

　　① 参见胡骄键:《儒学现代转型的情理进路》,《学习与实践》2019 年第 4 期。

指明了在现代生活方式的背景下,儒家源于"情理",基于"情义",建构"新礼教"的思想方向。

一、情理:生活儒学的情感与理性观念

哲学总是追问存在,但是既有的追问方式始终是以追问存在者的方式来追问存在。在西方,从古希腊开始就主要以理性为进路追问存在,由此形成了西方的理性主义哲学传统;在中国,秦汉至清主要以德性的方式来把握存在,以致儒家哲学在这两千多年里一直被视作一种道德形而上学。事实上,不管是理性把握存在的进路还是德性把握存在的进路,都是一种主体性哲学的思路,即总是预先设定了一个绝对的主体、绝对的形而上者,并以此为地基构建庞大的哲学体系,进而以此绝对存在者来赋予人之存在的意义、生活的意义。于是,人就被这样一个自己构造出来的观念主体、绝对的形而上者禁锢了上千年。这种主体性哲学总是在生活之外去找寻生活的根源和意义,虽然号称穿透了生活的本质,指出了生活的意义,但却实实在在地错过了生活本身。因此,过往的哲学很多时候不但没能通达生活的真谛和给出生活的意义,反而肢解和异化了生活。对比起来看,"生活儒学"最重要的哲学意义莫过于把哲学带回了人间,带回了生活之中。"生活儒学"之所以能把哲学带回生活,走的是一条以情感切入存在的道路。

(一)生活儒学的情感观

黄玉顺认为,情感分为两个层级:前主体性的本源性的生活情感和主

体的人的情感。前者他称为"事之情""事情""实情""情实"①,后者被他称为"人之情""人情"②。

1.本源性的生活情感

如果说西方哲学主要通过理性,秦汉至清的儒家哲学(包括牟宗三哲学)主要通过德性来切入存在从而错过了存在的话,黄玉顺则是透过海德格尔关于存在论的区分,采取了通过情感切入存在的思想进路。

黄玉顺通过追问"主体是何以可能的"这一问题,瓦解了通过任何一种主体作为中介通达存在的道路,终结了过往哲学的先验预设。西方理性主义哲学传统不过是以先验预设作为起点,运用逻辑进行演绎,推出一套先验的逻辑秩序,并以此秩序来切割生活。按笛卡尔来说,这个起点就是"我思",而作为主体的"我思"是何以可能的? 笛卡尔之前与之后的哲学家都没有回答过这一问题。包括海德格尔,也没有说明"此在"作为一种可以通达存在的特殊存在者之特殊在何处。在中国,"天道""天理"作为一种先验道德设定,乃是整个秦汉以后儒家哲学的起点。人世百态皆是"天道""天理"流行播衍所生成。汉唐时期,这一流行播衍主要呈现为一种宇宙生成论模式;在宋明理学,则表现为一种本末体用的逻辑奠基关系。但作为绝对形而上者的"天道""天理"又是何以可能的呢? 历代儒者并未回答此问题。因此,黄玉顺的追问是深刻的,这一追问实际是打破了主体性哲学"形上—形下"对举的旧框架,为敞开生活作为一切的大本大源奠定了基础。因此,黄玉顺自陈其思想的第一步就是"破解",然后才是"回归"与"构造"③。

---

① 黄玉顺:《儒家的情感观念》,《江西社会科学》2014 年第 5 期。
② 黄玉顺:《爱与思——生活儒学的观念》,四川大学出版社 2006 年版,第 58 页。
③ 黄玉顺:《生活儒学导论》,见《面向生活本身的儒学》,四川大学出版社 2006 年版,第 29 页。

　　黄玉顺认为,人一直存在着、生活着,这才是最本源、最真实的事情。这种最本源的生活并非经验的现实生活,也不是某个人的生活,而是生活本身,是混沌,是无。"我们总是已经在生活了。我们向来就在阅历着生活、体验着生活了"①。尽管这里作为语言描述运用了一个主词"我们",但实际上,"生活这种事情正在发生着。这里的'生活'没有主词,生活本身就是主词"②。生活本身虽说是主词,可生活并非一个对象、一个存在者。可以看到,黄玉顺以极富智慧和极其敏锐的思想洞察力看到了过往主体性哲学得以可能的基础——生活本身,这才是一切存在的实情。"生活就是存在"③。任何思想创造都必须回归作为存在的生活本身,才能从这大本大源处汲取源头活水重新进行构造。

　　如何切中这一前主体性的生活本身呢? 这其实也是"生活儒学"之所以称为儒学的地方。切中生活本身的乃是情感,仁爱情感。儒家的核心观念就是"仁爱"。在《爱与思》一书中,黄玉顺举了很多例子来说明生活"首先显现为情感"④的例子。在黄玉顺看来,真正的情感、爱,比如母爱,并不是先有一个主体性的能够发出爱的行为的母亲去爱一个被爱的儿女,而是母子之间本来就爱着,是爱让母亲成其为母亲,儿子成其为儿子。这种爱、情感乃是前主体性的生活本然的实情。所以,黄玉顺说:"爱先于任何事物,先行于任何存在者,是存在本身的事情,生活本身的事情。"⑤因此,"生活儒学"实际是敞开了存在、生活、仁爱本源性的浑然无别关系。从这个角度来说,"生活儒学"乃是一种"生活情感存在论",它有别于西方的

　① 黄玉顺:《爱与思》,第 223 页。

　② 黄玉顺:《爱与思》,第 223 页。

　③ 黄玉顺:《爱与思》,第 37 页。

　④ 黄玉顺:《存在·情感·境界——对蒙培元思想的解读》,《泉州师范学院学报》2008 年第 1 期。

　⑤ 黄玉顺:《儒学与生活:民族性与现代性问题》,《人文杂志》,2007 年第 4 期。

"理性存在论"和传统的"德性存在论"。从哲学史的角度来说,"生活儒学"实际是带来了一种哲学的"情感论转向"或曰"生活论转向"。

2.主体性的情感

生活并非一成不变,生活不是一潭死水,生活不断涌流变幻才是生活的实情。也就是说,人不能一直安驻于前主体性的情境之中。若如此,则生活就成了一个死的东西,生活就不再称其为本源的生活。从本源观念层级来讲,生活就是存在,是一切的大本大源。而生活并不在日常生活之外,生活就在日常生活之中。生活总是会展露自身为若干相对主体的生活,成为一个主体乃是生活之流无可抗拒的逼迫,只不过我们不能把主体性的生活把握为生活本身而已。生活就在我的生活、你的生活之中。正如海德格尔所说:"非本真状态并不意味着'较少'存在或'较低'存在。"①生活本身不是经验的主体性的生活,但生活本身又不在经验的主体性的生活之外。

继续用黄玉顺母爱的比方来说,在本源性的爱中生成的母亲在现实中恰恰是以一种主体性的母爱来呈现本源性的爱。在本源性的生活中、爱中生成一个主体,这个主体自然就会有主体性的情感,这就是"人之情""人情"。而此"人情"并不是和本源性的情感不同的另外一种情感,毋宁说"人之情"乃是本源性的"事之情"的现身方式。所以儒家承认差等之爱这样的主体性情感。我们不可从差等之爱的生活之外去找寻本源性的生活情感,也不可胶执于差等之爱,误以为这种主体性的生活就是本真的生活样态。过往哲学的问题主要就是把主体性的差等之爱把握为情感的唯一样式,于是对情感大加贬斥,强调要"以性制情"或"以理制情"。但是又无法摆脱"生活·情感·存在"的浑然无别之生活实情,于是他们又把情感进

---

① [德]海德格尔:《存在于时间》,陈嘉映、王庆节译,生活·读书·新知三联书店1999年版,第51页。

行形而上学的提升,把情感把握为一种道德情感。这在休谟的"同情"、斯洛特的"移情"等道德情感主义理论中都可见到。

确实,单纯主体性的差等之爱是会带来问题,而且克服差等之爱所造成的问题也的确需要理智能力的参与,但从根本上克服差等之爱所带来的问题的还是本源性生活情感的另一种主体性现象样式:一体之仁。换言之,在生活中产生的问题还是只有在生活中来解决,我们不能诉诸生活之外的某种观念作为解决生活问题的标准。

要之,黄玉顺以其深刻的思想洞察力捕捉到了"生活·情感·存在"浑然无别的关系,颠覆了既有哲学的主体性预设困境,通过情感的进路把哲学真正带回了生活。

(二)生活儒学的理性观

成为一个主体乃是生活之流不可抗拒的事实,"我们总是要成为存在者,成为主体。……本源情境是不可避免地要被打破的"[1]。主体的生活又必须是一种理性主导的生活,因为形而下的主体性的非理性生活根本就不是生活。由于"生活情感才是'真实'的'事情本身'"[2],这就意味着作为一个理性主体事实上乃是生活之流、仁爱情感所造就成的,而且这种造就是不可避免的,因为生活的本源情境总是要被打破,我们总是要成为存在者。这就是说,情感总是要生成理性,"由爱生知"乃是生活之流无可抗拒的逼迫。这里,源于情感的理性展现为两个方面:认知理性和价值理性。

认知理性源起于本源性的"情感之思"。在"情感之思"中又会有所思、有所想,而此"思""想"中会怀有希望、向往、意愿、意欲,这就从情感之思

---

① 黄玉顺:《爱与思》,第 109 页。

② 黄玉顺:《爱与思》,第 65 页。

转到了"意欲之思","正是在这种意欲之思当中,主体性被给出来了"①。于是,前主体性的本源情境被打破,主体开始以表象化的方式打量世内存在者,这就从意欲之思转到了"认知之思",即认知理性。

价值理性也源起于本源性的生活领悟,这表现为"良知",此"良知"乃是对仁爱情感的一种直觉,这种直觉让人领悟到人是"能爱"的存在者;故此"良知"又曰"良能"。此良知良能具有判断善恶、熟知利害之能力,"唯仁者能好人,能恶人"②。此良知良能实际就是一种正义感,也是智之端,但还仅仅是端。同时,因情而有意欲,而意欲就会生思虑,所谓"由情生欲,由欲生虑"③,这就使良知生成了知利知害的理智能力("价值理性"④)。据此,理智能力就能把正义感实现为正义原则,进而为正义的制度规范奠定基础。对此"由爱生知"的主体性生成过程(实即本源情境被打破而生成存在者的过程),黄玉顺将其归纳为"思源于爱、思不是爱"⑤。

既然我们总是要成为存在者,成为主体,也就是意味着"爱"总是要成为"思","情感"(本源性的生活情感)一定会生成"理性"。这在观念上明显就有一个很大的翻转:"思"尽管源于"爱",但若没有"思"的"爱"不过是一种幽闭的爱,实际上也就不成其为"爱"了。因此,"爱"离不了"思"。"思确

---

① 黄玉顺:《爱与思》,第 100 页。

② 杨树达:《论语疏证》,上海古籍出版社 1986 年版,第 89 页。

③ 黄玉顺:《中国正义论的形成》,东方出版社 2015 年版,第 432 页。

④ 这里需要特别说明,"生活儒学"的"价值理性"并不是康德哲学里所说的价值理性、实践理性,而仅仅认为这种理智能力是实现正义感的工具,成就一定的价值观念而已。所以,黄玉顺说:"理性只是工具,而绝非建构伦理规则的动因、根据。理性、尤其是所谓纯粹形式的理性,远远不是建构伦理原则的绝对基础。"见黄玉顺:《普遍伦理是先验理性的纯粹形式吗?》,《哲学动态》2002 年第 6 期。

⑤ 黄玉顺:《爱与思》,第 101 页。

证爱"①,"思着表明爱着"②。这就是说:尽管"思"、源于"爱","理性"源于"情感",但"爱""情感"离不了"思""理性"。"思"由"爱"起,而"爱"又在"思"中;"理"由"情"起,而"情"又在"理"中。没有展露为"思"的爱并不是爱;没有理性筹划的生活也不是真正的生活。但"思"毕竟又不是"爱","思"仅仅是"爱"的显现方式而已;理性筹划也不是生活本身,而仅仅是生活本身的显现样式而已。

如果说"生活儒学"言"情"的维度偏重于消解主体性坚硬外壳的话,"生活儒学"说"理"的维度则偏重于主体性的重建。所以"生活儒学"瓦解了人是理性的存在、人是德性的存在等这样一些把人的存在视作一种坚硬主体性存在方式的理解。它揭示了人的存在实情:人是情理的存在。或者更准确的表达是:人在情理中。

二、情义:中国正义论的伦理观

既然人是情理的存在,那么就应该合情合理地来安排人的生活,唯有合情合理的生活才是伦理上应当的生活,才是值得过的生活。"合情"当然是指要合乎生活之实情,而生活之实情就是生活本身、仁爱情感,又总会显现为特定的主体性情感和生活样态、生活方式,人只能在特定生活样态、生活方式下进行生活筹划,这就是"合理"。换言之,唯有合情才是合理,合情保证着合理,合理实现着合情,故合理也就是合情。因此,伦理上应当的生活乃是以生活之实情为内涵的生活,一种以情为义、以情为宜的

---

① 黄玉顺:《爱与思》,第101页。
② 黄玉顺:《爱与思》,第104页。

生活。梁漱溟就认为儒家的伦理观实际是"因情而有义"①,也就是一种情义伦理,但梁漱溟并没有对此情义伦理的结构予以阐明。黄玉顺基于"生活儒学"思想体系所提出的中国正义论正好阐明了情义伦理的内涵,从这个角度来说,中国正义论乃是儒家情义伦理的显现形态。

中国正义论有两条基本原则:一条是作为动机原则的正当性原则,另一条是作为效果论原则的适宜性原则。②这两条原则实际就是"情与理""爱与思"在伦理上的呈现。

(一)仁爱情感之为正当

伦理问题无疑属于形而下的相对主体性的问题,主要是人际关系问题,关键是怎么处理人际之间的利益问题。中国正义论作为一种情义伦理,主张处理人际关系的基本原则是爱,因为生活本身就是爱。生活的有序性并不仅仅是指存在者层级的组织化,真正的有序乃是对存在者之存在的一种看护,否则,这种组织化只能是对生活本身、存在本身的异化。吉登斯就说:"无序并不仅仅是指组织上的无序,而且指人们对事物与他者的真实感本身的丧失。"③在主体性层级,本源性的仁爱情感呈现为两种主体性样式:"差等之爱"和"一体之仁"。即是说爱首先呈现为自爱,然后是爱亲,进而仁民爱物,从"差等之爱"到"一体之仁"的推扩过程,实际是一种对生活本身的浑然无别关系的向往,而生活本身的浑然无别之中有着最本源的自由、平等,有着最本源的痛痒相关的一体共属性关系。因此,中国正义论认为,伦理规范的制定必须以"一体之仁"这种主体性的仁爱情

---

① 梁漱溟:《中国文化要义》,上海人民出版社 2011 年版,第 81 页。

② 参见黄玉顺:《情感与存在及正义问题》,《社会科学》2014 年第 5 期。

③ 〔英〕吉登斯:《现代性与自我认同》,夏璐译,人民大学出版社 2016 年版,第 34 页。

感为动机。

1.仁爱是自由、平等的本源

伦理规范的建构出于"一体之仁"的动机本质上是意图让人自由和平等。这里,自由分为两个层级:本源的自由和主体的自由。本源的自由就是生活本身,"生活即是自由"①。这是一切主体自由的本源。在生活中、在仁爱中,一切存在者都如其所是地自在存在着,正如海德格尔所说的自由"便自行揭示为让存在者存在(das Seinlassen von Seiendem)"②"让存在者成其所是"③。因此,本真的爱不是占据性、吞噬性的拥有,爱是让他者成为他者自身,但这种本源境域中由于尚没有主体的自觉,因此,根本还谈不上自由不自由。现实的真正的自由一定是主体的自由,而主体的自由之所以可能乃是由作为生活本身的本源自由为其奠基的。前主体性的本源自由一定会涌现为主体性的自由。在生活的敞开涌动之中,"存在者由'在'中自发涌现、跃出、挺立……由此确立起新的主体性,也就赢获新的自由"④。"一体之仁"作为本源性仁爱情感的显现方式,以此为依据建构伦理规范的目的之一自然就是要保护每一个人的主体自由。

生活一定是一种共同存在、共同生活。而"共同生活意味着:没有人与物的分别,没有你与我的分别,因为在本源的生活中,根本就还没有人与物、你与我那样的存在者、物"⑤。也就是说在生活中不但有着本源的自由,还有着本源性的平等。这种本源性的平等才是一切存在者之间应当平等

① 黄玉顺:《爱与思》,第 235 页。
② [德]海德格尔:《路标·论真理的本质》,孙周兴译,北京:商务印书馆 2000 年版,第 216 页。
③ [德]海德格尔:《路标·论真理的本质》,第 217 页。
④ 郭萍:《自由儒学的先声——张君劢自由观研究》,济南:齐鲁书社 2017 年版,第 345 页。
⑤ 黄玉顺:《爱与思》,第 187 页。

的本源。

因此,自由、平等并不是什么天赋的权利,而是生活本身的样态。伦理规范的制定之所以必须要以"一体之仁"这种主体性的仁爱情感为动机,目的就是为了守护存在者之间自由、平等共同存在这个生活实情与价值指向。也正是基于这种"一体之仁"正当性原则所建构的人伦规范才具有普遍性,而追求制度规范的普遍性乃是现代伦理的基本旨趣之一。

2.仁爱是善与恶的本源

中国正义论反对一切抽象的人性论预设。一切源于生活、源于情感,自然,善恶也源于生活,源于仁爱。本源性的仁爱情感首先呈现为"差等之爱",这就是一切恶、一切利益冲突的根源。爱始终和利益相关,"爱则利之"[①],爱一个人就希望这个人好,就会为他/她谋利,这势必引发利益冲突,这就是恶的起源。因此,恶源于生活,源于仁爱。黄玉顺认为:"唯有坚持这样的观点与立场,才是最彻底的儒家思想。"[②]恶又必须得加以控制,否则生活难以继续。如何控制恶,是情义伦理与前现代的德性伦理、现代义务论伦理、契约伦理之间一个重要的差别。

对前现代德性伦理来说,克制恶的办法在于尊崇一套形而上的先验道德法则,并认为此法则实际也是人性的内在法则,之所以会有恶,乃是因为此既超越又内在的法则被遮蔽所致,所以要"复性",让既超越又内在的道德法则朗现于心,进而化为行动去克制恶。但此既超越又内在的先验道德法则是何以可能的?德性伦理观并无说明。义务论的思路其实和德性伦理的思路很接近,它主张道德的行为乃是出于对先验道德法则的敬重而强调理性的自律,尤其是要以此理性的意志自律去对抗感性的冲击与

---

① 黄玉顺:《中国正义论的形成》,第 371 页。
② 黄玉顺:《中国正义论的形成》,第 367 页。

诱惑,从而实现道德的无条件绝对命令,以此来彰显一种理性化的意志自由。但当人完全按照此绝对命令行事的时候,就出现了"不可向骗子撒谎"的伦理困境。而且义务论对于理性源于生活、源于情感的这一生成过程也未能明了,而是把理性看作先验的。因此,义务论最后只能陷入一种让理性宰割生活的尴尬境地。现代契约伦理是把人看作情感冷漠的理性自利者,并且也看到了单纯自利所带来的恶,于是采取契约的方式以互惠互利为目的建构伦理规则。但此理论问题在于契约"互惠互利"的追求实际上就把弱势者(如残疾人、重病者)排除在了道德之外,这显然是错的。

在情义伦理立场,克制因爱利引发的冲突不是依赖于先验的道德法则,也不能是冰冷的"互惠互利"契约规则,而是本源性仁爱情感的另一主体显现样式:一体之仁。爱不但是自由平等的本源,也是化解冲突的动力。冯友兰先生就认为儒家之仁爱"对于万物,有一种痛痒相关底情感"[1]。有此对万物的痛痒相关,人才会超越"差等之爱"的限制而走向"一体之仁"。爱德华·冯·哈特曼也说:"爱者将被爱者的人格一同包含在本己的自己之中,被爱者的福祉与兴趣就会离他如此相近,就像他自己的福祉与兴趣曾与他如此相近一样。"[2]换言之,之所以能超越"差等之爱",乃是因为生活本身就是爱。"爱是一切真正美德的源头和标尺;……这个最高价值是其他所有事物的根基,但它自身却无须任何根基也能悠然矗立,而且,如果要彰显自己的能量,它必须不借助任何基础。"[3]生活着、爱着,就不断地超越着。

须要注意的是,"一体之仁"尽管是人与万物处于一种痛痒相关的本

---

① 冯友兰:《贞元六书·新原人》,北京:中华书局2014年版,第688页。

② [德]爱德华·冯·哈特曼:《道德意识现象学》,倪梁康译,北京:商务印书馆2012年版,第124页。

③ [英]西蒙·梅:《爱的历史》,孙海玉译,北京:中国人民大学出版社2013年版,第110页。

源性仁爱情感状态,但这种情感不是休谟、斯洛特等西方情感主义伦理学家所说的"同情"或"移情"。"一体之仁"超越"差等之爱"是因为生活本身是爱,人能爱并且总是在去爱,爱是生活的实情。正是在爱中人才成其为一个能爱并且去爱的主体。而"同情"、"移情"是现成的主体之间的情感的一种共鸣,或情感的相同体验,但不同主体之间的相同体验共鸣是何以可能的,休谟、斯洛特等西方情感主义伦理学家并未予以很好的说明。

(二)生活实情之为适宜

中国正义论作为一种情义伦理,一方面以"一体之仁"为正当性根据建构普遍性伦理规范,另一方面又强调伦理规范的尘世性和人际的关怀,这就使得它呈现出了相对于各种西方现代伦理思潮有极大的不同,甚至是优势。

任何正当的伦理规范都必须适宜于特定社会总体①的生活方式和人的具体生活境况。否则,此规范仍然是以一种生活之外的概念体系去制裁生活,仍然不合情理。如何把握特定社会总体的生活方式和人的具体生活境况?首先当然是运用理性去认清特定社会及其生活处境。然后再运用理智能力去建构与特定社会总体生活方式相适宜的伦理规范或采取某种伦理行动。这是中国正义论之为情义伦理的第二个维度:生活实情之为适宜。

生活实情之为适宜。从宏观层面看,关键是要把握到特定社会的社会

---

① 这里需要作一个说明,之所以说正义的制度规范必须适宜于特定社会总体的生活方式,意指制度规范并非适宜于一些个别的特殊的社会生活方式,如在两性关系上,现代社会的总体生活方式是男女平等,但是在某些特定地区的生活方式中还实行着前现代的男女不平等。在那些前现代地区走向现代的过程中, 其制度规范必须适宜的就应该是现代社会的总体生活方式,而不是那一个具体地区的特殊生活方式。当然,制度规范必须尊重不同的文化传统,但尊文化传统不能以牺牲现代性的核心价值观念前提,否则,制度规范就谈不上普遍性,自然也就不再成其为制度规范。

主体。所谓正义不过是伦理规范如何对待社会主体和配置社会主体所应得的各种社会资源而已。如在中华帝国时代,中国社会的社会主体乃是家族,其社会结构讲究尊卑等级。因此,当时正义的制度规范的基本架构就是以三纲五常为纲领,以家族利益为中心进行社会资源配置。个人在那个时代是依附于家族的附属性存在,故当时不可能以个体为中心进行各种社会资源的配置。但是,生活方式已然变迁,当今世界的总体的生活方式呈现为以个体为中心的生活方式,因此,正义的伦理规范必然会和以三纲五常为中心的制度有所不同,且必须有所不同,这也正是新文化运动反旧礼教之根据。陈独秀就认为旧伦理、旧礼教"虽不可行之今世,而在宗法社会封建时代,诚属名产。吾人所不满意者,以其为不适于现代社会之伦理学说,然犹支配今日之人心,以为文明改进之大阻力耳。……盖以其伦理学说,与现代思想及生活,绝无迁就调和之余地也"①。应该说,有关中国正义论的适宜性原则,黄玉顺的论述主要还集中在这一宏观层面,在个体道德行为方面还着墨不多。

从微观层面看,即个体道德行为方面,生活实情之为适宜主要是要认清人的具体生活境况,这反映在以"差等之爱"为中心构建起来的个体特殊生活境况之中。"差等之爱"其实是对人的特殊伦理关系的强调,人的生活就是生活在具体而特殊的社会关系之中,而不是抽象的社会团体之中。所以,儒家讲究"门内之治"与"门外之治"。《礼记·丧服四制》言:"门内之治,恩掩义;门外之治,义断恩。"所谓"恩掩义",就是在涉及自我、家人以及亲近者这一层的时候,伦理行为应该让"差等之爱"具有优先性;而"义断恩"则是在陌生人的社会里,伦理行为应该让"一体之仁""一视同仁"的

---

① 陈独秀:《独秀文存》,安徽人民出版社1987年版,第697页。

原则具有优先性,这主要反映在社会的整体制度安排上。"一体之仁"化解"差等之爱"带来的利益争夺,而"差等之爱"也防止"一体之仁"对人的特殊生活境况的忽视。所以,中国正义论作为一种情义伦理:既有情,又有义(宜),既合情(以情感为行为正当性的基础),也合理(强调对生活方式、生活境况的考虑)。

我们可以设想这样一个场景,当一个父亲面对自己的孩子和另一个能对社会作出巨大贡献的人(如一个科学家)同时陷入火海的时候,这个父亲如果选择了去救那个人而不是自己的孩子。从情义伦理视角来看,这个父亲恰恰是一个在伦理上遭受蔑视的人而不是英雄。若从功利主义的伦理立场来看,这个父亲的行为在伦理上显然是应该受到赞扬的,而这正是功利主义的问题所在,他消解了人的特殊社会关系,跟义务论一样,完全把人抽象化、同质化了,这样的结果事实上是取消了人的生活。功利主义伦理学要求我们对陌生人的关怀和对亲人的关怀具有同等的程度,这并不是生活的实情。从这个意义来说,功利主义和义务论、德性伦理三者都是一种不在生活中的道德要求。义务论之所以不是一种在生活中的道德要求,乃是因为义务论要求"意志的准则始终能够同时作为普遍立法的原则"①,而任何普遍性其实都是以牺牲个体独特性为代价的。但生活总是具体的生活而不是抽象的生活,任何普遍性的生活事实上都是对真实的生活的一种概念制裁;德性伦理乃是因为德性伦理始终存在一个目的论(teleology)的指向,不管这个目的论是内在目的还是外在目的,都是对作为最本己的能在(即"自由")的一种压制。因此,德性伦理很大程度上总是表现为和自由相违背,而自由乃是现代社会必须守护的核心价值。这里就

---

① [德]康德:《实践理性批判》,韩水法译,商务印书馆 1999 年版,第 31 页。

凸显了情义伦理的一个重要特征:对人的特定生活关系的注重,因为这是人的真实生活境况。

总体来看,中国正义论作为一种情义伦理有着很强的生活气息。情义的生活不是为了超越的德性提升,不是为了超凡入圣,远离生活以成贤成圣;情义的生活也拒绝理性义务论那种以生活之外的理性普遍法则来制裁生活的思路,但是在宏观层面不拒绝基于"一体之仁"所进行的制度安排,并且承认这种制度安排在特定生活方式下的普遍性;情义的生活虽然主张"爱则利之"①,但并不是功利主义所主张的那种为了追求社会总体功利而置个体特定生活境况于不顾的冷酷的生活。所以,中国正义论作为一种情义伦理,和"生活儒学"揭示了"人是情理的存在"并把哲学带回了生活一样,也把伦理学带回了生活,把生活的意义带回了生活,拒斥了生活之外的任何存在者作为生活的意义来源。因此,可以说,情义伦理就为在现代性的方式下重建儒家礼教奠定了理论基础。

三、情礼:情义伦理的新礼教思想意涵

任何伦理形态都必然表现为一套相应的制度规范——礼。中国正义论作为一种情义伦理也一定会走向自己的礼教体系建构。在黄玉顺"破解—回归—构造"的思想进路中,"构造"乃是其理论的落脚点,而"构造"实际就是以生活情感为正当性的基础,依据生活的实情重新制礼,进而为人建构起合情合理、有情有义的生活秩序。因此,"生活儒学"与"中国正义论"实际都是为建构新的礼教规范做理论铺垫。尽管黄玉顺并未就新礼教

---

① 黄玉顺:《中国正义论的形成》,第369页。

的建构展开过详细的论述,但我们无疑可以根据"生活儒学"揭示的人是情理的存在这一生活实情,在现代性的生活方式下重新"缘情制礼",让人过一种充满现代性的有情有义的生活。这里,所缘之情包含两个方面:仁爱情感和生活的实情。因此,新的礼教规范可称之为一种"情礼",一种以仁爱情感为正当性内涵,以生活实情为制礼之适宜性原则,建构以个体为中心的新礼教规范体系。

(一)新礼教作为一种情礼

由于生活本身是爱, 故新的礼教规范必须以仁爱为正当性基础才能与人的存在相一致, 才不致于以生活之外的概念构想作为生活意义的根源来切割生活。

根据情义伦理立场,正当的情感有两个面向:差等之爱和一体之仁。差等之爱意味着私人领域,凸显着个体权利维度;一体之仁实指公共领域,凸显公共利益维度。新礼教的制作必须满足这两种情感的要求。不管差等之爱还是一体之仁,作为爱,其最大的特征就是"爱则利之"。因此,新礼教必须既能满足自利的要求, 也能实现利他空间。不能让自利妨碍利他,也不能让利他消除自利。黄玉顺说:"在私的领域,即不侵犯他人权利的时候,这种差等之爱就是合乎情理的。然而孔子绝不会把这种差等之爱运用于公的领域,即决不会因此侵犯他人的权利;相反,在公共领域,包括在建构制度规范时,孔子恰恰要求克服差等之爱,追求一体之仁。"[1]

就旧礼教而言,对差等之爱(即个体权利)的克制是十分明显的。典型者如在聚族而居, 大家族里不许个人储蓄私财和包办婚姻。《朱子家礼》

---

[1]　黄玉顺:《制度文明是社会稳定的保障》,《学术界》2014 年第 9 期。

说:"凡为子为父者,毋得蓄私财。俸禄及田宅所入,尽归之父母、舅姑。当用,则请而用之,不敢私假,不敢私与。"①更有家礼规定:"子孙倘有私置田业,私积货泉,事迹显然彰著,众得言之家长,家长率众告于祠堂,击鼓声罪而榜之壁,更邀其所与亲朋告与之,所私便即拘纳公堂,有不服者,告官以不孝论。"②不仅个体没有财产权,连个体的人身权都是缺乏的。旧礼教主导的婚姻制度就是一个显例。男女婚姻并不是出于当事男女之间的爱情,而是出于双方家族利益的考虑。《礼记·昏义》说:"昏礼者,将合二姓之好,上以事宗庙,而下以继后世也。"《白虎通·嫁娶》说:"男不自专娶,女不自专嫁。必由父母。"③元代及其以后进一步细化为"嫁女皆由祖父母、父母。父亡随母婚嫁。又嫁女弃妻皆由所由,若不由所由,皆不成婚"④。

但是旧礼教对差等之爱的压制,并没有带来一体之仁的单向发展,更多的是以宗族、家族为差等之爱的单位进行利益争斗。这一方面压制了个体的自爱、自利;另一方面却没有很好地在公共领域建立起体现一体之仁的礼教规范。以致论者多有感慨中国人呈一盘散沙状,但在这种感慨中却并不见散沙状的个人。所以旧礼教是一种既没能自利,也没能利人,仅有利于宗族、家族的一种伦理规范。因此,新礼教必须在差等之爱和一体之仁之间,在自爱与爱人、自利与利人之间实现平等,使其两不妨碍。

(二)新礼教的主体

旧礼教之既不自利,也不利人,这与中国历史的社会生活方式有关,

<hr/>

① 朱杰人、严佐之、刘永翔主编:《朱子全书》第七册,上海古籍出版社;安徽教育出版社2002年版,第881页。

② 郑文融:《郑氏规范》,见徐扬杰《中国家族制度史》,人民出版社1992年版,第376页。

③ 班固:《白虎通德论》,上海古籍出版社1990年版,第70页。

④ 《大元通制条格》卷三《嫁娶所由》,郭成伟点校,法律出版社1999年版,第43页。

和奉行礼教的主体有关。根据黄玉顺的划分,先秦王权时代,社会主体是宗族;秦汉至清的皇权时代,社会主体是家族;民国以来的社会主体是个体。①也就是说,前现代的王权、皇权时代真正参与社会事务的并不是个体,而是宗族、家族。尽管各项事务的开展是由一个个具体的人来操作的,但此个人仅仅是作为宗族、家族的代表而出现,并不是现代意义上独立自主的个体人格——公民。因此,旧礼教的制作并不是瞄准个人的,而是瞄准宗族、家族进行制作的。自然,一切资源的分配就会以宗族、家族为中心进行。换句话说,在前现代社会,差等之爱主要体现为维持宗族、家族的整体利益。在旧礼教大行其道的皇权时代,特别是帝国后期,由于当时社会上各个家族和帝国主权者——皇族——之间的实力相差太大,各个家族很难对皇权构成有效的制衡。因此,皇族的自爱、自利是覆盖全社会的,"天无二日,民无二主"。这就意味着根本就不存在和皇族对等的可以将自爱"推扩"出去的他族,整个社会自然难以建立起基于"一体之仁"的制度规范,这就是黄宗羲所说的,"使天下之人不敢自私,不敢自利,以我之大私为天下之大公"②。但不自爱、不自利是不可能的,这不符合生活的实情。因此,皇权时代的历史主要就呈现为皇权的轮流坐庄,每个家族都窥伺着那个大私的位置,只要机会一到,蛰伏榛莽大泽中的豪杰就会趁势而起,去追求属于自己的私天下。为适宜于这种以宗族、家族为社会主体的生活方式,旧礼教必然会强调尊卑等级,并通过尊卑等级的道德化提升,把个人闭锁在宗族、家族之中。陈独秀就认为旧礼教"视上下尊卑贵贱之义,不独民生之彝伦,政治之原则,且推本于天地,盖以为宇宙之大法也矣"③。因

---

① 黄玉顺:《国民政治儒学》,《东岳论丛》2015年第11期。
② 黄宗羲:《明夷待访录·原君》,中华书局2011年版,第8页。
③ 陈独秀:《复辟与尊孔》,见《独秀文存》,第114页。

此，"吾国自秦以降，为吾人自由之敌者，惟皇帝与圣人而已"①并非夸大之词。

毫无疑问，当今世界的社会总体生活方式是以个体为中心的现代社会，个体是一切社会活动的基点，这就是当代社会生活的实情。自然，新的礼教规范的主体就是自由而平等的个体，而不再是宗族、家族。黄玉顺说："进行当代的制度建构时，无疑应当是个体主义的，这种个体就是现代生活方式的主体——公民。"②相比旧礼教而论，以个体为中心的新礼教必须要平衡自爱与爱人、自利与利人。由于每一个个体都是国家的主权者，而且相互之间是平等的，这就意味着现代性的生活方式中，不允许有一个"以我之大私为天下之大公"的独一无二的主权者。作为制度规范的新礼教就是基于爱人利人的基本立场，为个体的自利行为建构一个公平竞争的制度空间，同时为有合理理由而需要帮助者实施一定程度的有效帮助。"遂其私所以成其公，是圣人仁术也"③。

新礼教以个体为中心进行建构，并不是要人过一种孤立的原子式生活，这事实上也不可能。人的生活有多种展开向度，扮演不同的角色，因此人就可以基于个体自主性意愿，在不同的向度与他人建构社会共同体。如果说旧礼教主要表现为以血缘为中心的宗法制度而把个体闭锁在宗族、家族这种共同体之中的话，新礼教则以个体为中心，可以依据血缘、地缘、业缘、趣缘、神缘等建构新型的家族共同体、地域共同体、行业共同体、趣味共同体、宗教共同体等，由此形成多元的市民社会生活空间。

---

① 李大钊：《宪法与思想自由》，见杨琥编《中国近代思想家文库·李大钊卷》，中国人民大学出版社 2014 年版，第 111 页。

② 黄玉顺：《制度文明是社会稳定的保障》，《学术界》2014 年第 9 期。

③ 李维桢：《大泌山房集》，卷 105，万历三十九年序，普林斯顿大学葛思德东方图书馆据东京内阁文库藏本影印，第 28 页。

（三）新礼教之教

儒门重教，这已是共识。只是秦汉以来的儒家强调的都是道德教化，意在把人教化成能很好地融进宗族、家族的螺丝钉。在"自古及今，天下国家惟有个三纲五常"①的氛围下，"上以礼为教也，下以礼为学也。……盖天下无一人不囿于礼，无一事不依于礼。……夫其所谓教者，礼也"②。所以，旧礼教旨在把人教化成具有孝顺、忠诚、牺牲、奉献等品质的附属性存在。所谓礼教，就是以道德的名义把人纳入宗族、家族的集团性生活中。这种礼教当然不会给个体以自由、平等的对待，不会以个体权利和福祉为出发点，随时会因为宗族、家族的利益需要而让个人做出牺牲和奉献。可以看到，这种旧礼教正是以宗族、家族为礼教主体的产物。

新礼教的主体乃是个体。礼教旨在教以成人，成就个体主体性的人，所谓"古之学者为己"③。学以为己乃是说，在礼教的生活中，人不断建构自身的主体性，"使本源之人成为主体性的人"④。从本源层级来说，人首先是一个仁者，一个能爱的人，一个自由的人。然后才能成为一个主体性的自主自利的人和拥有理性能力的人。为更好的自主自利，必须也让他人自主自利。于是，通过理性能力去建构新的礼教规范，在自利与利人之间实现均衡，这就是新礼教的基本思路。黄玉顺就说："人首先是一个功利的人，然后才可能是一个道德的人。"⑤因此，新礼教之为教，重在个体独立自主能力的提升，这种独立自主能力主要表现为理性能力。换言之，新礼教是

---

① 许衡：《鲁斋遗书》卷一，见《许衡集》，吉林文史出版社 2010 年版，第 6 页。
② 凌廷堪：《校礼堂文集》，中华书局 1998 年版，第 28~29 页。
③ 杨树达：《论语疏证》，第 356 页。
④ 黄玉顺：《爱与思》，第 246 页。
⑤ 黄玉顺：《爱与思》，第 157 页。

教人成为独立自由自主的个体,成为有能力去实现爱的个体。爱是生活的本来的情态,这不用教,也无法教。生活着就爱着。只要个体有自由,有足够的理性能力,爱的生活就一定可能。生活的意义不需要圣贤神仙皇帝给我们启示,生活的意义就在我们每一个人的"去生活"之中。只有生活,只有仁爱才能让我们超越我们自身,才能拯救我们自己。

儒学与其他哲学的最大特色在于以礼教为制度规范依托,合情合理、有情有义地呈现了生活的本然样貌。因此,礼教的生活才是儒学的旨归。儒学作为一套思想体系,源于生活,也必归于生活,而归于生活的落脚点就在礼。因此,合情合理、有情有义地建构新礼教,才能让儒学有效切中当下生活实情,这或许才是当前追求儒学复兴的必由之路,也是黄玉顺"生活儒学"思想体系给我们最大的启示。也因此,儒学势必不会出现余英时所说的"游魂"状态,儒学一定会适时地建构起自己精魂所系的礼教规范系统。

《生活儒学：面向现代生活的儒学》编者弁言*

胡骄键

　　本书是黄玉顺先生创建的"生活儒学"思想体系的论文选集。

　　黄先生之所以建构"生活儒学"，乃是为了从理论上解决这样一个重大问题：如果一个民族国家的真正复兴必定蕴涵着该民族国家之文化传统的复兴，那么作为一种前现代的观念形态的儒学，怎样才能有效地切入现代性的生活方式？这就是黄先生的问题意识，他要寻找一种"现代性诉求的民族性表达"。

　　为此，如果仅仅按照传统的观念，儒学的体系只是"形上学—形下学"的二级架构，那么儒学就不可能适应现代生活，因为皇权帝国时代的传统儒学的形下学，其基本内容就是以"三纲"为核心的一套社会规范及其制度，它恰恰是现代性的对立面；而其形上学的建构，则正是为之服务的，即是"形上学→形下学"的奠基关系。反之，要使儒学能够成为真正的"现代

　　* 黄玉顺：《生活儒学：面向现代生活的儒学》，胡骄键编，济南出版社 2020 年版。

儒学",意味着必须突破传统儒学的那种"形上学—形下学"二级架构,在儒学传统中找到某种"前形上学"或"前哲学"的观念,然后在这种"大本大源"上重建儒家的面对现代生活的形上学、形下学。

黄先生所找到的这种本源观念,就是"生活"的观念,或曰"生生"的观念,以及这种观念的原初显现——生活情感的观念,尤其是"仁爱"情感的观念。这无疑是标准的儒家观念,因为儒学的根本特征就是用"仁爱"来阐明一切。然而在黄先生这里,情感、生活不是某种"形而上者",更非某种"形而下者",而是前存在者的存在;唯其如此,这种生活情感才能给出一切形而上者和形而下者。在黄先生看来,这本来是孔孟儒学固有的,却被孔孟之后的传统儒学,特别是帝国儒学遮蔽了的本源观念。由此,生活儒学给出了一种包含了三个层级的观念架构:生活感悟→形而上学→形而下学。这显然是对两千多年来中国哲学观念架构的突破,黄先生正是据此而重建了儒家的形上学"变易本体论"、形下学"中国正义论",等等。

其实,黄先生的"生活儒学"也是一种"接着讲",即是接着讲他的导师蒙培元先生的"情感儒学"①;而蒙先生的"情感儒学"又是接着讲他的导师冯友兰先生的"新理学"。经过"冯—蒙—黄"三代思想传承与转进,形成了一个以情感为致思中心的现代中国哲学"情理学派"。

---

① 参见黄玉顺等主编:《情与理:"情感儒学"与"新理学"研究——蒙培元先生70寿辰学术研讨集》,中央文献出版社2008年版;《儒学中的情感与理性——蒙培元先生70寿辰学术研讨会》,现代教育出版社2008年版;《人是情感的存在——蒙培元先生80寿辰学术研讨集》,北京大学出版社2018年版;《"情感儒学"研究——蒙培元先生八十寿辰全国学术研讨会实录》,四川人民出版社2018年版。

"生活儒学"研究

迄今为止,围绕"生活儒学",黄先生已出版了两部专著、7 部文集。①
这些文集收录了黄先生迄今发表的关于"生活儒学"的近 200 篇论文。本
书的篇目则是从这些论文中精选出来的,意在呈现"生活儒学"思想系统
的整体面貌。

---

① 两部专著是:《爱与思——生活儒学的观念》,四川大学出版社 2006 年版(增补本:四川
人民出版社 2017 年版);《中国正义论的形成——周孔孟荀的制度伦理学传统》, 东方出版社
2015 年版。7 部文集是:《走向生活儒学》,齐鲁书社 2017 年 12 月版;《面向生活本身的儒学——
黄玉顺"生活儒学"自选集》,四川大学出版社 2006 年版;《儒家思想与当代生活——"生活儒学"
论集》,光明日报出版社 2009 年版;《儒学与生活——"生活儒学"论稿》,四川大学出版社 2009 年
版;《生活儒学讲录》, 安徽人民出版社 2012 年版;《中国正义论的重建——儒家制度伦理学的当
代阐释》,安徽人民出版社 2013 年版(英文版 *Voice From The East:The Chinese Theory of Justice*,
英国 Paths International Ltd,2016 年版);《从"生活儒学"到"中国正义论"》,中国社会科学出版社
2017 年版。

黄玉顺"生活儒学"的《论语》诠释及其本体诠释意蕴*

毕景媛

　　黄玉顺教授及其本人所创构的"生活儒学"是当代儒学开展的重要代表。他虽没有诠释《论语》的专门著作，然其"生活儒学"中对孔子儒学、对《论语》思想话语的诠释占有重要的位置。在其"生活儒学"的视域下，黄玉顺特别推崇孔子及其所代表的原创儒学的思想精神，认为孔子仁学的那种仁爱的生活本源情感是儒家一切形而上学、形而下学观念的大本大源。当代儒学的复兴和重建要突破第二期儒学的"形上—形下"二元论的思想建构，向孔子所代表的原创时代有本有源的儒学回归。黄玉顺的孔子解读、《论语》诠释正是带着这种当代的问题意识和时代感受展开的。在"复

　　* 本文属 2019 年山东省研究生教育教学改革研究项目"'儒学'方向研究生必修课程教学改革研究——以曲阜师范大学非历史学专业增设'儒学'方向研究生培养为例"（编号：SDYJG19176）。作者：毕景媛，女，山东曲阜人，历史学博士，现任曲阜师范大学孔子文化研究院讲师，研究方向为先秦儒学、"论语"学。

归生活，重建儒学"的时代"先见"，以及"生活–存在"的思想视域下的"生活——形而上学——形而下学"的"三个观念层级"的思想"先见"下，黄玉顺"生活儒学"视域下的《论语》诠释，充分地体现出了一种"六经注我"的哲学化诠释的特点。不仅如此，黄玉顺在"生活–存在"思想视域下的本源情感、仁爱情感的奠基性观念下对《论语》的诠释，也使其《论语》诠释具有了某种本体诠释的重要意蕴。就黄玉顺《论语》诠释的"六经注我""面向当下"的哲学化诠释特点而言，它对当代儒学尤其是当代新经学的重建和发展，具有重要的学术意义。

一、"复归生活，重建儒学"
——黄玉顺《论语》诠释的当代"先见"

　　当代儒学是现代新儒学之后儒学发展的重要阶段。目前当代儒学发展已经确立起了诸如"政治儒学""制度儒学""社会儒学""民间儒学""自由儒学""生活儒学"等重要范式。作为当代儒学的重要代表，黄玉顺及其所建构的"生活儒学"格外引人关注。多数学者初看"生活儒学"，皆以为此是追求当代儒学生活化、民间化、实践化发展的一种重要理论探讨，然细察其要，其实黄玉顺的"生活儒学"并不"生活"①，也并不"儒学"。说其不"生活"，是指其所谓的"生活"并非指形而下的人伦日用的日常生活，而是其所"自家体贴出来"的突破中西传统哲学"形上—形下"二元论之窠臼的"存在"论视域下的本源生活情感。说其不"儒学"，是指其生活儒学并不应该完全放在儒学发展谱系中去考察，其以"生活–存在"的视域为根本内核

---

　　①　参阅杨虎:《别具一格的"非人的生活"——评生活儒学对"生活"与"人的生活"的区分》，杨永明，崔罡主编:《当代儒学》(第四辑)，广西师范大学出版社，2013年版，第193页。

的儒学是对中西哲学,尤其是儒学、现象学批判继承的结果。

黄玉顺认为,虽然一个时代的儒学终究是在面对着、解决着那个时代的生活中所产生的当代问题,然而"从当今的'生活-存在'的思想视域看,任何具体的生活方式,只不过是作为源头活水的生活本身所显现出来的某种衍流样式"①。由此,我们说,要真正读懂黄玉顺的"生活儒学",必先抓住其"生活-存在"视域、本源情感的灵魂。事实上,黄玉顺对儒学史的探原,对当代儒学重建和复兴的思考都是在此种视域下进行的。他对儒学史的分期和定位由此视域而入,对当代儒学重建和复兴的理论思考亦由此视域去说明。他说:"儒学的当代重建必须在当代的'生活-存在'的思想视域中进行,才能顺应当代的生活而避免原教旨主义。这就需要对儒学史进行一种新的认识。"②

在"生活-存在"的思想视域下,黄玉顺提出了重写儒学史的问题③,并提出了新的"儒学三期发展"说。他认为,新的"儒学三期"说不同于牟宗三、杜维明的论说者主要在于,牟、杜等所追求的儒学第三期发展仍未突破宋明理学那种"形上—形下"的二元论思维,根本未能进入当代前沿的"生活-存在"的思想视域。④"(他们)将儒学在现代的'第三期开展'仅仅归

① 黄玉顺:《儒学当代复兴的思想视域问题——"儒学三期"新论》,《周易研究》2008年第1期。

② 黄玉顺:《儒学当代复兴的思想视域问题——"儒学三期"新论》,《周易研究》2008年第1期。

③ 参见孙铁骑、黄玉顺:《儒学史应当如何重写》,《甘肃社会科学》2015年第1期。

④ 我们上面论及,梁漱溟也是在"生活"的观念下来把握孔子、诠释《论语》的,但黄玉顺认为,梁漱溟的"生活"观念也没有进入"生活-存在"的视域。他说:"梁漱溟的'生活'观念还是关于某种绝对存在者整体、而非存在本身的言说,还没有彻底超越形而上学的视域;而生活儒学的'生活'观念是:生活即是存在,生活之外别无所谓存在;一切存在者都归属于生活,奠基于存在。这也就是孔子仁学的'生活-存在'观念。"(黄玉顺:《孔子仁学的现代意义何以可能? ——依据生活儒学的阐明》,《理论学刊》2007年第10期;黄玉顺:《当代儒学"生活论转向"的先声——梁漱溟的"生活"观念》,《河北师范大学学报》(哲学社会科学版)2008年第4期。)

"生活儒学"研究

结为传统哲学的那种存在者化的'本–末'、'体–用'的形而上学构造,因而在本质上是与所谓'第二期'儒学、即专制时代的宋明理学同质的东西。结果,儒学在现代的'第三期开展'就只能是两种结局:要么是在现代性的境遇中陷入'本'与'末'、'体'与'用'的严重脱节,导致'内圣'开不出'新外王'的尴尬,这正是现代新儒学的尴尬;要么是陷入一种无法'顺天应人'、而是试图宰割当代生活的某种原教旨主义的危险,这正是当前的某种'儒家原教旨主义'的危险。"①由此,他提出,第三期的当代儒学的重建和创新应该向第一期的那种有本有源的儒学回归。

在黄玉顺的"儒学三期"框架下,第一期的儒学(包括西周儒学、春秋儒学和战国儒学三个阶段)总的说来是一种有本有源(以本真的生活情感为本源)的儒学,只是从思孟、荀子开始这种有本有源的儒学逐步发生了歧变,而战国至秦汉中国社会的巨大转型则最终使儒学也转向了第二期的追求形而上学建构的儒学(包括前宋明儒学、宋明新儒学和后宋明儒学三个阶段)。他认为,秦汉以来中国社会的转型可以称为从"王道"时代向"专制"时代的转变;与此相应,儒学的转型就是从"王道儒学"向"专制儒学"的转变。"这种转变在思想方式上的一个根本特征,就是在理论形态上对生活本源的遮蔽与遗忘:尽管任何理论总是渊源于当下的生活的,但这种生活渊源未必在理论形态上能得到自觉的表达。"②这就是说,第二期的儒学,总的来说,其主要特质就是形而上学的建构,它遮蔽了原始儒学"生活–存在"的视域。因此,对于第三期儒学的开展,黄玉顺提出,其最主要的特质就是,应突破第二期儒学的形而上学架构,向第一期有本有源的儒学回归。也就是说,尚未实现的第三期儒学,其前景在于向第一期儒学,

① 黄玉顺:《儒学当代复兴的思想视域问题——"儒学三期"新论》,《周易研究》2008年第1期。
② 黄玉顺:《儒学当代复兴的思想视域问题——"儒学三期"新论》,《周易研究》2008年第1期。

尤其是孔子儒学回归,从而在当代重新建构一种有本有源,突破"形上—形下"二元论观念的新儒学。这也就构成了黄玉顺对当代儒学重建和复兴问题的主要理论思考,那就是复归生活,重建儒学。

从上述内容来看,"生活—存在"的思想视域已经成为黄玉顺分析儒学发展问题的某种特定的"先见"。我们甚至可以说,黄玉顺在对古今中西哲学的长期"渐修"中所悟得的"生活—存在"的思想视域,俨然成了其所自创的哲学观念。他对儒学史的评判、对当代儒学发展的思考都是在这种"先在"的观念下进行的。同样,他对孔子思想的把握、对《论语》中思想话语的诠释,也都是在这种观念前提下来展开的。在这个意义上,我们可以说,黄玉顺的《论语》诠释其实并不是那种"我注六经"式下的讲解、注释,而是在假借孔子、《论语》来"发明"和"注解"其以"生活—存在"视域为核心的"生活儒学"的思想观念的。黄玉顺说:"我们要做的事情就是:复归生活,重建儒学"①。"复归生活,重建儒学",正好揭示了黄玉顺"生活儒学"的主要问题意识和时代关切。进一步而言,"复归生活,重建儒学"也正是黄玉顺解读孔子、诠释《论语》的时代"先见"。"复归生活,重建儒学"是黄玉顺诠释《论语》的时代"先见",与此相对应,"生活—存在"的思想视域及由此而确立的"三个观念层级"的思想就是其《论语》诠释的主要观念"先见"。

二、生活本源

——黄玉顺三个观念层级思想"先见"下的《论语》诠释

"生活—存在"的视域是黄玉顺基于对二千多年来古今中西哲学,尤其

---

① 黄玉顺:《孔子仁学的现代意义何以可能?——依据生活儒学的阐明》,《理论学刊》2007 年第 10 期。

"生活儒学"研究

是对儒家哲学和现象学的批评和反思而提出的重要哲学观念。他认为,西方哲学的开展一直没有突破"形上—形下"的二元论模式,即便到了海德格尔的现象学也未能改变它,而进入"存在"的思想视域。儒家哲学的第二期(从秦汉到明清)也主要呈现的是一种形而上学建构的形态。因此,当代儒学(第三期儒学)的复兴和重建要在批判第二期儒学的基础上向原创时代的第一期儒学回归,即当代儒学应是一种有本有源,进入"生活-存在"视域的"生活儒学"。在黄玉顺看来,所谓"有本有源"、进入"生活-存在"视域的儒学,就是要突破传统儒学形而上学的建构,注意到形而上学本身也是需要被奠基的问题。儒学形而上学如何被奠基? 那就需要进入前哲学、前形而上学的"生活-存在"的视域。由此,传统的形而上学那种"形上—形下"的两个观念层级,就变为"生活-存在"——形而上学——形而下学的三个观念层级。黄玉顺说:"生活儒学不以任何意义的形而上学'本体'为出发点,恰恰相反,生活儒学追问形而上学'本体'本身何以可能,从而追溯到'前形而上学''前本体论''前存在者'的存在——生活。这样一来,生活儒学也就打破了两千年来哲学的基本思维模式——'形而上者—形而下者'或者'形而上学—形而下学'的两级架构,揭示了观念的三个层级。"所谓"三个观念层级"就是:

观念的生成关系:①生活感悟→②相对存在者→③绝对存在者
观念的奠基关系:①生活本源→③形而上学→②形而下学[①]

基于这种"生活-存在"思想视域下的"三个观念层级"的思想,黄玉顺

[①] 黄玉顺:《爱与思——生活儒学的观念》,四川大学出版社,2006年版,第150页。

对第一期的原创儒学尤其是孔子儒学推崇备至。在他看来,孔子的伟大不在于他是个哲学家、形而上学家,或者伦理学家,而是存在的哲学家。"孔子的伟大,在于他的思想的丰富的层级性:在生活本源上建构形而上学,并将这种形而上学贯彻到作为'形而下学'的伦理原则中。这就是说,在孔子仁学中,观念的三个基本层级是完备的,存在视域没有被遮蔽。换句话说,孔子的仁学绝不仅仅是一种作为形而上学的'哲学',更不仅仅是一种作为形而下学的'道德说教',而首先是关于存在本身的领悟、或者关于生活本身的言说。"①

由此,黄玉顺对孔子儒学的解读、对《论语》的诠释,最重要的理论建树就是揭示了孔子仁学所代表的"生活-存在"的思想视域。也就是说,黄玉顺的《论语》诠释是其在"生活-存在"思想视域下的"三个观念层级"的思想"先见"下进行的。在这种"三个观念层级"的思想"先见"下,黄玉顺《论语》诠释的最大特点就是对《论语》所承载的孔子儒学进行了"三个观念层级"的区分。当然,这其中最重要的无疑是对"生活-存在"的第一个观念层级的揭示。这主要表现在,他以生活本源和"仁爱情感"解释《论语》中孔子说的"仁",强调生活的本源情感是孔子一切思想观念的大本大源,是儒学形而上学、形而下学的根基。他认为,孔子说的"仁"既非什么形而下的道德范畴,也不是思孟、宋明理学家所定义的是什么"天赋"的"善性",而是超越形上、形下之上的本真的生活情感。"在孔孟,尤其是孔子那里,仁爱首先既不是什么形而下的道德情感,也不是什么形而上的性体,而是本真的生活情感,生活的自然而然的情感显现。"②

---

① 黄玉顺:《孔子仁学的现代意义何以可能? ——依据生活儒学的阐明》,《理论学刊》2007 年第 10 期。

② 黄玉顺:《儒学复兴的两条路线及其超越》,《西南民族大学学报》2009 年第 1 期。

因此,在孔子那里,"仁"是超越于一切形而上学、形而下学的本源性的概念。正因为如此,孔子儒学也可以说就是"仁学"。"仁"是一切儒学观念的大本大源,是孔子儒学一切形而上学、形而下学观念的奠基者。他说:"孔子仁学的大本大源、源头活水,既不是既成的形而上的哲学建构,也不是既成的形而下的伦理构造,而是生活本身、存在本身以及生活的情感显现、而首先是仁爱情感的显现。惟其如此,孔学才恰如其分地被称为'仁学'。"①

黄玉顺认为,在孔子那里,仁爱是本源性的,在本源的意义下,孔学就是仁学。例如,孔子认为,人生在世,当以仁为依据:"君子去仁,恶乎成名?君子无终食之间违仁,造次必于是,颠沛必于是。"②黄玉顺还指出,孔子说:"志士仁人,无求生以害仁,有杀身以成仁。"③这是说"仁"比生命价值(形而上学)还要重要。孔子还说:"人而不仁,如礼何?人而不仁,如乐何?"④对此,黄玉顺提出,这是说形而下的礼乐制度也当以"仁"作为依据。⑤为什么"仁"比形而上学意义下的生命价值、比形而下学意义下的礼乐制度都重要呢?黄玉顺的解释就是,人生的终极关怀、杀身成仁的价值理想和礼乐制度文化等观念皆属于形而上学、形而下学的观念层级,它们都要以"仁爱"的本源情感作为大本大源。正因此本源的生活情感的确立和奠基,才开出了孔子儒学种种形而上学、形而下学的观念。对此,对《论语》中"宰我问三年之丧"问题的深度解读,最能反映出黄玉顺那种以仁爱的本源情感

---

① 黄玉顺:《孔子仁学的现代意义何以可能?——依据生活儒学的阐明》,《理论学刊》2007 年第 10 期。

② 《论语·里仁》,杨伯峻译注:《论语译注》,中华书局,1980 年版,第 36 页。

③ 《论语·卫灵公》,杨伯峻译注:《论语译注》,中华书局,1980 年版,第 163 页。

④ 《论语·八佾》,杨伯峻译注:《论语译注》,中华书局,1980 年版,第 24 页。

⑤ 参见黄玉顺:《论"仁"与"爱"——儒学与情感现象学比较研究》,《东岳论丛》2007 年第 6 期。

作为孔子儒学奠基性观念的哲理思想。《论语·阳货》篇载：

> 宰我问："三年之丧，期已久矣。君子三年不为礼，礼必坏；三年不为乐，乐必崩。旧谷既没，新谷既升，钻燧改火，期可已矣。"子曰："食夫稻，衣夫锦，于女安乎？"曰："安。""女安则为之！夫君子之居丧，食旨不甘，闻乐不乐，居处不安，故不为也。今女安，则为之！"宰我出。子曰："予之不仁也！子生三年，然后免于父母之怀。夫三年之丧，天下之通丧也。予也有三年之爱于其父母乎？"①

关于这段话，黄玉顺指出，对于"宰我问三年之丧"的问题，孔子本可以以"礼也"这样的回答作为答案。但孔子并未如此，而是要从"安与不安""爱""仁"的生活情感去说，亦即回到生活本身来说，回到"三年之丧"之"礼"的大本大源处去说。这表现在："一方面，这是源于仁爱情感的一种规范建构，这种生活情感是与历史时代无关的；但另一方面，制度规范的建构却必须是合乎时宜的，亦即必须顺应生活衍流的当下样式——当代的生活方式。"②在此基础上，黄玉顺进一步发挥道："由'安''爱''仁'等生活情感出发，这实在是儒家在任何时代进行其儒学的理论建构的典范：从生活本身出发，去进行合乎时宜的形而上学、形而下学的建构。"③也就是说，"三年之丧"属于"礼"的社会规范的问题，"三年之丧"的依据自不能限于"礼"的形而下的层面去说。孔子从"安""爱""仁"的本源情感去立言，是上升到生活本源情感的本源处去说的。这种本源情感是永恒不变的，而"三

---

① 《论语·阳货》，杨伯峻译注：《论语译注》，中华书局，1980年版，第188页。
② 黄玉顺：《儒学当代复兴的思想视域问题——"儒学三期"新论》，《周易研究》2008年第1期。
③ 黄玉顺：《儒学当代复兴的思想视域问题——"儒学三期"新论》，《周易研究》2008年第1期。

年之丧"的"礼"则是随"时"而"损益"的。正也就是孔子说的："殷因于夏礼,所损益可知也;周因于殷礼,所损益可知也。其或继周者,虽百世,可知也。"①

通过上述解读,黄玉顺将孔子说的"安""爱""仁"等观念确立在了"生活-存在"思想视域下的第一个观念层级上。由此,确定了孔子作为存在论哲学家的地位,也确立了以孔子、《论语》所代表的原创时代有本有源的儒学的重要地位。

在确立了"生活-存在"的第一个观念层级后,黄玉顺对《论语》中孔子思想的"形上"和"形下"的两个观念层级也进行了解读。例如,《论语》中孔子说："天生德于予,桓魋其如予何?"②对此,黄玉顺解读为,"天生德于予"与《中庸》所谓"天命之谓性"的说法是一致的,这里的"天"属于形而上学的建构,即以"天"作为形而下学的"德"或"性"的终极依据。又如,《论语》载："齐景公问政于孔子,孔子对曰:君君、臣臣、父父、子子。"③黄玉顺认为,孔子所谓"君君、臣臣、父父、子子"是儒家政治哲学的形而上学,它是儒家形而下学的规范、制度(君臣父子之礼)等得以安排的依据。④

从上述内容来看,黄玉顺对孔学的解读,对《论语》的诠释是在"生活本源—形而上学—形而下学"的"三个观念层级"的思想视域下去说的。"三个观念层级"的思想就是黄玉顺"讲"孔子、"注"《论语》的主要观念"先见"。在很大程度上,我们可以说,黄玉顺"讲"孔子、"注"《论语》主要是为了以孔学、《论语》来"发明"和"注解"其基于古今中西哲学的反思而识得

---

① 《论语·为政》,杨伯峻译注:《论语译注》,中华书局,1980 年版,第 21~22 页。

② 《论语·述而》,杨伯峻译注:《论语译注》,中华书局,1980 年版,第 72 页。

③ 《论语·颜渊》,杨伯峻译注:《论语译注》,中华书局,1980 年版,第 128 页。

④ 参见黄玉顺:《孔子仁学的现代意义何以可能?——依据生活儒学的阐明》,《理论学刊》2007 年第 10 期。

的"生活–存在"的思想视域和"三个观念层级"的重要思想。在"生活–存在"的思想视域和"三个观念层级"思想的观念"先见"下,黄玉顺"讲"孔子、"注"《论语》格外推崇孔子仁学所代表的"存在"的视域。

黄玉顺不仅本着"生活–存在"的思想视域和"三个观念层级"思想的观念"先见"去考察中国儒学史之流变,讨论当代儒学重建和复兴的问题,而且还将这种"先见"作为其《论语》诠释的一以贯之的立场。黄玉顺说:"'生活儒学'以作为存在、先在于任何存在者的情感为本源,首先关注的乃是生活及其情感显现:仁爱情感。"①就"生活–存在"的观念在黄玉顺"生活儒学"中的某种"奠基性"的意义而言,黄玉顺的《论语》诠释也是有某种本体诠释的意蕴可言的。只是需要特别指出的是,这里所谓的"本体"并非指宋明理学家、现代新儒家所代表的儒学传统形而上学意义下的"本体"。恰恰相反,"生活–存在"的观念是前哲学、前形而上学的思考。也就是说,作为"后形而上学"时代的一种论说,黄玉顺"生活–存在"视域下的《论语》诠释的所谓"本体诠释"意蕴是在这样的意义下来说的:这种"生活–存在"的观念"先见"是黄玉顺《论语》诠释的一以贯之的立场和方法,其《论语》诠释的主要特质正在于此,即通过对《论语》的诠释来"找寻"和"发明"作为孔子、为儒学一切形上、形下观念奠基的本源情感的观念。

---

① 黄玉顺:《情感、存在及正义问题——生活儒学及中国正义论的情感观念》,《社会科学》2014 年第 5 期;黄玉顺:《"儒学"与"仁学"及"生活儒学"问题——与李幼蒸先生商榷》,《四川大学学报》(哲学社会科学版)2008 年第 1 期。

三、以生活情感释"仁"（直）

——黄玉顺《论语》诠释的本体诠释意蕴

"生活-存在"的思想视域，构成了黄玉顺解读孔子、诠释《论语》的观念前提。就《论语》文本与黄玉顺以"生活-存在"思想视域为核心的"生活儒学"观念之间的关系而言：一方面，黄玉顺通过对《论语》的诠释"发现"并"注解"其"生活-存在"的思想视域和本源情感的思想观念；另一方面，这种诠释也深化和开显了孔子儒学的精神，拓展了《论语》的意义空间。就"生活-存在"的思想视域作为黄玉顺"生活儒学"的奠基性意义，以及"生活-存在"思想视域与《论语》经典文本之间的互动对话关系而言，黄玉顺的《论语》诠释也自有本体诠释的意蕴可言。只是需要再次强调的是，此"本体"是指观念的奠基性意义而言，并非是指传统的形而上学的本体论观念。

具体说来，我们认为，黄玉顺《论语》本体诠释意蕴的突出表现，除了上面提及的以孔学为"仁学"，并强调"仁"作为"生活-存在"的思想视域下的第一个观念层级的重要哲学意义，此外，还有比较有新义的一点就是以"生活-存在"的思想视域来诠释《论语》中孔子说的"直"的观念，进而解读了《论语》中的"证父攘羊""以直报怨""举直错诸枉"等话语和问题。对此，具体说明如下：

第一，以生活的"本源情感"释"仁"，强调孔子仁学的重要意义乃在于进入了"生活-存在"的存在论的思想视域，从而使孔子儒学一切形而上学、形而下学的观念有了大本大源。对此，上面已经从黄玉顺《论语》诠释的具体实例上予以了说明。这里还需强调的是，黄玉顺之所以认为孔子之学就是仁学,而不是我们常见的什么"礼学""仁礼之学""道德哲学""道德形而上学""伦理学"等,那是因为在黄玉顺"生活儒学"的观念框架下,"仁"是前形而上学、前哲学的第一个观念层级上的本源情感,这种本源情感是孔子儒学一切形而上学、形而下学(包括天、德、礼等等)观念的大本大源。或者说,孔子儒学的一切形而上学、形而下学的观念都是由"仁"的本源情感奠基的。在这种"生活—存在"的观念前提下,孔子的儒学当然只是仁学,除此之外别无他学。正如黄玉顺自己所说的:"孔子思想之所以称为'仁学',就是因为他的一切言说都是出于仁爱的;而这种仁爱,就是本源性的生活情感。这种情感乃是生活本身的显现,而归属于存在本身。因此,在孔子仁学中,仁爱情感是先行于任何形而上学、形而下学的,是为所有形而上学、形而下学奠基的。"①由此,在黄玉顺"生活—存在"的观念"先见"下,我们当然不难理解"孔学即是仁学"的基本观点。

同样,对于《论语》中"证父攘羊""以直报怨""举直错诸枉"等话语和问题,我们也可以在黄玉顺"生活—存在"思想视域下的生活本源情感的观念下得到一种新的解释,这就是其以本源情感解释孔子说的"直"的问题。

第二,以本源情感的观念释"直",进而解读《论语》中"证父攘羊""以直报怨""举直错诸枉"等话语和问题,强调只有先明白"礼""法""刑"和"直"分属不同的观念层级,才能真正"解决"证父攘羊、父子相隐等聚讼千年的"思想难题"。《论语·子路》篇载:

叶公语孔子曰:"吾党有直躬者,其父攘羊,而子证之。"孔子

---

① 黄玉顺:《孔子仁学的现代意义何以可能?——依据生活儒学的阐明》,《理论学刊》2007年第10期。

曰:"吾党之直者异于是。父为子隐,子为父隐,直在其中矣。"①

对于"证父攘羊"与"直"的问题,黄玉顺认为,如果只是就事论事是不解决问题的,而应该联系孔子整个的思想精神来理解。他提出,孔子说的"直"是属于本源情感层面的,从这个生活的本源情感出发当然要做到"父为子隐,子为父隐",而如果从"礼""法"的形而下的层面来讲,当然要"证父攘羊"才合理。在黄玉顺看来,长期以来,人们对这个问题的争论在于,"不论是形而上学的理解还是形而下学的理解,都把孔子思想理解为一种'存在者化'的观念;换句话说,人们完全不知道孔子思想中的更为本源的观念层级:'生活–存在'的观念。事实上,'仁'与'直'首先是在'生活–存在'层级上的情感显现问题,而不是什么形而上学、形而下学的问题"②。对此,我们怎么来具体理解呢?黄玉顺指出,叶公的错误并不是断定此事合"礼"、合"法",而在于他认为此事为"直"。也就是说,叶公把形而下的事情混同于一种本源性的事情了。为此,孔子才接着他的话头来讨论"直"的问题。按照孔子的思想主张,在形而下的"礼""法"问题上,他同样会赞成"证父攘羊"的;因为只有"证之"才是合"礼"、合"法"的,而合"礼"、合"法"当然是孔子最为看重的。③那么为什么孔子要谈"父子互隐"的问题呢? 其实,孔子主张"父子互隐",这是在本源性情感的意义上来说。

同样,对于《论语》中孔子指责别人"不直"的问题,黄玉顺也如是这样去解释。《论语·公冶长》篇孔子说的:"孰谓微生高直?或乞醯焉,乞诸其邻

---

① 《论语·子路》,杨伯峻译注:《论语译注》,中华书局,1980 年版,第 139 页。

② 黄玉顺:《"刑"与"直":礼法与情感——孔子究竟如何看待"证父攘羊"?》,《哲学动态》2007 年第 11 期。

③ 参见黄玉顺:《"刑"与"直":礼法与情感——孔子究竟如何看待"证父攘羊"?》,《哲学动态》2007 年第 11 期。

而与之。"对此,黄玉顺指出,这个微生高之所以不"直",其实就是我们今天所说的"缺乏爱心"。其实,"直"作为本源情感、本真之爱的自然显现,是"诚"。这种本源情感之自然显现,从"生活–存在"的思想视域来看是"直"、是"诚",然从主体性存在者那种理智的眼光来看,那往往是"愚"。这也就是孔子所说的:"古之愚也直;今之愚也诈而已矣。"①正是基于这种认识,黄玉顺指出,这样我们也才可以理解孔子说的"举直错诸枉则民服""以直报怨"的问题。

> 哀公问曰:"何为则民服?"孔子对曰:"举直错诸枉, 则民服;举枉错诸直,则民不服。"②

黄玉顺认为,民之服与不服,不在于刑,甚至不在于礼,而在于"直"。所谓"直",就是那种本源的仁爱情感自然呈现的人,而不是那种动用理智去算计的人。这种"直"的人就是孔子说的"能好人,能恶人"的"仁者"。显然,只有这种"仁者"在位,才能使民服。那么孔子又为什么主张要"以直报怨"呢?

> 或曰:"以德报怨,何如?"子曰:"何以报德?以直报怨,以德报德。"③

对此,黄玉顺提出,孔子说的"德"与"怨"不是一个观念层级上的事

① 《论语·阳货》,杨伯峻译注:《论语译注》,中华书局,1980年版,第187页。
② 《论语·为政》,杨伯峻译注:《论语译注》,中华书局,1980年版,第19页。
③ 《论语·宪问》,杨伯峻译注:《论语译注》,中华书局,1980年版,第156页。

情:"德"是道德礼法层级的事情,属于形而下者,"怨"是生活情感层级的
事情(例如《阳货》"诗可以怨"),属于形而上者。因此,"在道德层级上,应
该'以德报德';然而在情感层级上,应该'以直报怨'、以情报情,亦即报之
以本真的爱。"①言至此,黄玉顺还进一步发挥指出:"'仁'之'直'是与生俱
来的本真情感。"这也就是孔子说的:"人之生也,直;罔之生也,幸而免。"②黄
玉顺还强调,对"直"的推崇乃是孔子"仁学"的题中必有之义。③

　　黄玉顺为何如此推重孔子说的"直"的命题呢? 那是因为"直"与"仁"
一样,都是生活的本源情感的自然体现,它属于"生活–存在"的思想视域,
属于前哲学、前形而上学的第一个观念层级。以"生活–存在"的存在论视
域下的本源情感的观念来解释《论语》中孔子说的"仁""直",强调"直"
"仁"的生活本源情感是孔子儒学一切形而上学、形而下学观念的大本大
源。由此而言,黄玉顺以这种奠基性的本源情感、仁爱情感的观念为"先
见"来解读孔子、诠释《论语》,构成了其《论语》诠释的本体诠释意蕴的重
要体现。

结　语

　　综上所言,黄玉顺在"复归生活,重建儒学"的时代"先见",以及"生
活–存在"的思想视域下的"三个观念层级"的思想"先见"下对《论语》的诠
释,很好地体现了其《论语》诠释的"六经注我"的哲学化诠释的特点。不仅

---

　　① 黄玉顺:《"刑"与"直":礼法与情感——孔子究竟如何看待"证父攘羊"? 》,《哲学动态》
2007 年第 11 期。

　　② 《论语·雍也》,《论语译注》,杨伯峻译注,中华书局,1980 年版,第 61 页。

　　③ 黄玉顺:《"刑"与"直":礼法与情感——孔子究竟如何看待"证父攘羊"? 》,《哲学动态》
2007 年第 11 期。

如此,在"生活–存在"思想视域下的本源情感、仁爱情感的奠基性观念下对《论语》的诠释也使黄玉顺的《论语》诠释具有了某种本体诠释的重要意蕴。就黄玉顺《论语》诠释的"六经注我"的哲学化诠释特点而言,它对当代儒学尤其是当代新经学的重建和发展,具有极其重要的学术意义。

"生活儒学"其实很"哲学"*

宋大琦

尹建华(简称尹):我们再起一个话题,就是关于"生活儒学",该怎么理解生活儒学?它跟形而上的关系如何?提倡生活儒学的发展路径会是什么样?

宋大琦(简称宋):"生活儒学"是目前各种儒学流派中最晦涩的一支,从广义上来讲,我也属于生活儒学这一派的。生活儒学的确好多人都不太理解,我们现在谈"生活儒学"主要是两个人,一个是龚鹏程,一个是黄玉顺,但是这两个人还不是一回事。龚鹏程主要是在生活中实践儒学,而黄玉顺是一种纯哲学,我们今天讲的生活儒学主要是指黄玉顺的。

尹:我就说,龚鹏程那个生活儒学我们还能理解,但是说到黄玉顺这个⋯⋯

宋:他非常晦涩,是学派的角度来讲的。我跟黄玉顺一个老师,都是蒙培元先生的学生,蒙培元是冯友兰先生的学生。我曾经写过一篇文章,说

---

* 节选自公众号"四维国学四维国学讲谈"2020 年 7 月 13 日。

"心学向左、理学向右",就说它们都向着自己的反方向走,为什么这么说呢?熊十力先生这一脉,他的弟子牟宗三先生说他的学问是继承了熊先生的"心学",然而他们是越走越理性,越向朱熹靠近;冯先生说自己是"理"派,但冯先生的学生,徒子徒孙,越来越向"心学"方向靠近,二者换位了!

宋:像冯先生建立这个"新理学"——我们古代学问是点拨式、顿悟式的,它缺乏那种严密论证的体系架构,不好理解,而冯先生是第一个用这种严密的体系来说中国哲学史的——大家都知道,胡适是先出了半部中国哲学史,但才出来就被冯先生的给淘汰了,胡适先生一辈子不能释怀,哈哈!他老想有下册来压过冯先生,结果一辈子也没有写出来,挺有意思的。但是冯先生用这种理性的方法,走到了一个极致,他要往回返了,蒙先生早期是严格按冯先生的路子走,写了两本著作,一个叫《理学的演变》,把理学从周敦颐、张载一直到清朝前期,做了一个详细的梳理,然后他又把时间顺序完全打乱,抛开人头,按逻辑关系来写,写了一本书叫《理学范畴系统》。我早期受这本书的影响非常深。但是理学的东西,它走到极点之后,本身就存在非常大的问题,跟科学一样,科学解决不了价值问题,理性也解决不了人的信仰和情感问题,我们常说一句话:"科学走到尽头就变哲学,哲学走到尽头成了神学与宗教",因为最后那个东西,你是无法通过理性来进行抉择的,理性可以把各种选择的后果全告诉你。

尹:但是它不能帮你选择是吧?选择是主体的事情。

宋:所以这个问题,最后你必须返回人本身,人的情感、意志啊,个人的经验啊……所以现在中国哲学这个"理派",到了蒙先生这里发生了一个转折。他写了一本书《情感与理性》,梳理完之后,一个核心的观点就是:人是情感的存在,情感为理性奠基——最后你的理性还是建立在情感之上的。你最后的终极问题,还是得靠情感来解决,是选择性问题,不是靠理性能够解决的,是这么一个过程,得返回情感。这样他就发现了在中国整个儒学史中,对理性、对权威主义的一种相反的因素……中国哲学的主流,不是西方式的理性主宰的。事实上情理哲学一直是儒家的传统,不过有时隐,有时显,即使朱熹的心性之学包含着很大的情理张力,不是单纯的理性主导,这个比较复杂,我们先不说。

宋:以前我们是按照西方的方法来研究中国哲学史的,蒙先生所做的事情在古代其实已经发生过,这个过程,我举三个人,一个朱熹、一个王阳明、一个戴震,朱熹的理的极致被王阳明的"心即理"从认识论上颠覆了,然后到了戴震这里,转化成了一种人之常情,落实到生活世界中,以人之常情而不是宏大道德叙事论是非,我们今天又重来一回——按说是一种不幸,我们没有接着往前走。我觉得今天的儒学,应该是顺着戴震的路往前走。蒙先生这里又走了一遍,然后这个东西在黄玉顺身上体现得更加明显了。他返回情感,然后由情感返回到生活,然后面对生活本身。生活本身的核心问题是什么呢?就是破除一切既成的观念,一切既成的观念都不足以成为权威,必须把它们完全破除,面对最原初的生活事实。其实这个跟阳明的"心学"是非常像的,阳明是返回"心",阳明后学有返回赤子状态等,黄玉顺是返回"生活"。但在什么是"生活"的问题上,我同他有分歧了,我也是用还原的方法,但是我觉得还原成一个感性的人、"赤子""生性"就可以了。从自然人性出发,先说"我欲",然后再说我的欲望与别人会不会产生冲突?这个冲突应该怎么处理,将心比心,推己及人,得出公共理性,这是我的思路,也是戴震的思路。黄玉顺的"返回生活"更为彻底,他要返回到"人之常性"之前,因为他认为你这个"人之常性"也是后面产生的。那么这个"之前"是什么东西呢?他说是"生活的大本大源"!——在这里我有疑惑了。

宋：我觉得，如果你这个所谓的"生活的大本大源"，如果要前于七情六欲这些先天的人性的话，那么它就还是一个形而上者、逻辑本体，难说是生活本身。他自己说这是"前形而上学"。我觉得如果说返回到七情六欲、人的感性存在这一块，这就是"前观念"的，就可以从其构建出"至上"的观念来，所谓"至善"的观念体系不就形而上学化了吗？然后再演变出各种各样具体的规定。如果你要返回到"无"的阶段、返回到七情六欲之前，你就是在假设一个逻辑上的存在，然而经验不到新的"形而上"的东西——所以在这一点上，我跟他是有区别的，但我们最后在政治理论上的指向是一致的。

尹：是这么一个情况啊，是真的很"哲学"了。

宋：他在"解构"这一块，大伙儿是容易理解的——"返回生活本身"，你不要预设任何一种观念，资本主义啊，爱国主义啊——任何主义、任何观念式的东西都是可以被质疑的！要质疑到什么地步？我是质疑到"不思不虑""先天本能"——你看这个东西就不是一种观念，而是一种本能。如比你打我，我就知道疼，我会自然而然地躲避与反击，包括我的七情六欲，这些都是"前观念"的，不需要"观念"来告诉我，是"生而知之"，不是"学而知之"。我觉得应该返回到这步，就是人的本性——其实其中大部分是动物性，但这是起点不是终点，我们必须设置一个起点，然后才有所谓超越啊、理性啊，但是就算再超越，最后还是要落回到这些东西的，以这些东西为基础。这样的话，可能是对于宗教观念，对于各种各样的"主义"，都是一种挑战！这就好像建大厦一样，三通一平，有了这个之后，才好重新建地基，但是这个时候地基建在什么地方呢？我是认为，地基要建立在七情六欲之上，建立在人的原始情感之上——黄玉顺老师他最终是要建在"无"之上，我和你一样，总觉得有点不太好理解。

尹:对"无"的理解,我曾经听一位老师讲过,觉得很有道理。他主张的"无",是无限可能的意思,就是说,只有从"无"才能够生发无限可能——探究万事万物的本体最终都只能推到这样一个"无"的状况,凡是"有"的东西,它就没有其他可能性了,也就不成其为万事万物的"本体"了。只有认为它是"无"的时候,它才有无限可能,可以生发所有的东西,才是终极"本体",对吧?

宋:他这个思路,跟西方的"本体论",还有魏晋玄学的"有无之辩"是比较像的,所谓"大有为无"。也就是说,你要给一个东西下定义,它上面必须有一个更高的定义,当你无限往上推的时候,等于这个外延越来越大,内涵越来越小,最后内涵就"空无"了,所以只有"空无"才是囊括一切的!当我们说"有"的时候,是指"存在者",具体的存在,从这个"有"一直往后推,要推到一个"大有即无",即不能进行任何描述和定义的终极存在——这种逻辑的推演,推到一种囊括所有的"大有",如果倒推回来,就是一切规定性从无规定性中被给予出来或者自己凸显出来,"无极而太极,太极生两仪,两仪生四象"——但是这个跟黄玉顺的"生活儒学"不是一回事。

重建超越之维：
现代性进程中"世俗与超越"
之张力的应对

——评黄玉顺"变易本体论"思想*

赵嘉霖

一、问题的登场：世俗与超越相分的负面影响

众所周知，政教分离（Separation of State and Church）是现代性（Modernity）进程中的必然要求。在西方国家，政教分离的实现是一个漫长的过程。中世纪，西方国家一直坚持政教合一，政权甚至成为实现宗教目的的手段与工具。在这种境况下，政权与教权的合而为一就意味着世俗生活与神圣世界合而为一。现代性的价值诉求中很重要的一个方面就是世俗化，追求世俗化（Secularization）就意味着要将神圣界的事情与世俗界的事情

---

*原载《当代儒学》第 18 辑，四川人民出版社 2020 年版。

分开对待。直到宗教改革后,政教合一的趋势才得到了扭转,政权逐渐从教权中独立出来,世俗生活的合理性逐渐得到了肯定。但此时国家与教会仍然没有实现彻底的分离。同时,宗教改革还带来了宗教多元化的问题,在同一国家内部,不同宗教的信众不断发生着冲突。这就要求国家不能再有支持或反对任何宗教的立场,必须保持中立,不能随意抨击,也不能偏袒保护。这种世俗主义的政治立场最有代表性的就是大名鼎鼎的 1791 年"美国宪法第一修正案",其规定,"国会将不得制定确立国教或禁止宗教自由活动的法令"。这意味着,政府不能支持某个宗教,也不能限制某宗教的正常活动。与此同时,宗教也不再有资格涉足政治生活。正如桑福德·科勃(Sanford Cobb)在《宗教自由在美国的兴起》中所言,"美国式的政教分离主义是美国献给文明世界最伟大的一份礼物",自此以后,越来越多处于现代性进程中的国家借鉴了这种世俗主义政治原则,至此,政教之间终于画上了一道不可逾越的分隔线。我们似乎终于可以为世俗生活的合理性得到肯定而松一口气。但是在现代性进程中,看似高明无比的政教分离同样也带来了严重的问题,这主要体现在两方面。

(一)失去超越之维约束的世俗权力极易走向威权主义(Authoritarianism),从而对个体进行裹挟。政教分离带来的是对世俗生活的肯定,但与此同时,超越之维也放弃了对世俗政治的制衡作用,这是危险的

我们以中国宋明时期内生现代性的孕育与发展为例可以阐明这个问题。如今,越来越多的学者认识到中国现代性进程的开启并不完全是列强入侵,即"外援"的结果,中国内部长时间以来一直有某种内生的力量,试图开启现代性的大门。正如黄玉顺所指出的,"中国市民社会的兴起乃至

兴盛至迟可追溯到宋代社会……宋明理学、明清学术中已经蕴含着,甚至在一定程度上展示出一系列现代性的思想观念"①,毋庸置疑,市民社会的兴起是现代性的题中之义,这是黑格尔早就论证过的了。所以容易理解,中国早在宋代就已经产生了内生现代性的萌芽。也是在这个意义上,有学者才将宋明时代的儒学形态称为"现代转型的'引桥'"②。但遗憾的是,宋明时期所孕育的现代性观念并没有顺利地呱呱坠地,反而将中国引向了清末内忧外患的局面。

那么究竟是什么致使中国几百年的时间都没能从"引桥"走上现代性的正轨?笔者认为,这恰恰是超越之维在世俗政治生活中不断丧失,致使权力无限膨胀而引发的后果。宋明儒学被很多学者看作儒学在佛老冲击后的一次复兴,其以天理为中心的一整套具有超越性的学说代表着儒学的高峰之一,甚至有学者断言,"中国文化的复兴必将是宋明儒学的复兴"③。在朱子学主导的宋明,尚有"天理"在兹与世俗权力相对抗。明代中后期,随着朱子学被改造为官学,阳明学在对于世俗权力的对抗上站了出来,从阳明在朝进言到龙场悟道,良知学宣告,权力不能肆意膨胀,要接受良知的考验和约束。而至于清代,儒学的建构逐渐侧重于以乾嘉学派为代表的考据学,超越维度的阐释越来越少,此时超越维度已经丧失了对世俗政治的约束。此时,儒学学者在神圣领域处于失语状态,因其已经将经典的解释权拱手让出了。至此,世俗权力彻底失去了超越维度的约束。故而,到了

---

① 黄玉顺:《从"西学东渐"到"东学西进"——当代中国哲学学者的历史使命》,《学术月刊》2002 年第 11 期。

② 郭萍:《儒学现代转型的'引桥'——宋明儒学的时代性再认识》,《哲学研究》2018 年第 7 期。

③ 陈赟:《重新认识中国古代的思想传统》,《社会科学》2002 年第 10 期。

清末,"清政府的政治已黑暗腐朽到了顶点"①,君主集权专制空前发达,好不容易酝酿已久的内生现代性也就此胎死腹中。当然,中国内生现代性的悲哀命运是种种因素的历史合力产生的结果,不仅仅是超越之维的逐渐丧失导致的,但是将超越之维从世俗政治生活中抽离,这无疑是一个不可忽视的原因。

总而言之,失去超越之维约束的权力极易走向威权主义,这是我们处于当下现代转型中必须提防的错误倾向。这是我们在世俗政治生活中与超越维度划清界线而带来的第一个问题。

(二)失去超越之维规定的世俗生活,失去了终极依据,也就失去了价值和意义

现代性要求肯定个体权利,追求个体自由,而传统的超越之维往往指向某种终极、绝对的东西,二者之间存在着难以调和的矛盾。但当我们在世俗生活中排除了超越之维,却仍然引发了严重的后果。原本个人的生活有超越之维作为终极价值依据,个人的生活有着不必置疑的确定性。而在强调个体自由、个体权利的过程中,将超越之维抽离后,这些固有的信念和确定性就崩塌了。面对复杂的世界,个体的活动、认知、决断等等都会面临巨大的挑战。同时,从国家的角度看,现代国家已经无法和政教合一时一样,用超越之维通过国教等方式来直接建构共同的意识形态,世俗化带来的价值多元化使得政治的神圣性逐渐被消解。正如马克·里拉(Mark Rilla)在《夭折的上帝:宗教政治与现代西方》中所表达的观点,在政教合一的时代,人们的思想行为都有更高阶的依据贯穿其中,而在当下政教分

---

① 郑祖铤:《中国人西洋观变迁的历程》,《益阳师专学报》1995 年第 4 期。

离的时代,谁又能为政治的终极确定性和终极价值做出保证和承诺呢? [①]
该问题目前还没出现足够有说服力的答案,但我们可以肯定的是,如果任
由这种境况继续发展,我们的世俗生活必然会走向碎片化、解构的、荒诞
的后现代主义。

通过分析我们必须承认,超越之维与世俗政治分离带来的上述两个
严重问题都是我们必须直面的,如果任其发展,都会给现代性的进程带来
我们不愿承受的恶果。失去了超越之维,个体要么被权力裹挟,要么被解
构掉自身意义,这样的结果就是我们必须重新反思世俗与超越的关系问
题,要求我们重建适应现代性进程的超越之维。其实,对于世俗政治生活
中超越之维丧失后产生的问题,不论中国还是外国,都已经有许多哲学
家、宗教学家、社会学家意识到了,他们也给出了不尽相同的方案来试图
解决。尽管由于种种原因,他们的方案并没有彻底地解决问题,但我们还
是有必要对这些学说和做法进行分析,这是我们提出解决之道前必须要
做的工作。

二、先贤的努力:两种超越进路与世俗的结合

诚然,在现代性进程中,不同的国家地区面临着不同的具体问题。但
正如我们先前所论述的,至少有这样一个问题是大家都需要处理和面对
的,即我们正在讨论的超越之维与世俗政治的关系问题。我们不可否认,
一方面,失去超越之维的约束,世俗权力容易越出正轨;另一方面,失去了
超越之维的确定性保证,世俗政治又陷入无序、荒诞。那么究竟如何处理

---

① 参见[美]马克·里拉:《夭折的上帝:宗教政治与现代西方》,萧易译,北京:新星出版社,
2010年,第4~5页。

超越与世俗之间的矛盾和张力呢?先贤已经做出了诸多的尝试和努力,其根本思路就是对宗教或者哲学进行现代性的无害处理,即在建立超越之维的同时保证其顺应现代性之大势,复建神圣界的同时,保证世俗界的合法性。进一步我们可以根据前人的努力进路与理论立场之不同,将他们的工作归结为重建"下贯式"的超越之维和重建"上达式"的超越之维。前者着力于建立寂然不动的、固定的超越本体,使之为形下存在者提供确定性和安全感。后者着力于将一切存在者包括超越者,内摄于人,从而将具有超越维度的本体放到内在世界。那么我们接下来就其进路不同,对两种超越之维重建的思路分别进行大致的梳理。

(一)神圣下贯世俗——以"公民宗教"与"新康有为主义"为例

谈及当代超越之维的重建,在国际社会影响力最大的观点之一就是20世纪六七十年代罗伯特·贝拉(Robert N. Bellah)提出的"公民宗教"(Civil Religion)理论。贝拉认为,"在美国实际上存在着一种发达的、体制化的公民宗教,它与各个教会都是不一样的"①。他借公民宗教的提出,试图解释美国的历史经历,阐释对美国社会产生发展有关问题的理解,并赋予其以神圣超越的维度。同时,他并不希望建立同基督教会一样的宗教机构,因为美国秉承着政教分离的世俗主义原则,基督教会是不可能在政治层面发挥作用的。所以他将超越维度的构建放到了美国世俗的政治领域层面,认为大多数美国人在共同的生活、共同的经历中会产生某种信仰的共识,而这种信仰的共识就是以美国的国家建构为代表的公民宗教的超越之维。顺着这种思路,贝拉阐述了以华盛顿、林肯等为代表的神圣的人;

---

① Robert N. Bellah:Civil Religion in American,Dacdalus,1967,pp.1–21.

重建超越之维：现代性进程中"世俗与超越"之张力的应对

以独立战争、南北战争为代表的神圣的事情；以首都、阿林顿公墓为代表的神圣的地方；以感恩节、国庆节为代表的神圣的节日；以独立宣言、宪法为代表的神圣的文件等等具有神圣意味和超越意味的存在者。这种工作能否具备可能性和可行性我们暂且不讨论，单就其超越之维而言，其终极指向是作为民族国家而存在的美国本身，这就意味着所有具有神圣意味的事物最终都要归附于美国之下。进一步来说，这也即是意味着所有世俗界不具有神圣意味的个体同样也归附于美国之下。诚然，贝拉的"公民宗教"的确从世俗出发，向上建构了超越之维，但我们自上向下看，从贝拉的超越之维并不能开出现代性的个体权利、个体自由的观念，反而以国家主义统摄了个体。所以从这个角度来看，其"公民宗教"的建构无疑是反现代性的。但该理论也有值得借鉴之处，就是它的确为世俗生活提供了具有超越性的确定性担保，将个体统摄于美国之下，最起码为政治生活提供了固定的信念，为个体生存提供了安全感。

无独有偶，与这种观点思路相近的还有中国大陆"新康有为主义"一脉的许多学者。"新康有为主义"是当代大陆新儒家的显学，代表人物有康晓光、干春松、唐文明、曾亦等，他们依托康有为思想，进行当代的"创教"与"干政"。首先，他们把康有为看作其学说理论的核心支持。他们认为，"早在一百多年前，康有为就已经提出了完整的儒学复兴纲领"[1]，而当代儒者所有的工作就是去完成康有为"未竟的理想"[2]。从现代化的立场来看，康有为是"儒家的新发展的起点"[3]，认为我们要追求儒学在当代的复兴，就要追随康有为的脚步，秉承康有为的思想去完成其目标。进而，他们

---

[1] 康晓光：《文化民族主义论纲》，《战略与管理》2003 年第 2 期。

[2] 康晓光：《文化民族主义论纲》，《战略与管理》2003 年第 2 期。

[3] 干春松：《康有为与儒学的"新世"》，华东师范大学出版社，2015 年版，第 176 页。

依托康有为的思想对传统儒学进行了改造和阐释。这些学者将儒家看作宗教,将儒学看作是宗教之学,并像康有为一样,努力为儒家争取"国教"的地位。他们宣称,"儒教就是中国的国教或全民宗教"①,而儒学复兴就是要实现这种宗教的制度化,并"与国家政权达成某种形式的妥协与合作,也就是说,要建立一种新型的'政教合一'体制"②。由此,他们像康有为一样,将孔子看作教主,并进一步地希望将政治权力握在儒者手中,表现出强烈的干预政治的野心和欲望。他们的许多看法甚至不诉诸道理的说明,而是诉诸一种不假怀疑的宗教式的相信,甚至不屑于"多作论证",因为"人们坚持一种观点,不需要什么理由"③。对于其观点学说对儒学的理解本身,本文不作过多评论。但"新康有为主义"处理超越与世俗的态度,无疑是和"公民宗教"很接近的。

这种建构超越维度的方式当然也能为社会提供统一的价值基础,为个人生活提供确定性,但与贝拉一样,这样的超越之维是必然无法为现代性观念奠基的。甚至在某种程度上,可以说这种"下贯式"的超越之维就是无可避免地在以超越的名义抹杀个体权利与个体自由,不论是将个体统摄到国家主义之下,还是所谓的"国教"之下,这实际上是一种反现代性或前现代性的立场,是必须要警惕对待的。

总而言之,无论是"公民宗教"还是"新康有为主义",都是在以本体的超越之维下贯个体,以为世俗生活提供确定性的担保,这一点是我们必须肯定的。但是与此同时却带来了反现代性的立场,如果任其继续发展,必然会带领我们退回前现代,这是无可避免的问题。因为但凡是走这种超越

---

① 康晓光:《文化民族主义论纲》,《战略与管理》2003 年第 2 期。

② 康晓光:《文化民族主义论纲》,《战略与管理》2003 年第 2 期。

③ 陈明:《儒者之维》,北京:北京大学出版社,2004 年,第 2 页。

的路子,就无可避免地要去建立固定的、可靠的超越维度,而无论是至上神还是什么别的寂然不动的终极存在者,都无法为个体主体性奠基,所以这种本体下贯个体的超越进路的失败从一开始就是可以预见的。

(二)世俗上达神圣——以"内在超越"为例

个体达到本体超越之维的重建,最有代表性的就是牟宗三所说的"内在超越"的儒学进路。牟宗三认为,儒学与西方哲学相比,最鲜明的特点就是"内在超越",那何谓内在超越呢? 牟宗三说:

> 天道高高在上,有超越的意义。天道贯注于人身之时,又内在于人而为人的性,这时天道又是内在的(Immanent)。因此,我们可以康德喜用的字眼,说天道一方面是超越的(Transcendent),另一方面又是内在的(Immanent与Transcendent是相反字)。[1]

通过这句话我们至少可以看出三个意思:第一,天道在牟氏看来是超越之维的终极存在者;第二,天道又可以在贯注形下存在者——人时,内在于人成为人之性, 于是天道具备双重性, 即一方面是外在的终极存在者,另一方面又是内在于人的"性";第三,天道的双重性意味着它本就是个内部存在着张力的观念,超越(Transcendent)与内在(Immanent)本就是矛盾的,但是在牟氏看来,在人身上可以实现这对矛盾的统一。所以内在超越就必然会进一步要求个人通过努力来证诚天道, 只有这样才能去成就内在超越,这就有赖于个体的工夫论去实现。

---

[1] 牟宗三:《中国哲学的特质》,上海古籍出版社,1997 年版,第 21~22 页。

内在超越看似十分高明,将天道作为确定性的依据内化于人,进而通过个人的工夫论证诚之,似乎将主动权紧紧握在个人的手中。但其中却隐含着这样的问题,个体究竟是否具备证诚本体的能力?这无疑是只有可能性而没有必然性的事实。所以至于明代,随着个体解放的呼声越来越高,心学只能由此走向个体神圣化,即不得不承认"满大街都是圣人"①。承认众人皆圣人,隐含的意思其实就是没有一个人可以成为圣人,个体神圣化实际上就是去神圣化的表现。为什么这么说呢?因为超越本身就意味着对形下的、世俗的生活的超拔,而个体神圣化就等于将世俗界升格,从而也就消解了超越的可能性。可以想象,儒学发展到这里,已经需要个体自己为自己提供确定性的基础与安全感的保障了,这实际上已经在某种程度上走向了荒诞与混乱,是一种末世儒者悲剧性的自我狂欢。清代儒学也延续了这种思路,最终走向了考据学,放弃了儒者在神圣界的话语权,将道统让度给统治者接盘。这在某种程度上,其实就是超越性与内在性的张力引发的后果,所以我们不得不承认,这就是坚持儒学内在超越的进路必然会迎来的悲惨命运。

总而言之,"下贯"式超越与"上达"式超越最终都走向了失败,我们可以总括地分析先贤失败的原因,其实就是对如下两点的忽略或误判:第一,个体不具备自己为自己提供确定性基础的能力;第二,一个寂然不动的终极存在者无论如何也无法为个体主体性奠基。而无论哲学还是宗教,总是试图去构建一个稳定可靠的本体,总归是要以形上的超越维度为世俗界奠基,然而这样的本体又无法开出个体主体性。但如果我们放弃这种所谓外在超越的思路,当我们把超越之维的实现交给个体来解决时,又发

---

① 王艮:《王心斋全集》,陈祝生主编,江苏人民出版社,2001年版,第63页。

现个体其实不具备解决的能力,这就陷入了世俗与超越之矛盾的泥沼——超越之维如何才能既提供确定性的同时又生成个体性呢?其实已经有学者进行了很有参考价值的研究,黄玉顺的"生活儒学"与"变易本体论"就是其中的典范,为我们解决该难题提供了很好的借鉴。

三、解决的展望:立足"生活—至变"视域的超越之维重建

既然"上达式"超越走到了个人神圣化,进而舍弃了超越之维,走到了尽头。那么我们似乎就只能在个体之外谋求另一种超越维度。但一个固定的、不变的形上者,无论如何也是无法下贯到个体主体性的,这是我们已经论述过的。面对如此的理论困境,我们不妨退一步讲,绝地求生地假设"下贯式"超越如果能建构起适应现代进程的本体,它就是可以成立的,那么这就要求我们必须重新谋求一个能够为个体主体性奠基的本体。黄玉顺的"变易本体论"就是对我们这个假设一定程度上的实现。

黄玉顺认为,儒学所追求的形上存在者不是"静止的实体",而是"流动的变易"。其主要的特征是"周流变动、相易无常,既非唯物,亦非唯心,乃'唯变'"。这样的本体论在黄玉顺看来,可以被称作"变易本体论"①。所以,变易本体论所描述的并不是具有变化特征的本体,而是作为变化本身的本体。正如张小星所言,"其所确立的形而上者是一种变动不居、流行无体的'至变'"②。

---

① 黄玉顺:《形而上学的黎明——生活儒学视域下的"变易本体论"建构》,《湖北大学学报(哲学社会科学版)》2015 年第 4 期。

② 张小星:《〈易传〉形上学的双向开展——以"变易本体论"为指引》,《当代儒学》2017 年第 1 期。

这种"至变"本体因其变幻莫测,故对世俗界带来的影响有两个:第一,赋予了形下存在者无穷的可能性,即肯认个体性的合理性;第二,并不能为世俗生活带来确定性。变易本体论的确能为个体主体性奠基,这一点毋庸置疑。但它并不能像传统本体论那样,为世俗生活提供确定性的依据和担保。因为传统本体论的思路是通过不变的"一"说明变化万千的世界,这种"第一哲学"的传统自巴门尼德就开始了,一直到胡塞尔以后,都是这种哲学思路。从儒学内部来看,从孟子"立其大者"一直到阳明所谓"致良知"之学,也没有跳出这种框架。而变易本体论的本体不是不变的"一",而是变化本身,是无法为世界提供确定性的。或者说,它提供的确定性就是变化本身的确定性,这与传统的超越之维有根本区别。如果变易本体论解决不了这个问题,那它必然也会走向荒诞和消极。但我们通过对黄玉顺学说的解读,可以清楚看到,黄玉顺实际上是通过"生活–至变"的视域来解决了这个问题。

黄玉顺用"至变"本体的超越之维为世俗界的个体主体性奠基,但是该本体显然并不能提供确定性和安全感。而实际上,在黄玉顺学说中,"至变"本身仍然不是终极意义上的存在。换言之,我们仍然可以继续追问,变之为变是何以可能的? 黄玉顺用"存在"对此加以回答:"存在→形而上存在者→形而下存在者"。①作为形而上者的变,是由"存在"生成的,黄玉顺又说"生活即存在"②,所以,也就是生活生成了形而上者。

这样一来,"生活—至变"作为一种哲学视域,既满足了为个体主体性

① 黄玉顺:《生活儒学与中国正义论——从我研究儒学说起》,《深圳大学学报(人文社会科学版)》2014 年第 1 期。
② 黄玉顺:《爱与思——生活儒学的观念》(增补本),四川人民出版社,2017 年版,第 302 页。

奠基，又不致使之走向个体神圣化从而失去超越之维在世俗界存在的意义，这种既非"下贯式"超越也非"上达式"超越的路向，无疑克服了上述两种超越进路最重要的缺陷。立足生活本身的"至变"作为超越之维，一方面变动无体，没有任何的规定性；另一方面，立足生活，百变而不失其真，是具有普遍性的。由此，黄玉顺强调"在生活""去生活"，即主体于生活变化之中，要接受变化，也要创造变化，自信自强，也能心存敬畏。从这个角度讲，"生活儒学"已经不仅仅局限于儒学的理论藩篱，其作为一种当代的哲学思想建构，对任何一种理论形态超越之维的重建，都有重要的参考价值。

附录："生活儒学"研究文集目录

《生活·仁爱·境界——评生活儒学》

崔发展、杜霞等著

（安徽人民出版社2012年4月版）

黄玉顺的"生活儒学"论当前的儒学研究/鞠曦

哲学的终结——评黄玉顺"生活儒学"/段炎平

关于海德格尔与中国哲学之间关系的几点思考——对黄玉顺《生活儒学导论》的批评/张志伟

现代新儒学之诚论的问题性和意义——与黄玉顺教授谈"生活儒学"问题/杨万江

对"生活儒学"的批评——致黄玉顺先生的一封信/葛安台

体在成仁与生活儒学/吴伯天

生活敞开儒学,儒学化成生活——评黄玉顺"生活儒学"/邓曦泽

生活、哲学与信念——评黄玉顺的"生活儒学"/任文利

《当代儒学》第11辑

【黄玉顺生活儒学全国学术研讨会特辑】

主编:杨永明/执行主编:郭萍

(广西师范大学出版社2017年8月版)

生活儒学的易学思想/杨生照

儒家政治哲学的源头活水——论民本原则的价值性及其普适意义/蒋孝军

从生活儒学到儒家商业伦理的诗性构建/王堃

自由儒学:"生活儒学"自由之维的开展/郭萍

中国正义论:儒家政治哲学复兴的新向度/张新

生活儒学视域下的经典诠释/高春林

生活儒学视域下的佛教阴阳观念与判教问题/王硕

生活儒学与《易传》的形上学/张小星

学界"生活儒学"论辩的启示/吴越强

"黄玉顺生活儒学全国学术研讨会"媒体报道

生活儒学研讨会开幕

学者呼吁儒学与自由主义深度对话/"中国新闻网"曾洁

"生活儒学"研讨会召开/《中国文化报》苏锐

黄玉顺"生活儒学"全国学术研讨会成功举行/"腾讯网"南客

倾听生活呼唤,重构儒学理论:

"黄玉顺生活儒学全国学术研讨会"在济南举行/"中国儒学网"张恒

儒者使命:面向生活,重建儒学——黄玉顺生活儒学全国学术研讨会综述/《衡水学院学报》张小星

《生活·情感·思想——评黄玉顺"生活儒学"》
杨生照主编
（四川人民出版社2018年5月版）

生活的儒者、儒者的生活——《生活儒学讲录》读后/刘宏

生活儒学对现象学与现代新儒学的回应/李慧子

别具一格的"非人的生活"——评生活儒学对"生活"与"人的生活"的区分/杨虎

生活儒学的建构/周良发

"生活儒学"与"当代新儒学"/徐庆文

情感观念比较:生活儒学与情感主义德性伦理学/李海超

"生活儒学"评议/杨万江、宋大琦

当代儒家的当代主义——评《新世纪大陆新儒家研究》/孙铁骑

当代儒学复兴运动的思想视域问题——以黄玉顺先生的"生活儒学"为例/张新

中国当代正义理论的一种建构——黄玉顺"中国正义论"述评/石永之

作为儒家哲学体系重建的生活儒学——《生活儒学与宋明理学比较研究》自序/孙铁骑

"情性"论:传统"性情"论的突破——黄玉顺的儒学情感论/杨虎

关于正义问题的中国理论——评黄玉顺《中国正义论的重建》/李海超

从"生活儒学"到"修身儒学"/孙铁骑

生活的儒者·儒者的生活——"生活儒学"创始人黄玉顺先生略记/刘宏

两种不同的"生活儒学"/郑治文

对话"生活儒学"/[美国]安靖如(Stephen Angle)

生活儒学与"新基础主义"——《泉城之会》编者前言/杨虎

评《东方之声:中国正义论》/[美国]约书亚·梅森(Joshua Mason)

《当代儒学》第16辑

【第二届"生活儒学"全国学术研讨会特辑】

主编：杨永明/执行主编：郭萍

（四川人民出版社2019年11月版）

代序："生活儒学"全国学术研讨会在苏州大学举行/胡骄键

贺信/李存山

从生活儒学看儒学的生长/林安梧

"生活儒学"与后现代"文化哲学"/周可真

生活儒学与生存分析/谢文郁

关于生活儒学"大本大源"观念的若干思考/李广良

关于"生活儒学"研究的若干问题/涂可国

生活儒学与儒家道统：感想与疑惑/胡发贵

关于"生活儒学"哲学创新的若干问题/高秀昌

关于生活儒学的三个问题/谢晓东

关于生活儒学的几个问题/郭美华

生活儒学：儒家哲学面向时代的系统建构/何善蒙

当今中国哲学界的造论焦虑与努力/杨少涵

生活儒学与儒学史的贯通问题/翟奎凤

儒学必须补课/李若晖

关于生活儒学的"生活""情感"概念的讨论/吴忠伟

大本大源是儒学复兴的根本——关于宋明理学与生活儒学的对比/

周建刚

《生活儒学:研究·评论·拓展》

【第三届"生活儒学"全国学术研讨会论文集】

胡骄键、张小星主编

(四川人民出版社2020年版)

"生活儒学"研究